明王朝中央統治機構の研究

阪倉篤秀著

汲古叢書23

汲古書院

関西学院大学研究叢書　第92編

緒言

本書は、明王朝の政治制度、特に中央統治機構に関して書き継いできた論考をもとに、吏部および吏部尚書を主題とする本編を中心に、前編と付編によって構成したものである。

前編は「明王朝支配体制の確立」と題し、明王朝の支配体制の確立過程、特に速やかに文官支配体制に移行していく状況と、王朝成立とその後の中枢機関である中書省についても同様に文官優位の体制が形成されていく過程を明らかにし、洪武一三年におけるその廃止に言及して、明王朝の文官支配体制の確立を論じる。

第一章「翼元帥府から行中書省体制への転換」においては、元王朝末期に各地に勃興した群雄から朱元璋が抜け出て、ついには次代を担う明王朝を創立するに至ったのは、軍事行動を優先せざるをえない時代からすでに文官支配への配慮を持ち、さらに領域の拡大や他の群雄との勢力関係に応じて、時宜にかなった体制の組み替えを行い、武官の能力を十分生かしつつ、その裏で着実に文官による行政支配体制を構築したことを、翼元帥府体制から行中書省体制への転換のなかに明らかにする。第二章「中書省の設置とその変遷」では、朱元璋が呉王を称した至正二四（一三六四）年に、国家運営の中枢機関として中書省を設置してからの変遷を辿り、洪武一三年の中書省の廃止までの過程を追う。このなかで洪武九年にはその上級官職である中書省平章政事ならびに参知政事を廃止するなどの官制改革が断行されるが、これは洪武四年には、中書省が六部へ政務の移管を終え、大政総攬をその職務とするようになっていたことを受けたもので、国内外の治安の安定ならびに実務官僚の充足という、官制改革を行いうる状況の成熟を待って行われたものであったこと、そしてこの時期を境に、明朝は元朝より踏襲した制度を改変し、独自の国家機構の確立に向かうことを明らかにする。さらに、洪武一三年の中書省の廃止は、専権化の傾向を顕著にする中書省を国政処理径路から除外して、皇帝と六部を直結する体制の整備を待って実行されたもので、これは洪武九年より始まった独自の体制づくりを完成させたものであり、ここに明朝がその建国期より守成期への脱皮を果たし、皇帝独裁体制を確立したことを指摘する。

本編は「官僚制国家における吏部と吏部尚書」と題し、洪武期から万暦期までを扱った五章によって構成する。主題となるのは官僚の人事を統括する吏部と、その長官にして「百官の長」と呼ばれる吏部尚書で、洪武朝初期の中書省体制下における吏部の位置づけから論を起こし、中書省廃止後の皇帝直轄体制下での状況、さらにその後の内閣との関係を論じる。

第一章「洪武朝初期の吏部と吏部尚書」では、洪武一三年までの吏部について論じ、合わせて『明史』「九卿年表」には欠けている当該時期の「吏部尚書年表」を整理・作成する。王朝が創設され官僚支配が構築されていくなかにあって、その存在が大きな意味をもつ吏部について、中書省からの職務の移管状況とそれにつれての吏部の位置づけを検討し、洪武四年に吏部尚書に就任する詹同の時代からその権限は確立したこと、しかしそれが故にこそ皇帝の吏部への警戒感が増幅し、それが吏部尚書の煩雑な交代につながることを指摘する。第二章「洪武一八年吏部尚書余熂誅殺事件」は、ささいな罪を問われて誅殺される余熂をとりあげ、吏部尚書に対して洪武帝がいかに警戒感を抱いていたかを明らかにし、人事権を掌握することから位置づけを高める吏部尚書は、またそのために権力者にとって脅威の存在ともなりうる点を指摘する。第三章「吏部尚書蹇義とその時代―永楽朝から正統朝まで―」では、永楽帝の即位以降、異例に長い期間にわたり吏部尚書の任にあった蹇義をとりあげ、長期在任の原因が永楽期の両京体制や近侍との関係にあり、彼の存在が内閣制度成立に側面から寄与したことを明らかにし、蹇義が退任した宣徳期には後継者郭璡と内閣の関係はすでに逆転していたことに言及する。これは従来、内閣制の成立を説くに当たっては、皇帝と近侍の翰林官との関係に終始する傾向に対して、官制上からいえば行政権力の最高位に位置する六部尚書、特にその筆頭格の吏部尚書との関係から事態を明らかにしようとする、内閣制論への新たな視点の提示でもある。第四章「成化期における吏部権限縮小論―吏部と内閣―」では、時代をおって存在感を高める内閣が、いかにして吏部の人事権に介入してくるかを、成化期の具体例をもって示す。吏部の人事権への介入の手法としては、皇帝権力を全面に押し立てて皇帝自身が人事を行う特簡、吏部の人事案件に対する内批を含めての上裁による拒否、また特定の官職に限っては吏部の主宰とはいえ堂上官の合議による決定と影響力の行使、さらに突き進めば吏部そのものを内閣の指揮下に置き傀儡化することも含まれる。この成化期の動きは、正当化を装いながら介入を果たそうとする内閣の論理と、あくまでも権限を確保しようとする吏部側の正論という、人事権をめぐる内閣と吏部の対立抗争の好適な例であると同時に、これを契機に、吏部の上級官の人事では常に内閣の意向が反映されるようになるなど、吏部と内閣の関係における一つの画期となったことを指摘する。第五章「掣籤法と吏部尚書孫丕揚」においては、内閣からの攻勢を受ける中での吏部側の抵抗について、万暦期の吏部尚書孫丕揚が採用した掣籤法を軸に述べる。掣籤法は、大選・急選の外官の人事においてその任地の選定を籤によって決定するもので、これは吏部の権限の一部放棄につながりかねないが、それを吏部尚書である孫丕揚が提議したのは、張居正時代の遺産としての内閣優位体制をあくまでも維持しようとする内閣に対する吏部の抵抗が先鋭化し、吏部尚書の辞職、文選司を中心とした吏部官僚へのあいつぐ処分などが繰り返され、政府機能が麻痺しかねない状態に陥っていたのを回避しようとしたからに他ならない。ここにみられるのは、内閣に圧倒される吏部の姿であるが、第四章と合わせて、内閣の権限強化の過程を具体的に確認することになる。

最後に関連する論考をもって付編とする。第一章「明代通政使司の設置とその変遷」は、九卿のひとつに数えられる通政使司について、その設置の経緯から後代における実質的位置づけを、通政使就任者への検討を含めて明らかにする。皇帝への上奏、ならびに皇帝文書管理の部署として、政治的実権には決して近くはないが、皇帝政治を考察する一助となるものである。第二章「明王朝庶吉士制の検討」は、科挙進士から官僚への道程における人材養成制度にあたる庶吉士制をとりあげ、文官官僚をいかに有効に確保するかという国家の論理と、実際に庶吉士となる者の自己の官僚としての位置づけにまつわる論理の衝突と、制度そのものへの改革への模索を主題とする。ともに皇帝を頂点とする文官官僚体制を側面から支える内容を持つことから、ここに付載する。

明代史が第二次世界大戦後に隆盛を迎え、特に土地制度・徭役制度、さらには郷紳論などの社会経済史の方面では多様にして充実した成果があげられてきたことはよく知られるところである。ただその一方で、政治史ないし政治制度史においては、その割かれる精力が少なく、いささか等閑視されるきらいがないではなかった。近年、政治史に研究対象を絞る研究者が増える傾向にあり、その成果がまとめられていっているのは、赴くべき当然のことであろうと考えている。本書は、その対象として吏部を中心に据える政治制度史のつたない積み重ねである。ただ、制度史は単に制度の変遷、沿革の整理ではなく、あくまでも制度という枠組みのなかに官僚という思考し行動する人間が存在し、制度そのものも現実との関わりのなかでさまざまな様態を呈するものであることを、常に意識してとり組んできたことだけは断っておきたい。この書が、いささかなりと明代の政治史に貢献するところがあればと願っている。

［掲載論文］

本書に収録した論文の初出掲載は以下のようである。なお、本書を編むに当たって、用語・表現の統一、内容の一部手直し、原載時には省略した史料原文の掲載、さらに漢文史料の読み下し（現代かな遣い表記）を行った。

前編「明王朝支配体制の確立」

第一章　翼元帥府から行中書省体制への転換

「明王朝成立期における行中書省について」『人文論究』（関西学院大学文学部）第三〇巻第四号、一九八一年、をもとに大幅に増補改定。

第二章　中書省の設置とその変遷

「明初中書省の変遷」『東洋史研究』第三六巻第一号、一九七七年、を改題。

本編「官僚制国家における吏部と吏部尚書」

第一章　洪武朝初期の吏部と吏部尚書

「洪武朝初期の吏部（一）（二）」『人文論究』第四六巻第一・三号、一九九六年、を改題。

第二章　洪武一八年吏部尚書余熂誅殺事件

第七回明史国際討論会（一九九七年八月、長春）で発表し、『史学集刊』一九九八年第二期に掲載された中文論文の増補日本語版（『関西学院史学』第二六号、一九九九年）。

第三章　吏部尚書蹇義とその時代－永楽朝から正統朝まで－

『東洋史研究』第五六巻第四号、一九九八年。副題を追加。
第四章　成化期における吏部権限縮小論－吏部と内閣－
関西学院大学東洋史研究室開設30年記念『アジアの文化と社会』法律文化社、一九九五年。副題を追加。
第五章　掣籤法と吏部尚書孫丕揚
京都大学人文科学研究所編『明末清初期の研究』一九八三年。

付編
第一章　明代通政使司の設置とその変遷
『関西学院史学』第二一号、一九八五年。
第二章　明王朝庶吉士制の検討
第一節　成化元年における散館請願について
『東洋史研究』第四六巻第三号、一九八七年。
第二節　徐溥の庶吉士制改革案
『関西学院創立百周年文学部記念論文集』一九八九年。

（補注）本書で使用する『明実録』は、中央研究院歴史語言研究所校印本（『校印国立北平図書館蔵紅格本明実録』）である。

目次

付　編

前編　明王朝支配体制の確立

第一章　翼元帥府から行中書省体制への転換

はじめに

元朝の順帝末年、各地に反乱が勃発する。いわゆる「紅巾の乱」である。この紅巾の乱はおおよそ二つの系統に分けて考えるのが一般的であるが、その名称については、宗教的特徴から白蓮教系と弥勒教系[1]、勢力範囲から東系（北系）と西系（南系）[2]、またその宗主の名をとって韓林児系と彭瑩玉（徐寿輝）系など、種々の呼び方がなされ、統一されていない。特に宗教的特徴に関しては、弥勒教系とするものをこそ白蓮教系とすべきであるとする意見[3]や、明教（マニ教）の影響を重要視する説[4]などがあり、多くの問題を残している。とはいえ、二つの系統に分類することについては、その人脈ないし、のちの対抗関係などから十分容認されるところである。

民衆反乱勢力としての系統を別にするとはいえ、この二つの系統に連なる群雄や、またこれには含まれないものが、自らの勢力を拡大して政権を建て、その体制を整える必要にせまられると、彼らは一様に元朝の制度を模倣・採用することになる。韓林児の「宋」国や、徐寿輝の「天完」国とそのもとから起こる陳友諒の「漢」国、そして張士誠の「呉」国においては、当初から丞相・平章政事・元帥などの称号が用いられ、また周の制度に復古して六卿を置いた明玉珍の「夏」国も、のちには官制の改革を行い、中書省や枢密院を設置することになるのである。[5]系統を異にするこれらの群雄が、軌を一にして元朝の制度を模倣するのは、当時にあってはそれが最も自然であり、かつ自らの権威を高めるのに効果的であったからにほかならない。

このことは、韓林児の配下にあった郭子興から独立して独自政権を築きあげ、最終的には明朝を創立する朱元璋についても、同様であった。ただ、朱元璋にとって特徴的であったのは、非常に早い時期からの文官支配の構想であり、また元朝制度の模倣にとどまらない、その時々の状況に応じた臨機応変の制度改革であった。ここでは、政権草創期における翼元帥府、その後の中枢機関となる行中書省、ならびにその変遷をみていくことによって、朱元璋政権から明王朝創設に至る支配体制を明らかにしていきたい。

一　翼元帥府体制

至正一四（一三五四）年、いわゆる「朱元璋集団」を率いて、郭子興の統制を離れて独自の行動を始めた朱元璋は、定遠・盱眙・泗州など淮南の諸地を征服、翌年には長江を渡る、いわゆる「渡江」に成功し、江南の要地太平路を攻略した。この地に、朱元璋政権として最初の官庁が置かれることになるが、それを『太祖実録』（以下、本章においては『実録』と略称する）は次のように伝える。

> 太平路を改め太平府となし、李習を以て府事を知めしむ。太平興国翼元帥府を置く。諸将、上を奉じて、大元帥となす。上、李善長に命じて帥府都事となし、潘庭堅、帥府教授となし、汪広洋、帥府令史となし、陶安を以て幕府の事に参ぜしむ。諸将に命じて各門を分守し、城を修め濠を浚いて、以て固く守禦せしむ。(6)

すなわち、太平路を太平府と改め、李習を知事として府内の諸事を委ねると同時に、政権の中枢機関として、朱元璋を大元帥とする太平興国翼元帥府が設置されたのである。(7)この翼元帥府は、その名からして軍事的色彩の濃いものであったとみられるが、李善長をはじめとして文官が配置されている点に注目すべきであろう。これはその二年前に、李善長が朱元璋のもとに入り、書記として政権に参加した際に、

> 方今、群雄並び争い、智ある者にあらざれば謀議に与るべからず。吾、群雄中に観るに、案牘を持して謀事に及びし者、多く左右の将士を毀ち、将士、その能を効すをえずして以て敗れるに至る。その羽の両翼すでに去らば、主者、安んぞ独り存するをえんや。故にまた相い継いで亡ぶ。汝、宜しくその失に鑑み、務めて諸将と協せて以て功を成し、彼のなすところを効すなかれ。(8)

と、朱元璋自らが、文官と武官はともに政権を支え、その協調なくしては大事は成就しえないと言明する、その反映であったといえる。さらに、太平路攻略を直前に控えて、

上、陶安・李習を召して、ともに時事を語る。安、因りて献言して曰く、方今、四海、鼎沸し、豪傑、並び争い、城を攻め邑を屠りて、互いに相い雄長す。然れどもその志、皆、子女玉帛に在りて、快を一時に取りて、乱を撥め、民を救い、天下を安んじるの心あるにあらず。明公、衆を率いて江を渡り、神武にして殺さず、人心悦服す。これを以て天に順い人に応えて行わば、天下を伐ちて平らかにするに足らずんばあらず、と。上曰く、足下の言、甚だ善し、と。(9)

陶安が軍事的略奪に走ることなく、常に「治民」を念頭に置くべきことを助言し、それに朱元璋が「足下の言、甚だ善し」と同意したことを合わせ考えると、この翼元帥府設置において、諸将を中心とする軍事体制を主としながらも、李善長などの文官による行政支配体制を想定し、両者の均衡をなにより重視していたことが明らかとなる。そしてこの軍制に偏らない体制こそが、以後の朱元璋政権を支え、群雄との抗争を勝ち抜き、ついには明朝創立、中国統一につながることを忘れてはならない。

以後、この翼元帥府が中心となって江南経略が展開され、至正一六年三月には、

集慶路を改めて応天府となし、天興建康翼統軍大元帥府を置く。廖永安を以て統軍元帥となす。趙忠に命じて興国翼元帥となし、以て太平を守らしむ。(10)

とあるように、元朝の江南支配の中心地であった集慶路を攻略して、応天府と改称するとともに、天興建康翼統軍大元帥府が置かれた。この天興建康翼統軍大元帥府の設置は、その名称から推し測り、かつこのなかで統軍元帥廖永安に次ぐ興国翼元帥の位が与えられた趙忠が太平府の守備を委ねられたことからして、この段階で政権の中枢は実質的

には応天府に移り、太平興国翼元帥府はその当初の役割を終えたことを意味する。そして、その後も、鎮江を以て淮興鎮江翼元帥府となし、徐達・湯和に命じて統軍元帥となす。鎮江路を改めて江淮府となす。秦淮翼元帥府を置き、兪通海を以て元帥となす[11]。元帥鄧愈・邵成、総管湯昌、兵を率いて広徳路を攻めて、これに克つ。改めて広興府となし、広興翼行軍元帥府を置く。鄧愈・邵成を以て元帥となし、湯昌、行軍総管となす[12]。

と、鎮江路（江淮府と改称。以下同）、広徳路（広興府）が攻略されると、各地に翼元帥府が置かれた。当時の翼元帥府は、その記録からみるかぎり、太平興国翼元帥府から転出した武官によってのみ構成される、極めて軍事官庁的色彩が濃いもので、その意味では前線基地としての機能を果たしていたといえる。さらにこれらの翼元帥府の軍事的機能を統括する目論見から、太平興国翼元帥府に代えて、改めて太平路に行枢密院が設置されるが[13]、これは軍事的行動が活発化するのに応じて、行政支配とは別個に、軍事を専一に統括する必要に迫られたためにとられた措置であったと、考えることができる。

二　江南行中書省の開設と中書分省

太平府から応天府に拠点を移しつつ、翼元帥府を前進基地として勢力拡大を図ってきた朱元璋政権であったが、同年七月に朱元璋が呉国公に推挙されると、より充実した支配体制の確立が模索されることになった。

諸将、上を奉じて呉国公となす。元の御史台（江南諸道行御史台）を以て公府となし、江南行中書省を置き、上、兼ねて省事を総べ、李善長・宋思顔を以て参議となし、李夢庚・郭景祥、左右司郎中となし、侯原善・楊原杲・

陶安・阮弘道、員外郎となし、孔克仁・陳養吾・王愷、都事となし、王濤、照磨となし、欒鳳、管勾となし、夏煜・韓子魯、博士となす。江南行枢密院を置き、元帥湯和を以て同僉枢密院事を摂めしむ。帳前総制親兵都指揮使司を置く。……左右等翼元帥府を置く。……五部都先鋒を置く。……省都鎮撫司を置く。……理問所を置く。……提刑按察司を置く。……兵馬指揮司を置く。……営田司を置く。[14]

すなわち、従来の太平興国翼元帥府および天興建康翼統軍大元帥府という翼元帥府を中心とする体制から脱皮して、新たに江南行中書省（以下、江南行省と略称）[15]と江南行枢密院（以下、行枢密院と略称）を主軸とした体制を構築したのである。この江南行省・行枢密院は元朝の体制[16]を模倣したものであることはいうまでもない。その点からすれば、江南行省が行政全般を担当し、その補助機関として理問所（刑罰・裁判）、提刑按察司（監察）、省都鎮撫司、兵馬指揮司（治安維持）、営田司（農政）が置かれ、その一方で行枢密院を筆頭に、帳前総制親兵都指揮使司をはじめとして、左右等翼元帥府、五部都先鋒といった軍事担当機関が設置されたとみることができ、行政と軍事が整理されたうえで、明確に分離されたといえる。また、ここにみる江南行省が純粋な行政機関であったことは、その構成員が李善長を筆頭にすべて文官によって占められていることからも明らかである。

新体制のもと、至正一七年には江蘇の長興（長安州と改名。以下同じ）・常州（常州府）・寧国・泰興・江陰・常熟・徽州（興安府）・池州・揚州を攻略、明くる一八年には、宜興（建寧府）に加えて、浙江の建徳（厳州府）・浦江を攻略し、そのうち長安州には永興翼元帥府、興安府には雄峯翼元帥府、揚州には淮海翼元帥府、建寧府には全呉翼元帥府、厳州府には徳興翼元帥府を設置するなど、着実に領域を拡大し、東方の蘇州・杭州を中心に勢力を張る張士誠、明州・台州の方国珍、そして元朝の江南行台の置かれていた紹興に迫った。そして同年末には浙江を越え、婺州路（寧越府）を攻略することになる。この婺州路は、元朝にあっては浙東海右道廉訪司が置かれていたように、江浙行

省浙東道の中心地であり、また、

太祖曰く、金華（婺州路）はこれ吾が親征の地、すなわち浙江東南の重鎮、江西・福建・浙江の敵境に密邇す。必ずや重望の臣を得て、これに鎮せしめん[17]、と。

とあるように、朱元璋自らが軍を率いて攻略し、かつ以後の征討事業においての重要拠点と認められる地であった。このため、ここ婺州路では他の征服地と同じく翼元帥府を設置するだけにとどまらず、新たな試みがなされた。

中書分省を婺州に置く。中書省（江南行省のこと。以下同じ）左右司郎中李夢庚・郭景祥を調して分省左右司郎中となし、中書省都事王愷、分省都事となし、中書省博士夏煜、分省博士となし、中書省管勾欒鳳、分省管勾となし、汪広洋を以て照磨となし、儒士王褘・韓留・楊遵・趙明可・蕭堯章・史炳・宋冕、掾史となす。金華翼元帥府を立て、袁貴を以て元帥となし、呉徳真これに副となす。婺州路を改めて寧越府となし、儒士王宗顕を以て知府となす[18]。

ここにみる中書分省は、その構成員を江南行省の人員から割いていることから明らかなように、江南行省の出先機関というべきものであった。さらに、至正一九年四月には行枢密院の出先機関として枢密分院が置かれ[19]、浙東攻略の中心地の位置づけを与えられることになった。そしてこれ以後、衢州（龍游府）や処州路（安南府）などの周辺の要地が攻略されると、

（行枢密院）同僉常遇春、衢州に克つ。……衢州を改めて龍游府となし、武義知県楊苟を以て府事を知めしむ。金斗翼元帥府を立て、唐君用を以て元帥となし、夏義、副元帥となし、朱亮祖、枢密分院判官となす。寧越（中書）分省都事王愷に命じて軍儲を兼理せしむ[20]。

さらに、

処州路を改めて安南府となし、義烏知県王道同を以て府事を知めしむ。安南翼元帥府を立て、朱文淵を以て元帥となし、李祐之、副元帥となし、耿再成、枢密分院判官となして、これを守らしむ。(中書)分省都事孫炎を以て軍儲を総理せしむ[21]。

と、翼元帥府が置かれると同時に、軍事統制の意味を持った枢密分院の官に並んで、中書分省からも文官が派遣されたのである。

それでは、この中書分省はいかなる役割を果たしたのであろうか。ここでは中書分省の官員の行状を比較的詳しく伝えている、宋濂の手になる王愷と孫炎の「墓誌銘」によって、それをみてみることにしよう。

是年(至正一八年)冬、上、まさに浙東を征伐せんとす。時に婺(州)の蘭渓すでに下り、僉(行)枢密院事胡公大海これを戍る。上、公(王愷)と胡公に命じて婺を取るを定議せしめ、親ら師を帥いて、その城を囲む。守将、出で降るや、公、審らかに民情を察して、これを奠め綏んず。上前に歴言して、聴かざる者あるなし。己亥(至正一九年)春、王師、越を攻め、久しく下らず。夏六月、師、還る。上、胡公をとどめて婺に鎮せしめ、而して民賦軍器の務は、みな公に厲ましむ。冬、王師、三衢(衢州)に克ち、公を左司郎中に擢げ、衢州の軍民の事を総制せしむ。公、城を増し濠を浚い、遊撃軍を置き、保甲・翼の余丁及び旧民兵を募り、六百人を得て、以て戍守を益す[22]。

戊戌(至正一八年)、浙東に従征し、労を以て同知池州府事に擢げらる。尋いで池(州)を改め華陽府となし、即ちに君(孫炎)を拝して知府となすに、皆、声あり。明年十一月、召して(中書分)省都事となす。処州の降るに会い、これを鎮安する者を択ぶ。みな以えらく、処州、山海の間に在りて、盗賊、憑結し、君にあらざれば治むべからず、と。上、また君を才とし、省に入りて月余にして、遂に命じて処州総制となし、銭穀・兵馬の柄は、悉くこれに委ね、中報を取らず、且つ、省符のいまだ署せざるものを以てこれに付し、その自ら辟任するを聴す。……君、また檄を属県に下して、徧くこれを諭す。これより投兵来降する者、門に相い継ぎ、数月にして皆、化して良民となる。(23)

中書分省の官員は「審らかに民情を察して、これを奠め綏んず」「檄を属県に下して、徧くこれを諭す」、また「銭穀・兵馬の柄は、悉くこれに委ね」るなど、その地における治安の維持、ならびに行政全般を担当していた。また「遊撃軍を置き、保甲・翼の余丁及び旧民兵を募り」、時には軍事作戦に助言を与えるなど、行枢密院・翼元帥府を中心に展開される軍事行動に直接参加することはないものの、その後援活動に力を尽くしていた。(24) また「中（外朝に対する中朝の意。ここでは江南行省のこと）報を取らず、且つ、省符のいまだ署せざるものを以てこれに付し、その自ら辟任するを聴す」とあるように、江南行省からの命令によらず、独自の裁量権を行使しえたのである。

以上、初期朱元璋政権における体制についてみてきたが、一貫してあるのは文官による行政支配への配慮であった。群雄割拠のなか、ともすれば軍事優先に陥りがちな状況にあったことからすれば、この点は特筆されるべきであろう。これは翼元帥府体制における文官配置から、江南行省の設置と、時期を追うごとに機構的に整えられていったのである。ここに当時の体制をまとめておくならば、応天府に置かれた江南行省が行政の中枢機関となり、浙東の要地である寧越府には、その出先機関として中書分省が設置され、これが中心となって行枢密院の武官を軸に、翼元帥府を前線基地とする軍事行動の後援をも含めて、各地の行政支配を確立していった、ということになるのである。

三　大都督府の設置と行省

至正二〇（一三六〇）年になると、朱元璋政権は東の張士誠勢力に加えて、西から陳友諒勢力の厳しい圧迫を受けるようになった。このような情勢下、一方では、軍事費調達の狙いもあって、酒醋税の徴収[25]、塩法局の設置[26]、宝源局の設置と大中通宝の鋳造開始[27]、さらに茶法の制定[28]と矢継ぎばやに経済政策が展開され、その一方で、軍事体制の見直しがなされていった。

枢密院（行枢密院のこと。以下同じ）を改めて大都督府となす。枢密院同僉朱文正に命じて大都督となし、中外の諸軍事を節制せしむ。中書省（江南行省のこと）参議李善長、司馬事を兼ねしめ、宋思顔、参軍事を兼ねしめ、前検校譚起宗、経歴となし、掾史汪河、都事となす。文正、上の兄南昌王の子なり。時に枢密院、大都督府に改めると雖も、而れども先に任ぜられし官の外に在る者、なおその旧に仍る[29]。

すなわち行枢密院に代わって大都督府が設置されるのであるが、これは単なる官庁名称の変更ととるべきものではない[30]。まずは、「先に任ぜられし官の外に在る者、なおその旧に仍る」とあるように、行枢密官の官は従来通りの官名のままで、大都督となる朱文正を除いて、大都督府の官になる者はなく、その人員構成からしても両者に継続性はない。さらに官庁として担う役割にも大きな相違がある。すなわち、従来の行枢密院は官庁としての名称を持つとはいいながら、実態は武官の便宜的集合体といったもので、彼らは行枢密院を冠する職名を帯びながら、個別に領域拡大のための軍事行動を前線で指揮していたに過ぎない。応天府を起点として、主として浙江方面の主要都市を各個撃破していく過程においてはそれはそれで有効であったといえるが、東西に張士誠と陳友諒という二大勢力を控える状態となっては、そこに総合的な軍事展開が必要となる。ここに求められるのは兵力の配置、物資の供給等を含めた軍事行動全般を統括する官庁であり、それが大都督府であったといえる。「中外の諸軍事を節制せしむ」とはまさにその意味であり、大都督朱文正以外に李善長や宋思顔といった文官の中心的人物が兼職で配置され、また経歴や都事といった事務処理を行う下級文官が置かれたのは、その目的に沿ってのことなのである。その意味でいえば、この大都督府の設置は、従来ある程度は武官の自在性に任されていた軍事行動を、中央からの統御下に組み込もうとしたものであったとみるべきであろう。

ところで、所属母体をなくした行枢密院官の処遇はいかになされたのであろうか。当時の朱元璋政権にあって、彼らが軍事行動の中核で重要な位置を占めていたことは否定できない。その彼らの新たな配属先は、行政支配の中枢機関である江南行省と中書分省であったのである。すなわち、

（行）枢密院同知邵栄を以て（江南行）中書省平章政事となし、同僉常遇春、参知政事となす[31]。
（行）枢密僉院胡大海を以て中書分省参知政事となし、金華に鎮して、諸郡の兵馬を総制せしむ[32]。
（行）枢密院同知徐達を以て（江南行）中書右丞となす[33]。

とあるように、江南行省と中書分省に新たに平章政事・右丞・参知政事の上級官職が置かれ、そこに邵栄・常遇春・胡大海・徐達等の行枢密院の武官が配置されたのである。このうち胡大海のみが中書分省に配属されたのは、当時彼が金華府（旧寧越府[34]）を拠点に、中書分省の後援のもとで周辺地域の平定に力を尽くしていたことによる。ともあれ、ここに江南行省と中書分省は、文官で構成される行政官庁でありながら、その上級官に武官を戴くことになるが、これは以後に設置される行省すべてに共通する体制となるのである。

四　行省の増設と中書省の設置

至正二二（一三六二）年に、陳友諒の勢力下にあった洪都府（元朝龍興路、のちの南昌府）が朱元璋政権の支配下に入ると、その地に江西行省が開設された。

上、すでに洪都を定む。……（行枢密僉院）鄧愈を以て江西行省参政となし、洪都に留守せしめ、万思誠、行省都事となし、以てこれを佐けしむ。[35]

これまで行省といえば江南行省だけで、浙江への領域拡大でその必要性が生じた時には、その出先機関として中書分省を置いて一部地域を割いてその管轄を委ねてきたが[36]、ここでは分省ではなく行省が設置されたのである。その理由としては、次の点が考えられる。ひとつに、これまでほぼ元朝の江浙行省内に限られていた朱元璋政権の領域が江西にまで拡大し、これを江南行省の管轄下に置くことはもとより無理で、かといって従来のように中書分省を設置していくのでは領域の広大さや地域の名称という点からも相応しいものとはなりえず、江南行省・中書分省体制に限界を認め、新たな体制を模索しなければならなかったことがあげられる。次に、この江西地方が陳友諒という一大勢力を誇る群雄の支配下にあったことである。すなわち、対陳友諒戦において、その勝敗を決することになった朱元璋軍への投降者、孫本立[37]や彭時中[38]等に対して、相応の処遇をしなければならなかった。このため、彼らが以前に持っていたと同等、ないしはそれ以上の称号を与えるために、名目的とはいえ江西行省の称号をすでに使っていたの[39]を、そのまま追認せざるをえなかったのである。そしてこれと連動して、その六日後に、

中書分省を改めて浙東等処行中書省となす。（行枢密院）同僉朱（李）文忠を陞して左丞となし、都事楊憲及び

胡深、左右司郎中となし、照磨史炳・丹徒知県劉粛、都事となす。なお省を金華に開き、衢・処・広信・厳・諸全の軍馬を総制せしむ[40]。

と、中書分省は浙東等処行中書省（以下、浙東行省と略称）と改められ、行枢密院の官であった李文忠を筆頭に、その下に文官が配置された。さらにこの浙東行省は、当初は中書分省と同様に金華府に置かれたが、

命じて浙東行省を厳州に移置せしむ。時に張士誠たびたび厳及び諸全を寇し、行省、兵を発して応援するも、往往にして道の遠きを以て、即ちに達する能わず。ここにおいて省治を厳に徙し、金華の軍を分ちてこれを戍らしむ[41]。

とあるように、張士誠勢力の攻撃に速やかに対処するという軍事的目的によって、浙東の名を持ちながら浙西にある厳州府（元朝建徳路）に移された。

ともあれここに朱元璋政権は、江南行省を中心に、江西行省と浙東行省によって構成されることとなったが、これはとりもなおさずその領域が拡大してきたことを示している。それ故にこそ、この段階で政権としての脱皮を目指す必要に迫られていたといえるが、その直接の契機となったのは、至正二三年九月に直接対峙していた張士誠が呉王となったことであった[42]。すなわち、これに触発された朱元璋は、次年の正月朔日に自らこそが呉王であることを宣言し、それに応じた政権体制を築くことになるのである。

李善長・徐達等、上を奉じて呉王となす。時に群臣、上の功徳日に隆きを以て、たびたび表もて勧進す。……百司の官属を建て、中書省を置く。左右相国は正一品となし、平章政事は従一品、左右丞は正二品、参知政事は従二品、左右司郎中は正五品、員外郎は正六品、都事・検校は正七品、照磨・管勾は従七品、参議府参議は正三品、参軍断事官は従三品、断事・経歴は正七品、知事は正八品、都鎮撫司都鎮撫は正五品、考功所考功郎は正七品。

李善長を以て右相国となし、徐達、左相国となし、常遇春・兪通海、平章政事となし、汪広洋、右司郎中となし、張昶、左司郎中となす。[43]

ここにみる中書省が、従来の中枢機関である江南行省を改めたものであることは、その構成員を含めて明らかである。[44]

そしてこの三月後には、

大都督府等の衙門の官制を定む。大都督は従一品、左右都督は正二品、同知都督は従二品、副都督は正三品、僉都督は従三品、経歴は従五品、都事は従七品。各行省平章政事は従一品、左右丞は正二品、参知政事は従二品、郎中は従五品、員外郎は従六品、都事・検校は従七品、照磨・管勾は従八品。理問所正理問は正四品、副理問は正五品、知事は従八品。都鎮撫司都鎮撫は従四品、副都鎮撫は従五品、知事は従八品。金吾侍衛親軍都護府都護は従二品、経歴は正六品、知事は従七品、照磨は従八品。統軍元帥府元帥は正三品、同知元帥は従三品、副使は正四品、経歴は正七品、知事は従八品、照磨は正九品。各衛親軍指揮使司指揮使は正三品、副指揮使は正四品、経歴は正七品、知事は従八品、照磨は正九品。千戸所正千戸は正五品、副千戸は従五品、鎮撫百戸は正六品。各万戸府正万戸は正四品、副万戸は従四品、知事は従八品、照磨は正九品。[45]

と、大都督府や行省をはじめとする官庁の官制ならびに品秩が整備された。ここにみる江南行省から中書省への転換は、内部的には名称上から他の行省と区別することで、中央政府としての位置づけを明確にするためであったが、それ以上に、他の官庁の整備と合わせ考える時、朱元璋政権がもはや一地方政権ではなく、元朝に代わって新王朝を創設する意志を持っていることを、内外に宣言したことを意味している。正月元旦という年頭における呉王への即位と、元朝の中央政府と同じ中書省の設置がなによりそれを物語っており、また品秩制の採用は、政権を構成するそれぞれの官庁の位置づけと、異なる官庁間における官職相互の上下関係を明らかにするもので、その必要性に迫られるほどに、政権の規模が大きくなり、内容的にも充実していたことを教えてくれる。

以後、この中書省を中枢機関として朱元璋政権は成長し、明王朝創設に至るが、中書省については章を改めて述べることとし、ここでは地方機関に位置づけられる行省についての考察を続けていくことにする。

五　中書省体制下の行省

中書省体制に入った至正二四年以降、朱元璋政権の領域拡大は加速度的に進展し、それにつれて各地に行省が設置された。まず同年二月には、陳友諒の子で武昌に勢力を張っていた陳理が降伏したのを受けて、

湖広行中書省を立つ。（行）枢密院判楊璟を以て参政となす。[46]

と、湖広行中書省（以下、湖広行省と略称）が、続いて七月に安徽の盧州路が攻略されると、

盧州路を改めて府となし、江淮行省を置く。（中書省）平章兪通海に命じて省事を摂めしめ、以てこれに鎮せしむ。[47]

と、江淮行省が設置され、さらに至正二六年には、張士誠の勢力が平江路（蘇州府）を除いて平定されると、

浙東行省を罷めて、浙江等処行中書省を杭州に開く。右丞李文忠を陞して平章政事となす。文忠は上の甥なり。幼きよりこれを育み、賜うに国姓を以てするも、ここに至りて姓を李氏に復さしむ。[48]

と、厳州府にあった浙東行省が廃止されて、改めて浙江の東西両地方を管轄する浙江等処行中書省（以下、浙江行省と略称）が、信任厚い甥の李文忠を長官として杭州府に置かれ、ここに行省の開設は一段落する。

これらの行省がその本来の職務である行政支配と軍事行動の後援に当たっていたことは、それぞれに左右司郎中や

都事といった文官が配置されていたこと、さらに、

王天錫を以て湖広行省都事となす。これに諭して曰く。汝、襄陽に往きて、鄧（愈）平章を賛助せよ。政事を設施するに、まさに事宜を参酌し、城池を修め、甲兵を練し、財用を撙節し、人民を撫綏すべし。事を処するに果断を貴び、衆を御するに必ず鎮静を以てし、密かにして以て姦を防ぎ、謹みて以て敵を待て。敵、至らば則ち堅壁清野して、以てその弊れるに乗じ、慎みて軽がるしくその鋒を犯すなかれ。方鎮の寄は固より将帥に在り、賛画の助は実に幕僚に資す。悋しみてその心を尽くして、吾が委任の意に負くなかれ(49)、と。

と、朱元璋自身が行省の都事の心得を述べていることからも明らかである(50)。

ただここでみておかなければならないのが、行省における上級官である。大都督府の開設にともない行枢密院が廃止されると、その構成員の一部は江南行省ないしは中書分省に配属されたことは先に指摘したが、その後に開設された行省においても、これと同様の処置がとられている。江西行省の鄧愈、浙東（のち浙江）行省の李文忠、湖広行省の楊璟等がこれにあたるが、この他にも江西行省の何文輝・黄彬、浙江行省の胡徳済、湖広行省の華高・張彬・戴徳・周徳興、江淮行省の韓政・陸聚などの武官が名を連ねているのである。すなわち、当時の行省は上級官に武官を戴きながら、本来の職務は変わらず執行していたということになるのである。ただこれをして、行省が軍事・行政を合わせ兼ねる官庁となったと単純に判断すべきではない。ここでは、これら上級官の動向をみることによって、当時の行省の実態に迫ることができるであろう。以下、鄧愈・李文忠・楊璟についてみていきたい。

まず、鄧愈は「衛国公贈寧河王謚武順鄧愈神道碑」によれば、至正一五年に朱元璋軍に投降して以来、数々の功績をあげて、行枢密院の院判・同僉・僉院を歴任し、

この時、上、親ら偽漢の主陳友諒を江州に討つ。友諒、敗走し、遂に江西を下す。王（鄧愈）に命じて歩兵を以

て来会せしむ。車駕、南昌にいたり、旨ありて、王に江西行省参知政事を授けて、とどめてこれに鎮せしむ。時に壬寅正月四日なり。癸卯夏四月、陳友諒、国内の兵を悉して、江西を囲む。江水、暴漲し、寇舟、直ちに城下に抵る。王と諸将、協謀固守し、たびたびその鋒を挫き、賊勢、大いに沮まる。相い持すること、およそ三月、たまたま上、親ら援兵を率いて湖口に至る。友諒、懼れて退き、大いに康郎山に戦う。友諒、竟に死す。甲辰三月、新淦の土豪鄧青、叛し、卒二万人を以て永豊に拠る。王、兵を調えてこれを破り、首賊劉理問・劉右丞五十二人を擒にす。八月、開平王に従い、臨江の沙杭麻嶺十洞の諸山寨を平げ、兵を合せて贛州を囲み、これを降す。南安・南雄・韶州、皆、送款す。乙巳正月、江西右丞に進み、湖広行省平章を加えらる。出でて襄陽に鎮し、西は巴蜀に抵り、北は河洛を控え、蜂火、相い望む。(51)

とあるように、江西行省が置かれると参知政事となり、以後は陳友諒による江州路（九江府）への反攻の防衛、江西南部から広東北部にかけての平定事業に活躍し、至正二五年には右丞となるとともに、湖広行省の平章政事を兼ねて、今度は襄陽を拠点に西の四川、北の河南へと進攻していった。

次に、李文忠は「曹国公岐陽武靖王李文忠神道碑」によれば、行枢密院の同僉として胡大海とともに金華府・建徳府を中心に活動していたが、

壬寅春二月、苗僚の蔣英、搆乱し、金華の賊、越国公胡公（大海）を殺す。王（李文忠）、乱を聞き、兵を率いて馳せ赴くに、賊、城を委てて遁去す。三月、浙東等処行中書省左丞に擢げらる。癸卯夏四月、守将謝再興、諸暨に拠りて以て叛す。上、命じて新城を諸暨の西に築きて、以てこれを拒ましむ。(52)

とあるように、中書分省が浙東行省に改められた時に左丞となり、以後は周辺の治安防衛に努めていた。さらに、明年（至正二六年）秋、大軍、呉を伐ち、杭州を攻めて以てこれを牽制せしむ。……遂に杭州に趨り、守将潘元

明また降り、軍を整えて入る。……就きて栄禄大夫・浙江行省平章事を加えられ、姓を李氏に復す。大軍、閩を征するに、文忠、別に軍を引きて浦城に屯し、以てこれに逼る。師、還り、余寇の金子隆等、衆を聚めて剽掠す。文忠、復た討ちてこれを擒にし、遂に建・延・汀の三州を定む(53)。

と、張士誠勢力への大攻勢の側面援助として杭州を攻略し、こののちは浙江行省の平章政事となって福建西部の平定事業に貢献した。

最後に楊璟であるが、「営陽侯楊璟伝」に、

来帰し、管軍万戸を授けらる。溧水・句容・金陵の功もて、管軍総管に陞せらる。鎮江・江陰の功もて、親軍副都指揮使に陞せらる。婺・諸曁の功もて、(行)枢密判官に陞せらる。(陳)友諒を従征し、九江・黄梅・広済に克つ。湖広行省を置き、璟を以て参政となす。移りて江陵に鎮し、叛寇を討斬し、進みて湖南の洞蛮を攻め、師を三江口に駐む。招討の功もて、平章政事に陞せらる。征南将軍に充てられ、広西を取る。土官の黄英衍・岑伯顔を降して、京に還る。偏将軍となりて、山西を征す(54)。

とあるように、各地の征討事業に活躍した後、行枢密院の判官となり、湖広行省が開設されると参知政事、平章政事となり(55)、以後は、広西・山西に派遣された。

以上、三者についてみてきたが、彼らは行枢密院の官であった時代も、行省の官になってからも、その役割に変化はなく、あくまでも軍事行動に専念していた。そのなかに該当地域の治安防衛が当然のこと含まれはするが、それ以上に、領域支配が安定すると、彼らはその所属行省とは関係なく、新たな領域の拡大のために各地に出征するのを常としていたのである。このことからすれば、彼らに冠せられた行省の官職は、その位置づけのための名目的なものに過ぎなかったといいえ、行省の実体に関わるところはなかったといえる。その意味でいえば、当時の行省は構成員から

みれば、形態的には軍事と行政の二重体制にあったが、実質的にはそれが行省の本来の職務を変えることはなかった、ということになるのである。

六　地方行政機関としての行省

洪武元（一三六八）年正月、朱元璋は皇帝位に就き、明王朝が成立した。ここに至るまでに、御史台の設置[56]など、中書省や大都督府に加えて中央政府の機構は着々と整えられてきていた。その一方で、こののちも領域の拡大が進められ、各地に行省が設置されることになる。すなわち、洪武元年には山東行省[57]が、二年には北平行省・広西行省[58]・広東行省[59]・陝西行省・山西行省・河南行省[60]・福建行省[61]と一気に七つの行省が、そして少し遅れて四年に四川行省[62]が置かれ、明朝における行省の設置は終わりを告げる。

ここに明朝は中国のほぼ全域を支配するところとなり、各地に行省を設置する体制が固まったといえる。ただ、この時期にかけて、行省は人員構成、特にその上級官に従来とは異なった様相を呈し始める。すなわち、武官で占められていた上級官に、文官からの就任者が現れてくるのである。その最初の例は汪広洋にみられ、

甲辰（一三六四）、中書省を立てるに、右司郎中に改められ、尋いで驍騎衛指揮使司事を知む。（中書省）平章常遇春、贛州を下すに、広洋に命じて軍事に参ぜしむ。贛州、平らぐや、命じて遂にこれを守らしめ、尋いで江西参政に升す[63]。

とあるように、贛州平定後ほどなくして江西行省の参知政事となっている。これは汪広洋が文官とはいえ、以前に驍騎衛指揮使であったことをふまえた人事であったともいえ、いささか特殊なものとみなすこともできるが、ただこれ

がのちの文官による行省上級官への就任に先鞭をつけたことは疑いない。すなわち明朝成立後に、江西行省に陶安・滕毅、浙江行省に郭景祥・蔡哲、湖広行省に阮崇礼・張本等のように、文官として参知政事となるものが現れるのである。これらの行省には、武官出身の上級官がすでにおり、彼らはもっぱら征討事業に従事し、行省内にとどまることがほとんどなかったことは、先に指摘したところである。だとすれば、これら文官出身の上級官の出現は、行省が名実ともに備わった統括者を持つに至ったことを意味している。この体制は明朝成立後に置かれた行省にはより明確に現れ、山東行省の平章政事韓政と参知政事陸聚を除いて、上級官はすべて文官によって占められるのである。この韓政と陸聚とて、以前は江淮行省に属していたものの、その江淮行省も洪武二年頃からしだいに中書省に併合されて行省としての実体を失いつつあり、また彼らは先にみた武官の上級官と同様に、実質的には山東行省にとどまることなく河北・山西地方に出征していたことからすれば、形式的にとられた経過措置で特例に属するものであるといえる。

明朝成立と前後して、行省は実質的な文官による統括体制に入ったが、それならば従来から名目的とはいえ上級官の位置を占めていた武官の処遇は、いかになされたのであろうか。それは彼ら武官の功績をたたえ、行省の上級官に匹敵、ないしは上回る称号や官職を与えることによって解決された。洪武三（一三七〇）年に行われた「大封功臣」こそがこれに当たる。いま、「大封功臣」の記事（『実録』巻五八、洪武三年一一月丙申）から行省の関係者を抜き出し整理すると、以下のようになる。

姓名	前職	封爵	後職
李文忠	浙江行省平章政事	曹国公	左都督
周徳興	湖広行省左丞	江夏侯	

華雲龍	燕府左相・北平行省参知政事	淮安侯	前職と同じ
耿炳文	秦府左相・陝西行省参知政事	長興侯	前職と同じ
兪通源	江淮行省平章政事	南安侯	
華　高	湖広行省平章政事	広徳侯	
楊　璟	湖広行省平章政事	営陽侯	
康　鐸	湖広行省平章政事	蘄春侯	
朱亮祖	浙江行省参知政事	永嘉侯	
傅友徳	江淮行省参知政事	潁川侯	都督同知
韓　政	山東行省平章政事	東平侯	
黄　彬	江西行省平章政事	宜春侯	
曹良臣	江西行省平章政事	宣寧侯	
梅思祖	浙江行省右丞	汝南侯	
陸　聚	山東行省参知政事	河南侯	

まずは全員が爵位を賜わり、華雲龍と耿炳文以外は行省の上級官職を除かれている。ただ華雲龍と耿炳文とて、それぞれ燕王府（北平）と秦王府（西安）に派遣されて当地にとどまっていたことから、従来通り行省の官職を名乗ったに過ぎない。また、李文忠と傅友徳、さらにここでは封爵されなかった湖広行省参知政事の張彬と戴徳は、

洪武前後、侯に封じられず、授くるに軍職を以てする者は、……張彬・戴徳、……並びに都督僉事に至る。(64)

とあるように、大都督府の官職に就き、その他の者も必要に応じて随時、将軍を名乗って軍事行動に参画することになる。まさに建国のための領域拡大に活躍した彼ら武官は、ここにその立場に応じた処遇を与えられたのである。こ

れを裏返せば、行省はこの段階で形態的二重体制から完全に脱却し、構成員からみても純粋な地方行政機関となったということになる。そして、このような行省の動きの裏で、地方における軍事体制が着々と整えられていった。すなわち、衛所制の確立[65]と都指揮使司の整備[66]である。衛所制は至正二四（一三六四）年に創始されて以来、領域の拡大につれて各地に設置されてその数を増してきたが、洪武三年には、

杭州・江西・燕山・青州の四衛を陞して都衛指揮使司となす。[67]

河南・西安・太原・武昌の四衛を置き都衛指揮使司となす。[68]

と、浙江（杭州）・江西・北平（燕山）・山東（青州）・河南・陝西（西安）・山西（太原）・湖広（武昌）の各行省に都衛指揮使司が設置され、地方の軍事関係の事柄はすべてこれに委ねられることになった。ここに行省は、以前にはその業務の一部としていた軍事行動への後援からも離れ、純粋な地方行政官庁となり、洪武九年には承宣布政司と改められ、提刑按察使司、さらに都指揮使司と合わせた明朝地方体制の確立をみることになるのである。

おわりに

至正一二（一三五二）年、郭子興の配下に入って一年余りで信頼に足る二四人の部下を引き連れ独自行動に出た朱元璋は、その二年後には長江を南に渡る、いわゆる「渡江」に成功して江南の地に進出し、太平府を攻略、さらに翌年には元朝の江南支配の要地であった集慶路（応天府）を攻略し、ここに一定の領地を有する群雄の一人に浮上する。朱元璋はこの過程で早くも機関を設置し、政権と呼びうる態様を整えることになるが、その最初に設置されたのが翼元帥府であった。この翼元帥府は、その名の如く軍事機関で、以後、周辺地域を征服するにつれて、各地に設置され

ることになる。だが、ここで特徴的なのは、この翼元帥府には必ず文官が配置されていたことである。これは武力による進攻と並行して、将来を見据えた行政支配への配慮があったことを意味する。この傾向は応天府周辺を制圧して政権の安定度が増すと、より明確となり、行政機関としての江南行中書省と軍事統括のための行枢密院の開設となって現れる。ここに翼元帥府は領域拡大の前線基地としての役割を担うことになり、政権の中枢機関は江南行省に移ることになった。そして以後、浙東への進攻に伴い、出先機関としての中書分省の開設、さらに江西行省・江淮行省の設置、また中書分省の浙東（のち浙江）行省への転換と続くなかで、江南行省は中書省と改められるのである。その一方で、軍事機関は行枢密院の官が各地に派遣されて、全体的な統制を欠く恐れもあって、新たに大都督府による統括体制に切り替えられることになった。

この段階で興味深いのは、廃止されたにも関わらず行枢密院を冠する官職名を帯びる武官がなお残り、彼らは徐々に自らの活動地域の行省の上級官となっていくことである。この方式は、以後に増設される行省にも踏襲され、行枢密院の官はほぼ全員が各地の行省に配属されることになる。従来、行省が各地の行政支配に加えて、軍事行動の後援に当たっていたことは明らかであるが、それはあくまでも側面からの支援であって、軍事に直接関与する性質のものではなかった。ならばこの事態はいかに捉えられるべきかというならば、旧枢密院の官の以後の行動からして、これは名目的なものでしかなかったといえる。すなわち彼らは、行省の上級官を名乗るものの、実態は従来と変わりなく、当該地域の治安維持、さらに新たな領域拡大に専念しており、一方、行省はこれによって官庁としての性質を変えたわけではないのである。形態的には一種の二重体制といえるが、なにより名目的とはいえ文官主導の行政機関に武官が吸収配置されることに注目しなければならない。翼元帥府体制での軍事官庁への文官配置と対比させてみれば、事態は完全に逆転しているのである。このことは、朱元璋政権における文官支配への配慮が、より強く打ち出された結果といえる。そしてこの傾向は、領域の拡大につれてさらに明確となり、行省上級官の文官への切り替え、さらに「大封功臣」によってこれらの武官は完全に行省から除外されるのである。

ひとつの勢力が勃興し強大化していく過程において、初期段階では軍事行動の成否が大きな比重を占めることはいうまでもない。だが、その勢力が獲得した領域を保持し、さらなる拡大を目指すならば、そこには行政支配への配慮がなくてはならない。元朝末期に各地に勃興した群雄から、朱元璋が抜け出て、ついには次代を担う明王朝を創立するに至ったのは、まさに軍事優先時代から持ち続けた文官支配への配慮であり、さらに領域の拡大や他の群雄との勢力関係に応じて、時宜にかなった体制の組み替えを行い、武官の能力を十分生かしつつ、その裏で着実に行政支配体制を構築したことにあったといえる。

ここにとりあげた江南行省は朱元璋政権の初期段階における中枢機関で、これがのちに中書省に転換され、明朝創立期ならびに洪武朝初期の中枢機関となることはいうまでもない。明朝初期の中書省とその変遷については章を改めて述べることとする。

注

（1）重松俊章「宋元時代の紅巾軍と元末の弥勒・白蓮教匪に就いて」（『史淵』二四・二六・二八・三二輯、一九四〇～四四年）。
（2）呉晗「明教与大明帝国」（『清華学報』一三巻一期、一九四一年）。谷口規矩雄『朱元璋』（人物往来社、一九六九年）。
（3）鈴木中正「元明革命と白蓮教」（『中国史における革命と宗教』、東大出版会、一九七四年、所収）。
（4）呉晗、前掲論文。相田洋「白蓮教の成立とその展開」（『中国民衆反乱の世界』、汲古書院、一九七四年、所収）。
（5）『明史』巻一二三「明玉珍伝」。
（6）『実録』巻三、乙未年六月丁巳。

改太平路為太平府、以李習知府事。置太平興国翼元帥府。諸将奉上為大元帥。上命李善長為帥府都事、潘庭堅為帥府教授、汪広洋為帥府令史、以陶安参幕府事。命諸将分守各門、修城浚濠、以固守禦。

(7) 翼元帥府については、青山治郎「朱呉国翼元帥府考」(『駿台史学』一三号、一九六三年)に詳しい。

(8) 『実録』巻一、癸巳年六月丙申朔。

方今群雄並争、非有智者不可与謀議。吾観群雄中、持案牘及謀事者、多毀左右将士、将士弗得効其能以至于敗。其羽両翼既去、主者安得独存。故亦相継而亡。汝宜鑒其失、務協諸将以成功、毋効彼所為也。

なお本条において、朱元璋の独自行動、ならびに郭子興との確執がまとめて記される。

(9) 『実録』巻三、乙未年六月丁巳。

上召陶安・李習与語時事。安因献言曰、方今四海鼎沸、豪傑並争、攻城屠邑、互相雄長。然其志皆在子女玉帛、取快一時、非有撥乱救民安天下之心。明公率衆渡江、神武不殺、人心悦服。以此順天応人而行、弗伐天下不足平也。上曰足下之言甚善。(「弗」は原文では「弔」。校勘記はこれを指摘しない)

(10) 『実録』巻四、丙申年三月辛卯。

改集慶路為応天府、置天興建康翼統軍大元帥府。以廖永安為統軍元帥。命趙忠為興国翼元帥、以守太平。

(11) 『実録』巻四、丙申年三月己亥。

以鎮江為淮興鎮江翼元帥府、命徐達・湯和為統軍元帥。改鎮江路為江淮府。置秦淮翼元帥府、以兪通海為元帥。

(12) 『実録』巻四、丙申年六月乙卯。

元帥鄧愈・邵成、総管湯昌率兵攻広徳路、克之。改為広興府、置広興翼行軍元帥府。以鄧愈・邵成為元帥、湯昌為行軍総管。

(13) 『実録』巻四、丙申年六月辛未。

置行枢密院於太平、以総管花雲為院判。

(14) 『実録』巻四、丙申年七月己卯朔。

諸将奉上為呉国公。以元御史台（江南諸道行御史台）為公府、置江南行中書省、上兼総省事、以李善長・宋思顔為参議、李夢庚・郭景祥為左右司郎中、侯原善・楊原杲・陶安・阮弘道為員外郎、孔克仁・陳養吾・王愷為都事、王濤為照磨、欒鳳為管勾、夏煜・韓子魯為博士。置江南行枢密院、以元帥湯和摂同僉枢密院事。置帳前総制親兵都指揮使司。……置左右等翼元帥府。……置五部都先鋒。……置省都鎮撫司。……置理問所。……置提刑按察司。……置兵馬指揮司。……置営田司。

なお、黄雲眉『明史考証』では、呉国公となるのは辛丑（至正二一年）とする。

（15）和田清氏によれば、当時の朱元璋は韓林児の「大宋国」の節制を受けていたため、中書省ではなく出先機関である行中書省を置いた、としている（「明の太祖と紅巾の賊」『東洋学報』一三巻二号、一九二三年）。朱元璋が韓林児の節制を受けていたことについては、野口鉄郎氏のように、便宜的なものに過ぎないとする考え方もある（「初期朱元璋集団の性格」『横浜国立大学人文紀要』哲学社会科学一八、一九七二年）が、いずれにしてもここに置かれた江南行省が当時の朱元璋政権にとっての中枢機関であったことに変わりはない。

（16）元朝の行中書省については、前田直典「元朝行省の成立過程」（『史学雑誌』五六巻六号、一九四五年。『元朝史の研究』、東大出版会、一九七三年、所収）に詳しい。また、行枢密院は元朝を通じて恒常的に置かれたものではなかったが、元朝末期に反乱軍が蜂起すると、その鎮圧のために各地に設置されていった（『元史』巻九二「百官志八」参照）。

（17）『国初事蹟』。

太祖曰、金華（婺州路）是吾親征之地、乃浙江東南之重鎮、密邇江西・福建・浙江敵境。必得重望之臣鎮之。

（18）『実録』巻六、戊戌年一二月丙戌。

置中書分省于婺州。調中書省左右司郎中李夢庚・郭景祥為分省左右司郎中、中書省都事王愷為分省都事、中書省博士夏煜為分省博士、中書省管勾欒鳳為分省管勾、以汪広洋為照磨、儒士王禕・韓留・楊遵・趙明可・蕭尭章・史炳・宋冕為掾史。立金華翼元帥府、以袁貴為元帥、呉徳真副之。改婺州路為寧越府、以儒士王宗顕為知府。

（19）『実録』巻七、己亥年四月戊寅。

立枢密分院于寧越府。以常遇春為鎮国上将軍同僉枢密院事。

なお『国初事蹟』は、

太祖親征婺州……開設江南等処行中書省分省・行枢密分院・金華翼元帥府。

と記し、行枢密院の分院が中書分省とともに設置されたとしている。

(20)『実録』巻七、己亥年九月丁未。
(行枢密院)同僉常遇春克衢州。……改衢州為龍游府、以武義知県楊苟知府事。立金斗翼元帥府、以唐君用為元帥、夏義為副元帥、朱亮祖為枢密分院判官。命寧越(中書)分省都事王愷兼理軍儲。

(21)『実録』巻七、己亥年一一月辛亥。
改処州路為安南府、以義烏知県王道同知府事。立安南翼元帥府、以朱文淵為元帥、李祐之為副元帥、耿再成為枢密分院判官守之。以(中書)分省都事孫炎総理軍儲。

(22)「故江南等処行中書省左司郎中贈奉直大夫浙東等処行中書省左司郎中飛騎尉追封当塗県子王公(愷)墓誌銘」(宋濂『鑾坡集』巻三)
是年(至正一八年)冬、上将征伐浙東。時婺(州)之蘭渓已下、僉(行)枢密院事胡公大海戍之。上命公(王愷)与胡公定議取婺、親師師、囲其城。守将出降、公審察民情、而奠綏之。歴言上前、無有不聴者。己亥(至正一九年)春、王師攻越、久不下。夏六月、師還。上留胡公鎮婺、而民賦軍器之務、咸属公。冬、王師克三衢(衢州)、擢公左司郎中、総制衢州軍民事。公増城浚濠、置遊撃軍、募保甲・翼余丁及旧民兵、得六百人以益戍守。

(23)「故江南等処行省都事追封丹陽県男孫君(炎)墓銘」(宋濂『朝京藁』巻一)
戊戌(至正一八年)、従征浙東、以労擢同知池州府事。尋改池(州)為華陽府、即拝君(孫炎)為知府、皆有声。明年十一月、召為(中書分)省都事。会処州降、択鎮安之者。咸以処州在山海間、盗賊憑結、非君莫可治。上亦才君、入省月余、遂命為処州総制、銭穀兵馬之柄悉委之。不取中報、且以省符未署者付之、聴其自辟任。……君亦下檄属県徧諭之。由是投兵来降者相継于門、数月皆化為良民。

(24) 谷口規矩雄氏は「陳友諒の『大漢』国について」(『東洋史研究』三九巻一号、一九八〇年)において、陳友諒の漢国が「分権的割拠体制を乗り越えることが出来なかった」のに対し、朱元璋政権が「領域支配を中央集権的に組織化していった」のは、このような「文官官僚の重用」による、と指摘している。

(25)『実録』巻八、庚子(一三六〇)年一二月癸巳。

中書省請征酒醋之税。従之。

(26)『実録』巻九、辛丑(一三六一)年二月甲申。

始議立塩法。置局設官、以掌之。令商人販鬻毎二十分而取其一、以資軍餉。

(27)『実録』巻九、辛丑(一三六一)年二月己亥。

置宝源局、鋳大中通宝銭。

(28)『実録』巻九、辛丑(一三六一)年二月丙午。

議立茶法。

(29)『実録』巻九、辛丑年三月丁丑。

改枢密院(行枢密院のこと。以下同じ)為大都督府。命枢密院同僉朱文正為大都督、節制中外諸軍事。中書省(江南行省のこと)参議李善長兼司馬事、宋思顔兼参軍事、前検校譚起宗為経歴、掾史汪河為都事。文正上兄南昌王子也。時枢密院雖改大都督府、而先任官在外者、尚仍其旧。

(30) 山根幸夫氏は「明太祖政権の確立期について－制度指摘側面からみた－」(『史論』一三集、一九六五年)において、同じ記事を引用し、「この時点では、いわば名称の変更にとどまり実質的にはたいして変わりなかった」と述べているが、事実はそう考えるべきではなかろう。

(31)『実録』巻九、辛丑年三月丁丑。

以(行)枢密院同知邵栄為(江南行)中書省平章政事、同僉常遇春為参知政事。

(32)『実録』巻九、辛丑年五月甲戌。

以（行）枢密僉院胡大海為中書分省参知政事、鎮金華、総制諸郡兵馬。

（33）『実録』巻九、辛丑年一二月是歳。

以（行）枢密院同知徐達為（江南行）中書右丞。

（34）寧越府は至正二〇年に金華府と名称が改められた（『実録』巻八・庚子正月乙卯条）。

（35）『実録』巻一〇、壬寅年二月辛卯。

上既定洪都。……以（行枢密僉院）鄧愈為江西行省参政、留守洪都、万思誠為行省都事、以佐之。

（36）金華府の中書分省のほかに、至正二一年二月淮海府（元朝揚州路）にも中書分省が置かれている。これは揚州路を攻略した際に置かれた淮海翼元帥府が江南等処分枢密院に改められ、それがさらに中書分省とされたものである。この中書分省の役割は明らかではないが、分枢密院時代から類推すると、淮海府ならびにその周辺地域の軍事・行政を一手に掌握していたもののようである。

（37）『実録』巻一〇、壬寅（一三六二）正月癸酉。

守吉安土軍元帥孫本立・曾万中与其弟粋中来降。……上以本立為江西行省参政、授以銀印、万中為都元帥、粋中為行軍指揮、俾還守吉安。

（38）『実録』巻一〇、壬寅（一三六二）正月乙亥。

陳友諒平章彰時中以龍泉降、納陳友諒所援銀印。命復其職、別以行省印授之。

（39）このように投降者に対して行省の官職を援ける例は、ほかにもみられるところである。それらを列挙すると、次のようである。

欧文広―江西行省参知政事
潘原明―浙東行省平章政事
王宣―江淮行省平章政事
王信―江淮行省平章政事

何真－江西行省参知政事
李思斉－江西行省左丞
方国珍－広西行省左丞
張麟－江西行省右丞
王溥－河南行省平章政事

なお『実録』巻五九、洪武三年一二月辛巳に、
（王）溥等皆起兵降付之臣。上欲優待之、故俱令食禄而不視事。
とあるように、これらの官職は形式的なものでしかない。

(40)『実録』巻一〇、壬寅年二月丙申。
改中書分省為浙東等処行中書省。陞（行枢密院）同僉朱（李）文忠為左丞、都事楊憲及胡深為左右司郎中、照磨史炳・丹徒知県劉粛為都事。仍開省于金華、総制衢・処・広信・厳・諸全軍馬。

(41)『実録』巻一二、癸卯年二月戊寅。
命移置浙東行省于厳州。時張士誠屢寇厳及諸全、行省発兵応援、往往以道遠、不能即達。於是徙省治于厳、分金華軍戍之。（「浙東」は原文では「浙江」。校勘記はこれを指摘しない）

(42)『実録』巻一三、癸卯年九月是月。
是月張士誠称呉王。

(43)『実録』巻一四、甲辰年正月丙寅朔。
李善長・徐達等奉上為呉王。時群臣以上功徳日隆、屢表勧進。……建百司官属、置中書省。左右相国為正一品、平章政事従一品、左右丞正二品、参知政事従二品、左右司郎中正五品、員外郎正六品、都事・検校正七品、照磨・管勾従七品、参議府参議正三品、参軍断事官従三品、断事・経歴正七品、知事正八品、都鎮撫司都鎮撫正五品、考功所考功郎正七品。以李善長為右相国、徐達為左相国、常遇春・兪通海為平章政事、汪広洋為右司郎中、張昶為左司郎中。（「汪広洋為右司

郎中」は原文では「郎事」となっているが、校勘記に従い改める。また「張昶為左司郎中」は原文では「都事」。校勘記はこれを指摘しない）

（44）なお『明史』巻四〇「地理志二」によれば、

明太祖丙申年七月、置江南行中書省。洪武元年八月、建南京、罷行中書省、以応天等府直隷中書省。

とあり、江南行省は洪武元年まで存続していたように記されている。しかし、その果たした役割ならびに人員構成からみれば、内容的には中書省が江南行省を継承したことは明らかである。たとえ江南行省が存続していたといっても、それは有名無実なものに過ぎず、実質的には中書省に改められたとすべきであろう。

（45）『実録』巻一四、甲辰年三月戊辰。

定大都督府等衙門官制。大都督従一品、左右都督正二品、同知都督従二品、副都督正三品、僉都督従三品、経歴従五品、都事従七品。各行省平章政事従一品、左右丞正二品、参知政事従二品、郎中従五品、員外郎従六品、都事・検校従七品、照磨・管勾従八品。理問所正理問正四品、副理問正五品、知事従八品。都鎮撫司都鎮撫従四品、副都鎮撫従五品、知事従八品。金吾侍衛親軍都護府都護従二品、経歴正六品、知事従七品、照磨従八品。統軍元帥府元帥正三品、同知元帥従三品、副使正四品、経歴正七品、知事従八品、照磨正九品。各衛親軍指揮使司指揮使正三品、副指揮使正四品、経歴正七品、知事従八品、照磨正九品。千戸所正千戸正五品、副千戸従五品、鎮撫百戸正六品。各万戸府正万戸正四品、副万戸従四品、知事従八品、照磨正九品。

なお、ここにみる親軍指揮使司指揮使以下については、設置に向けての規定とみるべきである。一七衛はこの二日後に置かれ、その一方で朱元璋政権の初期を支えた翼元帥府は廃止されることになる。

（46）『実録』巻一四、甲辰年二月乙卯。

立湖広行中書省。以（行）枢密院判楊璟為参政。

（47）『実録』巻一五、甲辰年七月己卯。

改廬州路為府、置江淮行省。命（中書省）平章兪通海摂省事、以鎮之。

（48）『実録』巻二一、丙午年一二月己未。
罷浙東行省、開浙江等処行中書省于杭州。陞右丞李文忠為平章政事。文忠上甥也。自幼育之、賜以国姓、至是命復姓李氏。

なお、朱文忠は前年の一一月に浙東行省の左丞から右丞（当時は元朝にならい右が上位）となっている（『実録』巻一五、甲辰一一月辛酉）。

（49）『実録』巻一七、乙巳年七月辛酉。
以王天錫為湖広行省都事。諭之曰。汝往襄陽、賛助鄧（愈）平章。設施政事、当参酌事宜、修城池、練甲兵、撙節財用、撫綏人民。処事貴於果断、御衆必以鎮静、密以防姦、謹以待敵。敵至則堅壁清野、以乗其弊、慎勿軽犯其鋒。方鎮之寄固在将帥、賛画之助実資幕僚。恪尽厥心、毋負吾委任之意。

（50）江淮行省においては、このような文官が置かれた形跡はいずれの史料によっても見出しえない。ただ、この江淮行省はもっぱら北征の前進基地としてのみ機能していたようで、その時期は明確ではないが、のちには中書省に併合された。このことからしても、江淮行省を他の行省と同列に論じることはできない。

（51）『国朝献徴録』巻五「衛国公贈寧河王謚武順鄧愈神道碑」。
是時、上親討偽漢主陳友諒於江州。友諒敗走、遂下江西。命王（鄧愈）以歩兵来会。車駕至南昌、有旨授王江西行省参知政事、留鎮之。時壬寅正月四日也。癸卯夏四月、陳友諒悉国内之兵囲江西。江水暴漲、寇舟直抵城下。王与諸将協謀固守、屢挫其鋒、賊勢大沮。相持者凡三月、会上親率援兵至湖口。友諒懼而退、大戦康郎山。友諒竟死。甲辰三月、新淦土豪鄧青叛、以卒二万人拠永豊。王調兵破之、擒首賊劉理問・劉右丞五十二人。八月、従開平王、平臨江之沙杭麻嶺十洞諸山寨、合兵囲贛州降之。南安・南雄・韶州皆送款。乙巳正月、進江西右丞、加湖広行省平章。出鎮襄陽、西抵巴蜀、北控河洛、蜂火相望。

（52）『国朝献徴録』巻五「曹国公岐陽武靖王李文忠神道碑」。
壬寅春二月、苗僚蔣英搆乱、金華賊殺越国公胡公（大海）。王（李文忠）聞乱、率兵馳赴、賊委城遁去。三月、擢浙東等処行中書省左丞。癸卯夏四月、守将謝再興挾諸暨以叛。上命築新城於諸暨之西、以拒之。

なお、原文は「壬寅三月、擢浙江等処行中書省左丞。癸卯春二月、苗僚蔣英搆乱、金華賊殺越国公胡公。王聞乱、率兵馳赴、賊委城遁去。夏四月、守将謝再興挾諸暨以叛」と、蔣英の乱を癸卯のこととし、また「浙東行省」とすべきを「浙江」としているが、錯簡等による誤りと考えられる。

(53)『明史』巻一二六、「李文忠伝」。
明年（至正二六年）秋、大軍伐呉、令攻杭州以牽制之。……遂趨杭州、守将潘元明亦降、整軍入。……就加栄禄大夫・浙江行省平章事、復姓李氏。大軍征閩、文忠別引軍屯浦城以逼之。師還、余寇金子隆等聚衆剽掠。文忠復討擒之、遂定建・延・汀三州。

(54)『国朝献徴録』巻八「営陽侯楊璟伝」。
来帰、授管軍万戸。溧水・句容・金陵功、陞管軍総管。鎮江・江陰功、陞親軍副都指揮使。婺・諸暨功、陞（行）枢密判官。従征（陳）友諒、克九江・黄梅・広済。置湖広行省、以璟為参政。移鎮江陵、討斬叛寇、進攻湖南洞蛮、駐師三江口。招討功、陞平章政事。充征南将軍、取広西。降土官黄英衍・岑伯顔、還京。為偏将軍、征山西。

(55)楊璟は時に「荊州分省参政」、また「湖広分省参政」と呼ばれるが、これは彼が荊州府に常駐したことによろう。このように行省の官が派遣されてその地にとどまった場合、分省の名をもって呼ばれる例は他にもみられる。ただこれらの分省は決して官庁としての体制を整えていたものではなく、また中書分省のように、のちに行省に転化するものでもない。

(56)『実録』巻二六、呉元年十月壬子。
置御史台及各道按察司。……上諭之曰、国家新立、惟三大府、総天下之政。中書政治之本、都督府掌軍旅、御史台糾察百司。

(57)『実録』巻三一、洪武元年四月癸亥。
置山東行中書省。調江西参政（汪）広洋為山東参政、以翰林学士陶安為江西参政。

(58)『実録』巻四〇、洪武二年三月癸丑。

置北平・広西二行省。以山東参政盛原輔為北平参政、中書参政劉惟敬為広西参政。広西州県先隷湖広、及北平之真定等府州県隷山東・河南者、皆復其旧。

(59)『明史』巻四五「地理志六」。

広東……洪武二年三月、以海北海南道属広西行中書省、四月、改広東道為広東等処行中書省。

なお、『実録』・『国榷』には、広東行省設置の記事はない。

(60)『実録』巻四一、洪武二年四月戊辰。

置陝西・山西二行省。以中書参政汪広洋為陝西参政、御史中丞楊憲為山西参政、遷治書侍御史周禎為広東行省参政、改河南分省為行省。

なお、河南省は江南行省の中書省と同類であり、元朝の河南江北行省のおかれていた汴梁路（開封府）を攻略した際、中書省の出先機関として設けられたものである。

『実録』巻三二、洪武元年五月癸巳。

詔置中書分省于汴梁、以中書参政楊憲署省事。

(61)『実録』巻四二、洪武二年五月癸丑。

置福建行省。以福・汀・漳・泉・建寧・邵武・興化・廷平八府隷之、命中書省参政蔡哲為参政。

(62)『実録』巻六七、洪武四年七月丙子。

置四川等処行中書省。以刑部尚書劉惟謙為参政。

(63)『国朝献徴録』巻一一「中書右丞忠勤伯汪広洋伝」。

甲辰（一三六四）立中書省、改右司郎中、尋知驍騎衛指揮使司事。（中書省）平章常遇春下贛州、命広洋参軍事。贛州平、命遂守之、尋升江西参政。

(64)『造邦賢勲録略』

洪武前後、不封侯、授以軍職者、……張彬・戴徳、……並至都督僉事。

（65）『実録』巻一四、甲辰三月庚午。
置武徳・龍驤・豹韜・飛熊・威武・広武・興武・英武・鷹揚・驍騎・神武・雄武・鳳翔・天策・振武・宣武・羽林十七衛親軍指揮使司。先是、所得江左州郡、置各翼統軍元帥府。至是乃悉罷諸翼、而設衛焉。

（66）『実録』巻二七、呉元年一一月乙酉。
定大都督府及各衛官制。……内外各衛指揮使司僉事・宿衛鎮撫従四品、各衛鎮撫従五品、千戸所鎮撫従六品、各衛知事正八品、宿衛知事従八品、断事官・提控案牘省注。余官仍旧。

（67）『実録』巻五九、洪武三年一二月辛巳。
陞杭州・江西・燕山・青州四衛為都衛指揮使司。

（68）『実録』巻五九、洪武三年一二月壬午。
置河南・西安・太原・武昌四衛為都衛指揮使司。

第二章　中書省の設置とその変遷

はじめに

明初の官制についてのわが国の研究は、至正二四（一三六四）年における元代制度の踏襲と、洪武一三（一三八〇）年における官制改革の二点を中心にして行われてきた。(1) それによれば、明の太祖朱元璋（洪武帝）が至正二四年に元代制度を踏襲して官制を定めたのは、朱元璋が元朝の成立を天命思想に則ったものであるとし、中国の歴代王朝として認めていたことをあげて、当然の成り行きであるとしている。[2] そもそも王朝交替期において、新王朝が旧王朝の支配体制を基盤として国家体制を作りあげることは、しばしばみられるところである。ましてや明朝は朱元璋のように元朝支配下において貧賤の身から起こった人物が創立したのであるから、元代の制度しか念頭になく、そのまま模倣せざるをえなかったのは極めて当然のことといえる。しかしながら、そのような場合でも新王朝が社会状況の変化に対応して新しい国家体制の確立を志向し始めると、前王朝から受け継いだ制度との間に当然に矛盾が生じ、ここに新王朝独自の制度づくりが開始されることになる。明朝においては、その独自体制の確立は洪武一三年における官制改革に求めることができる。

　洪武一三年の改革は、胡惟庸の獄を契機として行われ、中書省を廃止し、大都督府を五軍都督府に分割し、加えて御史台を廃止したものである[3]。この改革は国家の中枢機関である中書省を廃止したのであるから、単に明朝自体の問題に止まらず、中国官制史上においても重要な意義をもっている。しかし、それが洪武一三年に一挙に行われたのではなく、すでに洪武九（一三七六）年に、中書省の平章政事・参知政事、大都督府の都督副使、御史台の侍御史・殿中侍御史・治書侍御史が廃止されて、官制の簡素化が行われ、加えて行中書省が承宣布政使司に改変され、行中書省の平章政事・左右丞が廃止され、参知政事が布政使に改められたことは、先学によって指摘されているところである[4]。しかし、実は洪武九年の改革も急激な改革ではなく、それ以前にすでに事実上変質していたものを、制度化したに過ぎないのである。

　本章においては、明初の政治に大きな役割を果たした中書省に注目し、それが設置以来どのように変質したか、洪武九年の改革の実態はいかなるものであったか、また洪武一三年の廃止はいかなる意味をもつか等の問題を中心に、中書省の変遷過程を追跡し、ひいては洪武朝初期の政治体制を明らかにしたい。

一　洪武初年の中書省の変質

『太祖実録』（以下、本章においては『実録』と略称する）は甲辰（至正二四、一三六四）年の記事として、

李善長・徐達等、上を奉じて呉王となす。……百司の官属を建て、中書省を置く。左右相国は正一品となし、平章政事は従一品、左右丞は正二品、参知政事は従二品、左右司郎中は正五品、員外郎は正六品。

と、呉王に即位した朱元璋が、中書省を設置し、相国（丞相）以下の官を置いたことを伝える。こののち呉元（至正二七・一三六七）年には御史台を設置したが、これらの中書省・御史台は、至正二四年以前に設置されていた大都督府・行中書省とともに、元代制度をほぼそのまま踏襲したものである。[6] 朱元璋はこれらの官庁を中枢機関として、元朝ならびに群雄との抗争に勝利を収め、洪武四年に雲南を除いた中国全土を平定した。ここでは、至正二四年より洪武四年までの中書省の変質に関してみていくことにする。

（A）職務内容の変質

明朝が元朝から受け継いだ中書省制なるものは、溯れば宋代の官制に由来する。すなわち宋初においては、同中書門下平章事が宰相として天子を輔佐して大政を執ったが、元豊三（一〇八〇）年の新官制において門下・中書・尚書の三省分立制が確立された。しかしこれは原則的なものであり、実際には尚書左右僕射が門下侍郎・中書侍郎を兼掌したために、左右僕射に権力が集中した。のち建炎三（一一二九）年に至り、有名無実の三省分立を改めて三省を統

合し、左右僕射を同中書門下平章事と称し、門下侍郎・中書侍郎・尚書左右丞を廃止し、その代わりに参知政事が置かれた。そして乾道八（一一七三）年には左右僕射を左右丞相と称し、ここに国初以来名目的にのみ存在していた三省の長官が消滅し、左右丞相が参知政事をその輔佐役として、大政を執る宰相となった。[7]元朝はこのような宋代末期の体制を、中書省制として受け継いだのである。明朝はこの元制を踏襲したのであるから、明朝の中書省左右丞相なるものは、宋代末期の宰相と同様に、専権化する可能性をもっていたといえる。したがって朱元璋が君主独裁体制の確立を志向するならば、宰相の専権を生ぜしめない、ひいては宰相そのものを設置しない新たな体制が必要となる。ここに洪武一三年の中書省廃止の遠因を見出すことができるのである。

さて朱元璋が中書省を設置したのは至正二四年であるが、四年後の洪武元（一三六八）年八月に至って六部を完備し、それとともに中書省の機能に変化がみられる。『実録』巻三四、洪武元年八月丁丑の条に、

中書省奏して、六部官制を定む。……これより先、中書省、ただ四部を設け、以て銭穀・礼儀・刑名・営造之務を掌らしむ。上すなわち李善長等に命じて、議して六部を建てて、以て庶務を分理せしむ。ここに至りて、すなわち定めて吏戸礼兵刑工六部の官を置く。……上、これ（六部の官）に諭して曰く、……国家の事、これを総べるは中書、分理するは六部、至って要職たり。[8]

とあり、従来の四部を拡張して六部官制を定めた。ここに、中書省は諸政全般を統轄し、行政上の実務は一切を六部に移管したのである。すなわち六部は中書省によって決定・立案された事項の実施事務を担当する単なる行政官庁でしかなかったことが分かる。

六部はその後、洪武三年には「天下の務を総領す」[9]「諸司を総領す」[10]といわれ、洪武五年には職務内容が定められて、各部に属部（後の清吏司）が設置され、「各（属）部ごとに、郎中・員外郎・主事を設け、その事を分掌せしめ、

而して尚書・侍郎を以て其の政務を総べしむ」[11]ことになった。このように六部の規模がしだいに拡大し、それとともに六部尚書・侍郎の職務上の地位が向上している。また、洪武六年には六部官僚が増員され、同時に尚書が複数制となり[12]、洪武八年には戸刑工の三部において尚書が属科ごとに設けられる[13]など、再び六部官僚が増加している。[14]これは単に領域の拡大や国家組織の拡大にともなって、六部の担当する実務が繁雑になっただけではなく、職務内容が拡大していることにもよるのである。すなわち、洪武元年に六部が設置された当時は、先にみたように、中書省は諸政全般を統轄し、六部はただその命令を受けて、実務を担当するだけであった。ところが年をへるに従って、六部はそれまで中書省が担当していた職務をも担当するようになる。その時期及び具体例を『実録』によってみると、次のようである。

（イ）吏部―官吏の任用に関しては、中書省が設置された至正二四年以来、すべて中書省が立案していたが、洪武三年一二月以後はすべて吏部が担当している。[15]

（ロ）戸部―毎年一二月にその年の墾田数を上奏するが、洪武二年以後は従来の中書省に代わって、すべて戸部が担当している。[16]免税に関しては、洪武三年五月以降は、中書省が引き続き担当する場合と、戸部が担当する場合とがある。[17]また運糧に関しては、洪武四年以降は中書省は全く関与せず、すべて戸部が担当している。[18]

（ハ）礼部―礼に関する制度については、洪武三年を境にして、しだいに中書省から礼部の担当になっている。[19]

（ニ）兵部―軍功の裁定に関しては洪武元年には中書省、三年には大都督府と兵部が共同して担当している。[20]

（ホ）刑部―律令の制定については、呉元年（一三六七）一〇月には中書省が中心となったが、洪武六年閏一一月に大明律を詳定する際には刑部が担当している。[21]

（へ）工部―建築に関しては、洪武四年正月以後は工部が担当している。[22]

ここにみたように、六部は初め行政上の実務だけを担当していたが、洪武四年以後はそれに加えて、それまで中書省が担当していた職務をも担当するようになっているのである。

以上のように、六部は実務が繁雑になるとともに、職務内容が拡大し、それにつれて規模が拡大したのである。すなわち、これは逆にみれば、中書省の機能は設置当時に較べて、洪武四年を境として、しだいに変質したことを示している。

（B）人員構成の変動

中書省の機構の変化とともに、中書省の人員構成についても変動がみられる。

洪武元年正月における中書省の官僚を『明史』巻一〇九「宰輔年表」によってみると、主要職の半数が武人によって占められている（表1）。これらの武人は建国の功臣として任ぜられたのであり、時とともに勢力を減少させられる運命にあった。

表1　洪武初年中書省官僚

職	姓　名	退職年月（武人に限る）
左丞相	李善長（文人）	
右丞相	徐達（武人）	洪武四年注
平章政事	常遇春（武人）	洪武二年七月死亡
平章政事	胡廷瑞（武人）	洪武三年一一月
平章政事	廖永忠（武人）	洪武三年一一月
平章政事	李伯昇（優待）	
左丞	趙庸（武人）	洪武三年一一月
右丞	王溥（優待）	
参知政事	楊憲（文人）	
参知政事	傅瓛（文人）	

表1注　『明史』「宰輔年表」によれば、洪武五年の欄に徐達の名はないが、『実録』によれば洪武五年正月庚午にも中書右丞相徐達の記事がある。また『明書』巻九一「徐達伝」によれば、「是歳（洪武三年）、辞判省事、右丞汪広洋代之」とある。これによれば、洪武四年以後は名目だけの肩書となったとも考えられる。

表2　大封功臣（洪武三年一一月丙申）

姓名	封爵	出身	前職	後職	胡藍党連坐	卒年・他
李善長	韓国公	定遠	中書左丞相	同上	胡党	洪武23年　爵除
徐達	魏国公	濠	中書右丞相	同上		洪武18年
常茂	鄭国公	懐遠			藍党	（遇春の子）
李文忠	曹国公	盱眙	浙江平章	左都督		洪武17年
馮勝	宋国公	定遠	右都督			洪武26年賜死　爵除
鄧愈	衛国公	虹	御史大夫		胡党	洪武10年
湯和	中山侯	濠	御史大夫			洪武28年
唐勝宗	延安侯	濠	都督同知		胡党	洪武23年　爵除
陸仲亨	吉安侯	濠	都督同知	同上	胡党	洪武23年　爵除
周徳興	江夏侯	濠	湖広左丞			洪武25年誅　爵除
華雲龍	淮安侯	定遠	燕府左相	同上	胡党	洪武7年　爵除
			都督同知			
			北平参政	同上		
顧時	済寧侯	濠	都督副使	都督同知	胡党	洪武12年　爵除
耿炳文	長興侯	濠	秦府左相	同上		永楽2年　爵除
			陝西参政	陝西右丞		
陳徳	臨江侯	濠	都督僉事	都督同知	胡党	洪武11年　爵除
郭子興	鞏昌侯	濠	都督僉事		胡党	洪武17年　爵除
王志	六安侯	臨淮	平陽衛指揮使	都督同知	胡党	洪武19年　爵除

鄭遇春	滎陽侯	濠	朔州衛指揮使	都督同知	胡党	洪武23年　爵除
費　聚	平涼侯	五河	都督僉事		胡党	洪武23年　爵除
呉　良	江陰疾	定遠	都督僉事	都督同知		洪武14年　爵除
呉　禎	靖海侯	定遠	都督僉事		胡党	洪武12年　爵除
趙　庸	南雄侯	廬州	中書右丞	都督同知	胡党	洪武23年　爵除
廖永忠	徳慶侯	巣	中書平章			洪武8年賜死
兪通源	南安侯	濠	江淮平章		胡党	洪武22年　爵除
華　高	広徳侯	和州	湖広平章			洪武4年　爵除
楊　璟	営陽侯	合肥	湖広平章		胡党	洪武15年　爵除
康　鐸	蘄春侯	蘄	湖広平章			洪武3年　爵除（茂才の子）
朱亮祖	永嘉侯	六安	浙江参政		胡党	洪武13年　爵除
傅友徳	穎川侯	碭山	江淮参政	都督同知		洪武27年賜死　爵除
胡　美	予章侯	沔陽	中書平章			洪武17年賜死　爵除
韓　政	東平侯	睢	山東平章		藍党	洪武11年　爵除
黄　彬	宜春侯	江夏	江西平章		胡党	洪武23年　爵除
曹良臣	宣寧侯	安豊	江西平章		藍党	洪武4年　爵除
梅思祖	汝南侯	夏邑	浙江右丞		胡党	洪武15年　爵除
陸　聚	河南侯	不明	山東参政		胡党	洪武23年　爵除

『実録』洪武三年一一月丙申（巻五八）に「大封功臣」の記事があり（表2）、これによれば武人のうち右丞相徐達がそのまま右丞相に留任するほかは、平章政事の胡美（廷瑞）・廖永忠、左丞の趙庸は中書省の官僚から除かれてい

表3　中書省参知政事（呉元年～洪武八年）

姓名	就任年月	退任年月
楊憲	洪武元年正月①	洪武元年五月
傅瓛	洪武元年正月②	洪武元年八月
劉惟敬	洪武元年一二月	洪武二年三月
汪広洋	洪武元年一二月	洪武二年四月
蔡哲	洪武二年正月	洪武二年五月
陳亮	洪武二年一〇月	洪武三年三月
睢稼	洪武二年一〇月	洪武三年四月
侯至善	洪武二年一一月	洪武五年
胡惟庸	洪武三年正月	洪武四年正月
李謙	洪武三年九月	洪武三年一二月
宋冕	洪武四年閏三月	洪武四年六月
馮冕	洪武六年六月	洪武六年一〇月③
丁玉	洪武六年六月	洪武七年四月
侯善	洪武七年五月	洪武八年

表3注

本表は『明史』「宰輔年表」を『実録』によって補正したもので、補正個所は以下の通りである。

①・②『実録』巻二九、洪武元年正月辛巳。但しこの両人に関しては、就任年月は不明であり、確実に参知政事に就任している年月をもってこれに代えた。

③『実録』巻八五、洪武六年一〇月癸巳。

なお、月の不明なものは、これを表記しない。

る。また、平章政事であった常遇春の死後に、平章政事の補充は行われなかった。これらを合わせ考えるならば、朱元璋は中書省の武人勢力の排除を意図しており、それをある程度実行に移したのが、この「大封功臣」であったといえる[23]。

さらに、洪武九年に廃止された平章政事・参知政事についてみよう。

中書省が設置されてより以来、平章政事に就任した常遇春・兪通海・胡廷瑞・廖永忠・李伯昇のうち、李伯昇を除いてはすべて建国の功臣である武人であった。それ故、以前に死亡していた常遇春・兪通海を除いて、これらの武人勢力はこの「大封功臣」において平章政事から排除されている。こののち、洪武三年一二月に李伯昇[24]は再び、李思斉[25]とともに平章政事に就任するが、この二人は降付の臣として優待し、食禄を与えるために任官されたもの[26]で、名目に過ぎず、実際上は現役官僚とはいえない。すなわち洪武三年一一月における「大封功臣」以後は、事実上、平章政事は存在しなかったのである。

参知政事は設置以来、文人によって占められていた。多い時には四人の参知政事が同時に在任しているが、洪武四年を境として人員が減少し、洪武八年に至っては侯善一人を残すだけとなる（表3）。これは前述した六部の職務ならびに規模の拡大と関連したものと考えられる。

以上のように、建国初期の中書省の機構は、洪武四年を中心に職務内容の変質ならびに武人勢力の減少など、かなりの変化がみられるのである。

二　洪武九年の中書省の改革

『実録』洪武九年閏九月癸巳に、

詔して、中書省左右丞相・大都督府左右都督を定めて正二品となす。……中書省平章政事・参知政事・御史台侍御史・治書・殿中侍御史等の官を汰げる。ただ李伯昇・王溥等の平章政事を以て朝請を奉じる者はその旧に仍る。[27]

とあるように、洪武九年に中書省の平章政事・参知政事が廃止される。すなわち、これは洪武元年から四年にかけての全国平定当時、新時代の要請に応じる形で事実上変容していたものを、改めて制度として確定したのである。それでは何故この制度化が洪武九年まで遅らされたのであろうか。明朝にとって、施行範囲が江南一帯に限られていた建国当初の官制を改革して、全国的規模の体制固めをするためには、官制改革を行いうる状況が成熟するのを待たねばならなかったからである。その状況とは、領域内外における治安が安定することであり、また新たな官制を施行するに際して、そのなかで実務を担当する下級官僚が充足することであった。

(A) 治安状況

朱元璋は濠梁に起兵して以来、韓林児・郭子興の配下として着実にその勢力を拡大し、至正二四(一三六四)年に呉王位に即き、ここに自立することになる。当時、河北に孛羅帖木児、河南に拡廓帖木児、関中に李思斉、江南に張士誠、四川に明玉珍、広東に何真、福建に陳友定、武昌に陳理(友諒の子)等の群雄が割拠していた。やがて朱元璋は江南・江北の一部と鄱陽湖周辺の地域を基盤として、群雄との抗争に入っていくことになる。

このの後呉元(至正二七、一三六七)年にかけて淮東・山東を征服し、加えて江南の張士誠、台州の方国珍との抗争に勝利を博した朱元璋は、次の目標を北方の中原地方と南方の福建・広東・広西に向ける。このような情勢下で、翌年皇帝に即位し国号を明として、洪武と改元するのである。同年、徐達を中心とする北方軍は河北を平定し、八月には元の都、大都を攻略し、湯和を中心とする南方軍は福建の陳友定、広東・広西の何真を破り、洪武二年には山西・陝西を平定し、元の残存勢力を中国北辺地帯に退ける。そして洪武三年には元の順帝の死、その嗣君愛猷識理達臘の北遁によって、中国領内においての元の残存勢力との抗争はひとまず落着く。そして洪武四年には四川の明玉珍およびその子の昇との争いに勝利を得たことにより、雲南を除く中国全土を平定するに至った。

しかしながら、支配領域が中国全土に拡大し、対抗勢力が北方に割拠する元の残存勢力を残すだけになったといっても、それがただちに朱元璋政権の安定を意味することにはならない。すなわち中国領内における治安には、まだ幾多の問題が残っていたからである。

前述した朱元璋の領域拡大過程を示すと(図1)のようになる。Ⅰa・Ⅰbの地域は、至正二四年に朱元璋が呉王位に即いた時の地盤である。Ⅱ・Ⅲa・Ⅲbは、至正二四年より呉元年末までに征服した地域であり、これに前のⅠ

図１　明朝領域拡大過程

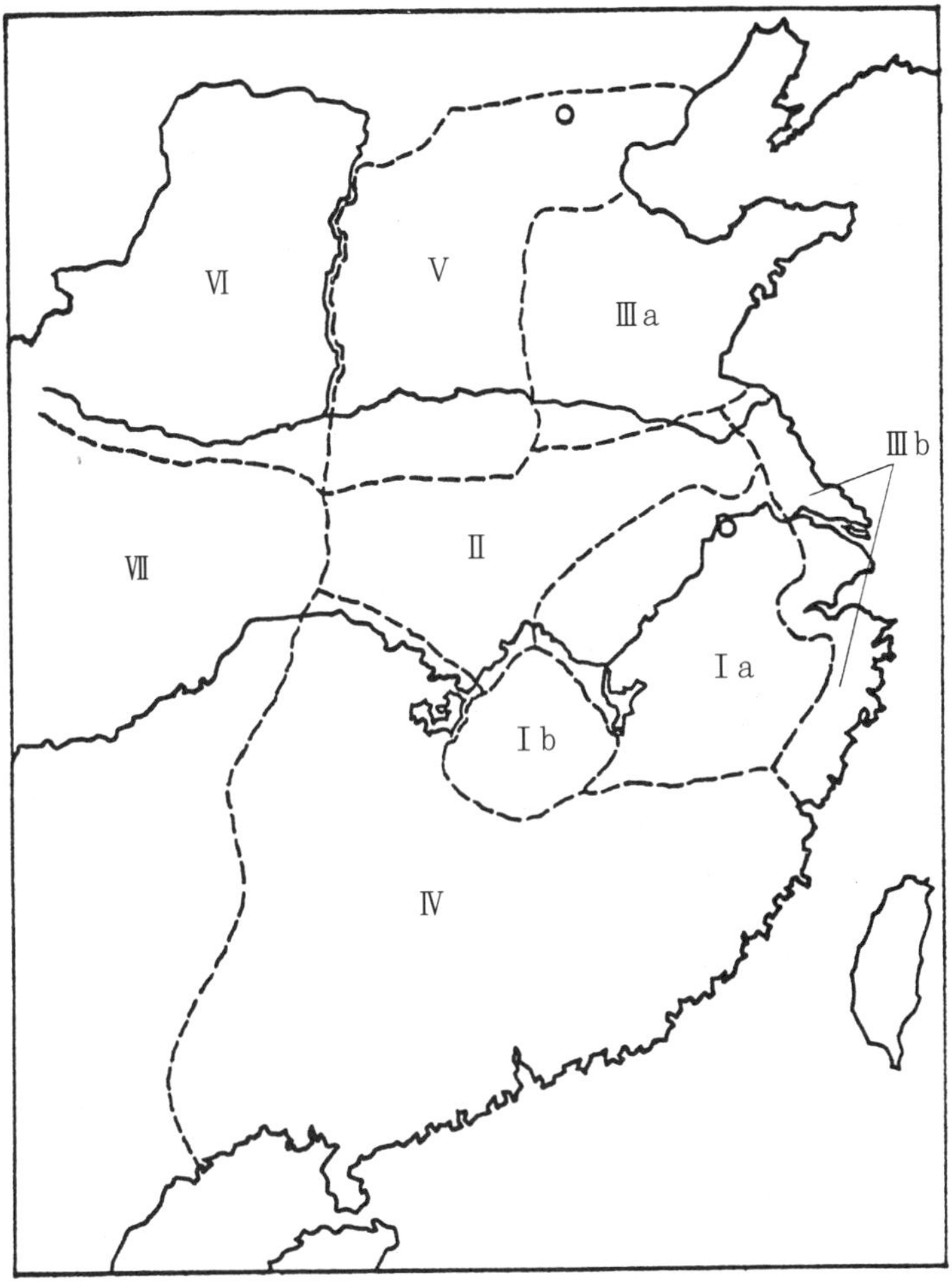

a・Ⅰbの地域を加えたものが、朱元璋の皇帝即位の時の地盤となる。以下、Ⅳ・Ⅴは洪武元年、Ⅵは同二年、Ⅶは同四年に征服した地域である。

先に述べたように朱元璋が呉王に即位したのは至正二四年のことであるが、その時の状況を『実録』は、

李善長・徐達等、上を奉じて呉王となす。時に群臣、上の功徳、日に隆きを以て、たびたび表もて勧進す。上、曰く、戎馬いまだ息まず、瘡痍いまだ蘇らず、天命は必たり難く、人心いまだ定らず。尊号を称するがごときは、誠にいまだ遑あらざるところなり。……今日の議はまさに止めて、天下の大いに定まるを俟ちて、これを行うもいまだ晩からず、と。群臣、固く請いて已まず。すなわち呉王位に即く。(28)

と伝え、朱元璋は皇帝に即位することを時期尚早として辞退し、再度の要請によってようやく呉王位に即いたという。当時は朱元璋自身が、「天命必たり難く、人心いまだ定らず」と述べているように、まさしく群雄割拠の混乱状態であった。しかし、韓林児は国号を宋として皇帝（また小明王）を称し、陳理は国号を漢として皇帝を称し、明玉珍は国号を大夏として皇帝を称し、張士誠は呉王と称しているのをみれば、むしろ朱元璋にとって呉王と称するのが遅すぎたくらいである。ところがこの時まで王位に即かずにいたのは、形式上は韓林児の配下に属しており、西方には陳友諒という強大な勢力を控えていたためであった。それ故、前年の八月に陳友諒に勝利を得、その領域のうち湖南地方北部を手中にした至正二四年こそ、呉王と称して他の群雄と形式上並び立ち、かつ当時、勢力の衰えていた韓林児から自立する絶好の機会であったといえる。また朱元璋は、他の群雄との抗争において呉王として政権を維持する必要最小限の領域を、この時ようやく確保したのであった。そして先に述べたように、朱元璋はその後しだいに領域を拡張し、洪武元（一三六八）年に皇帝に即位することになるのである。

ここで各地域における年毎の反乱数を（表4）に示してみよう。この表によれば、四川地方を平定した洪武四年以降、一〇件以上の反乱が毎年起っていたが、洪武六年を頂点に、八年には六件、九年には五件と減少している。また、朱元璋が政権の地盤と考えたⅠa・Ⅰb・Ⅱ・Ⅲa・Ⅲbの地域においては、洪武六年に四件の反乱があったが、以

後は洪武八年にⅠａにおいて「盗」[29]が一件あったのみである。このことから考えると、洪武四年に中国全土を領有したのち、洪武六年を境として国内の治安状況は安定し始め、ことに朱元璋が政権の地盤と考えたと思われる地域においては、ほぼ完全に安定したといいうる。

ところで、元の残存勢力は洪武元年に大都を追われて北方に遁れてより統一を欠き、個別に中国内地への侵攻を繰り返したが、当時そのなかで最も強力であったのが拡廓帖木児である。この元の残存勢力に対して朱元璋は、洪武三年に中書省右丞相徐達を征虜大将軍、浙江行中書省平章政事李文忠、都督馮勝をそれぞれ左右副将軍として征虜軍を派遣したが、四年には軍を都に還し、征虜軍に参加していた鄧愈を征南将軍として南方の平定に、湯和を征西将軍として四川地方の平定に向かわせた。その後は元の残存勢力に対しては防備態勢を固めるだけであったが、洪武六年三月には全軍を結集して再び征虜軍を組織し、拡廓帖木児に打撃を加える。この時、元の残存勢力に

表4　国内反乱数

	Ⅰa	Ⅰb	Ⅱ	Ⅲa	Ⅲb	Ⅳ	Ⅴ	Ⅵ	Ⅶ	計
至正24年（1364）	0	1								
至正25年（1365）	2	0	2							4
至正26年（1366）	0	0	0							0
呉 元 年（1367）	1	0	1	1						3
洪武元年（1368）	0	0	1	1	2	4	4			12
洪武２年（1369）	0	0	0	0	0	2	0			2
洪武３年（1370）	1	0	0	4	0	7	0	0		12
洪武４年（1371）	1	0	2	0	0	5	0	1	2	11
洪武５年（1372）	0	0	0	0	0	10	1	1	0	12
洪武６年（1373）	1	0	2	0	1	10	1	0	3	18
洪武７年（1374）	0	0	0	0	0	12	0	0	0	12
洪武８年（1375）	1	0	0	0	0	4	0	1	0	6
洪武９年（1376）	0	0	0	0	0	3	0	1	1	5
計	7	1	8	6	3	57	6	4	6	98

表４注

史料はすべて実録による。摘出基準は「作乱」「叛」「寇」「盗」等、治安の混乱を招いたものとした。

但し、この表には元の残存勢力の侵攻は含まない。

対して朱元璋が全兵力を投入したのは、北方へ領域を拡大しようと意図したためではない。それは中国全土を平定した洪武四年以後も、元の残存勢力による中国領域内への侵攻が毎年繰り返され、自己の政権安定に大きな脅威となっていたからである。

朱元璋は元の残存勢力に対する武力討伐と並行して、中国民衆間に根強く残っているモンゴル習俗を排除しようとした。明朝は当初、元代制度を踏襲したが、習俗についてもモンゴル習俗を無意識のうちに踏襲している。代表的な例としてあげうるのが、至正二四年に百司の官属を建てた時に、右を尚び左より上位に置いたことである。[30] 明朝自身がこのような状態では、一般民衆間においてのモンゴル習俗の浸透は相当なものがあったといえよう。

明朝がこのように深く浸透しているモンゴル習俗を排除して中国風に改めようとするのは、呉元年一〇月に、

百官の礼儀をして倶に左を尚ばしむ。右相国を改めて左相国となし、左相国を右相国となし、余官もかくの如くす。[31]

とするのが最初である。[32] このようにモンゴル習俗を排除する目的は、第一には当時の群雄割拠の状勢に関連している。すなわち呉元年から洪武元年にかけて朱元璋が当面の敵としたのは、北方では拡廓帖木児、南方では福建の陳友定、広東の何真であった。ところが元朝支配時代には、拡廓帖木児は中書省右丞相ならびに河南王、陳友定は福建行中書省平章政事、何真は江西行中書省左丞で、いずれも元朝の上級官職を戴いていた。それ故に、元朝が北走したのちも、元朝勢力が中国領内の南北に位置している形となっていた。そこで、これらに攻撃を加える一方、モンゴル習俗を排除することにより、元朝の支配が終わって漢民族王朝の出現したことを一般民衆に明確に認識させ、明朝への帰順を促進する必要があったのである。第二に、元朝の支配下に在って辛酸を舐めた漢民族、特に文人階級の中華意識を触発し、彼等を明朝に引きつける必要があった。第三に、民衆間に残る元朝の復興を願う気持を速やかに払拭する必要

があった。例えば、漢人地主層は元朝に対して民族的対立感を抱きながらも、実際には元朝に依存することによって自己の保身を図ったように[33]、朱元璋支配下の領域内においても、元朝の復興を願う保守勢力が存在していたためである[34]。

元の残存勢力に対する征虜軍の武力討伐によって、洪武六年には二〇件もあった北方からの侵入が、七年には二件、八年には一件と減少し、また洪武八年八月における拡廓帖木児の死は、元の残存勢力を急速に弱体化させた。征虜軍は北方からの侵攻数の減少に鑑み、七年三月には大将軍徐達等が引き揚げ、拡廓帖木児の死後は李文忠を主力とした防備軍が辺境地帯に駐屯するだけとなった[35]。これはすなわち、元の残存勢力の脅威が洪武八年頃には、ほぼ消滅したことを意味している。

以上みてきたことから、明初の国内外の治安状況は、洪武六年から洪武八年にかけて、ほぼ安定したものと考えられる。

(B) 官僚不足

朱元璋が官制を定めた至正二四年当時の明朝の領域は、前述したように江南・江北の一部と鄱陽湖周辺地域であった。それ故、国家体制としては小規模であったし、また当時は一種の軍事政権であったから、官制そのものは不完全であり、官僚はそれほど多人数を必要としなかった。ところがその後は領域の拡大とそれにつれての官制の充実にともなって、急速に官僚の需要が増し、官僚の補充がますます緊急課題になってきた。しかしながら当時は元末明初の戦乱によって、元朝に仕えていた官僚の多くが死亡し、また戦乱下で生き残った元朝の官僚の一部は明朝による屠殺侮辱を恐れて隠逸し[36]、一部は元朝の復興に望みをつないで明朝に帰順せず[37]、在野の文人層も明朝に帰順するものは決して多くはなかった[38]。これらの理由によって、明初においては官僚に不足をきたしていたといいうる。

そもそもひとつの国家において、国家としての体制を整え、機能を発揮していくためには、その体制および政策を立案する上級官僚と、それを実施する所謂実務官僚の両者が必要不可欠となる。さらに国家の領域が拡大すると、それにつれて体制も拡大し、政策実施業務が繁雑になり、それに対応していくためには、実務官僚の増加が必要となってくるのである。これを逆に考えれば実務官僚が不足している状態においては、官僚制度の拡充を果たすことができず、ひいては政権の確立・安定を望むことができない、ということになる。ここに朱元璋は実務官僚の養成もしくは徴用に力を入れることになった。その方法として採用されたのが、薦挙・科挙・国子学による人材の吸収である。

薦挙は、朱元璋が起兵して以来、終始用いられてきた賢才徴用法であった。たとえば四先生と称される劉基・宋濂・葉琛・章溢は、朱元璋が浙江の処州を降した時に、招致したものである[39]。しかしながら朱元璋が起兵初期に徴用したこれらの人物は、劉基が建国の功臣に封ぜられた[40]のをはじめ、上級官僚すなわち政策を立案する官僚となっていった。ここでは実務官僚を対象として薦挙をみていくことにする。

薦挙の対象となったのは、「素志高潔にして古今に博通し、時宜に練達するの士」[41]であり、「時務を識る俊傑」[42]であり、また「儒士」[43]と総称される人々であった。これによって分かるように、儒者のように古今の事物に関して博識であり、また時務に通じて天下の事情に明るい人物が求められたのである。すなわちこのような人物こそ、当時の実務官僚として最適であり、それ故に薦挙はただちに活用しうる人材を対象にしていたといえる。

ところが薦挙は朱元璋の思惑通りには効果をあげなかった。すなわち「江西の儒士を徴して京に至らしめ、之に官せんと欲すれども、倶に疾を以て辞す」[44]「有司の詢求厳迫にして、凡そ嘗つて元に仕うる者は多く疑懼して安んぜず。是に由りて所在驚擾す」[45]「材を懐き徳を抱くの士、尚多く巌穴に隠る」[46]とあるように、明朝による徴辟に応じない者が多くあった。これに対して明朝は「徴するところの人材、行くを願わざるものあらば、有司の駆迫するを許さず、その自便を聴す」[47]として、出仕に際しての不安感の一掃を図り、また「礼もて之を遣わす」[48]など種々の方策を用いたので、徴辟に応じない者はしだいに減少したとはいえ、この傾向はその後も続いた。

また「中書省に命じて選挙の禁を厳しくせしむ。……それ書律に兼通せる廉吏有らば、薦挙するをえ、賢を得る者は賞し、濫挙及び賢を蔽う者は罰す」[49]「いやしくも挙ぐるところ、用いるところにあらざれば、害たること甚だ大なり」[50]「誠にいまだ時務に達せざる者なり」[51]とあるように、薦挙される者のなかには時務に通ぜず、また任用に堪えない者もいた。

科挙は、呉元（一三六七）年に計画され[52]、洪武三年五月に、

詔して、科を設けて士を取る。詔に曰く。……今年八月より始めとなし、特に科挙を設け、以て材を懐き道を抱くの士を起こす。務めて経明行修にして古今に博通し、文質、中を得て、名実、相い称うの士に在り。その選に中りし者、朕、まさに親ら庭に策し、その学識を観て、その高下を第して、これに任ずるに官を以てす、と。[53]

とあるように、その年の八月の郷試挙行が確定し、翌年に科挙出身の官僚が生まれた[54]。呉元年の計画時に、文武並用の形をとっているのは、薦挙が呉元年まで文武並用を方針としていたのと同様であるが、実際に科挙が実施される洪武三年には武挙を除いて文挙だけとなるのは、朱元璋政権がこの時期に、武断から官僚制度を基礎とした文治に移行し始めたことを示している。

そして洪武四年には、

各行省をして連試三年せしむ。庶むらくは、賢才衆多にして、官、任使に足らんことを。自後、則ち三年に一挙、著して定例となす。[55]

と、洪武三年八月に郷試を始めたのに引き続き、四年・五年・六年と三年間連続して科挙を実施する計画が立てられ、また、

上、礼部に命ず。今歳、各処の郷試取中の挙人は、倶に会試を免じ、ことごとく起こして京に赴かしてこれを用いよ、と。時に吏部、天下の官に欠員の多きを奏す。故にこの命あり。(56)

と、洪武四年の会試は免除され、挙人は即時に任官された。しかしながら、洪武六年二月には、

上、中書省の臣に諭して曰く。朕、科挙を設け、以て天下の賢才を求むるに、務めて経明行修、文質、相い称うの士を得て、以て任用に資せんとす。今、有司の取るところ、多く後生の少年にして、その文詞を観るに、有為に与すべきがごときも、これを試用するに及んで、能く学ぶところを以て、これを行事に措く者、甚だ寡し。朕、実心を以て賢を求むも、しかれども天下は虚文を以て朕に応う。朕の責実求賢の意にあらざるなり。今、各処の科挙は、宜しく暫く停罷すべし。(57)

と、連試はその三年目に急遽中止された。

科挙が対象としたのは、「材を懐き道を抱くの士」「経明行修にして古今に博通し、文質、中を得て、名実、相い称うの士」であった。ここにあげられた進士は即時に任官されるが、「学ぶところを以て、これを行事に措く者、甚だ寡し」といった状態で、その実際は、当時に期待されていた実務官僚の吸収とは程遠いものであったのである。

国子学(58)の設置は、呉王即位より一年半後の至正二五（一三六五）年である。(59)国子学が設けられた目的は、「かくの如くせば、則ち内に在りては、国子生、日々に漸く増広し、……人材の用無きを患えず」(60)「太学は人材の出づるところなり」(61)とあるように、国家の官僚となるべき人材を養成するためであった。

しかし国子学はその設置時に、制度的にはある程度整っていたものの、実質的に教育を行う教官の員数が不足して

いた。のち至正二六年二月に、ようやく博士以下の人員を揃え、[62]翌年の呉元（一三六七）年に祭酒・司業を設けて教官側の体制を拡充するようになる。[63]これらのことからみれば、国子学が実質的に活動を始めるのは至正二六年であるといえる。また教育者側の体制の拡大は、すなわち国子学自体の拡大でもあり、加えて国子生の増加をも意味している。洪武元年・二年・六年に国子学舎（斎舎）の増築が行われているが、それは「今、学びし者、口に衆く、斎舎卑溢なり」[64]「四方より学に来れる者ますます衆く、斎舎に充溢す」[65]とあるように国子生が増加したためである。[66]

国子学の入学者については、「民間の子弟の俊秀にして年十五以上の者、……京官の子弟の一品より九品に至る年十二以上の者」[67]「功臣の子弟」[68]などが対象となったが、これらのものは年齢が一五歳もしくは一二歳以上であり、また功臣の子弟に関しては「その子弟の年幼き者をして国学に入れ、読書せしむ」[69]とあるように、年齢が低く、ただちに官職に就くには若過ぎる者であった。その次代を担うべき国子生に対する教育は、「朕、観るに、前代の学者の出でて世用となるは、その質の美なるによると雖も、実にまた師を得て、以てこれを造就す。後来の師は教うる所以を知らず、弟子は学ぶ所以を知らず、一に記誦を以て能となす。故に卒に実用無きなり」[70]「これを教うるの道は、当に正心を以て本となすべし。……宜しく輔くるに実学を以てすべし」[71]とあるように、世用に耐えうる実学を主眼としたものであった。

それでは、これら国子生が任官されたのはいつ頃からであろうか。洪武元年に給事中に任官された者があり、[72]また王圻の『続文献通考』に、

太祖洪武二年、国子生を択び、試みにこれを用いて、列郡を巡行せしむ。その職を挙げる者、事を竣えて復命すれば、即ちに行省左右参政・各道按察使僉事、及び知府等の官に擢ぐ。[73]

とあるのをみれば、すでに洪武元年から二年にかけて任官された国子生がいたことが分かる。ところが、「監生の歴

事は、洪武五年に始まる」[74]とあり、『実録』洪武七年一一月乙酉には、

諸司の歴事監生に文綺衣を賜う。これより先、上、儒生もっぱら書史を習いて、いまだ吏事を諳んじず、一旦これに任ずるに官を以てすれば、猾吏の侮どるところとなること多きを以て、すなわち諸司に命じて吏事を習わしめん。ここに至りて、命じて冬夏に衣を給してこれを贍く[75]。

と、歴事監生に関する記事がみえる。この歴事監生とは、国子生が実務官僚として十分に実力を発揮しうるように、任官前に行われた一種の研修制度である[76]。すなわち、これは国子学における教育が、実学を以てし、世用に耐えうる人材を養成することを目的としたにもかかわらず、実際に国子生が実務に就くと、国子学において教育されたことだけでは不十分であったことを示している。逆に考えれば、歴事監生が始められたのは、多数の国子生が実際に任官され、実務に就いた上でその欠陥を露呈したためであった。歴事監生が始められたのが洪武五年であったとするならば、少なくともそれ以前にかなりの数の国子生が実務官僚として任官されていたと考えられる。

以上みてきたように、朱元璋は薦挙・科挙・国子学によって官僚の徴辟・育成を行ったが、朱元璋政権が実務官僚を最も必要としたのは、洪武四年に全国を平定するとともに国家体制を整備し、武力による制圧から文人官僚による統治に移行して、政権の安定を図った時期である。それは、人材確保の中心機関であった国子学[77]が、洪武六年まで拡大の一途を辿ったが、それでもまだ需要に追いつくことができず、科挙において連試三年や会試の免除を行ってまで官僚不足を補充しようとしていることによって明らかである。

そして、さしもの官僚不足も、洪武六年の国子学舎増築以後は増築の記事がみられず、科挙は連試三年目に当たる洪武六年に中止されたことをみれば、洪武六年頃にようやく深刻な状態を脱していたことが分かる。いいかえれば、洪武四年の全国平定にともなう極端な官僚不足期を、右に述べた特別措置を講じることによって乗り切ったのちは、

官僚不足に陥ることはなく、洪武六年には、ひとまず官僚不足は解消したとみてよいだろう。

以上、述べたところを総括するならば、洪武九年の中書省の改革は、すでに洪武四年に事実上内部変質していた体制を、治安の安定ならびに官僚不足の解消を待って追認し、それを制度的に規定したものであるといえるのである。

三　洪武一三年の中書省の廃止

洪武四年頃から内部変質し、洪武九年に制度化された中書省は、その後どのような役割を果したのであろうか。前述したように、中書省の職務はしだいに六部に移管され、六部の諸政分掌に対して大政総攬をその職務とした。しかしながら、この大政を総攬する中書省は、先に平章政事・参知政事などの幹部階級を廃止したことにより、左右丞相に権力が集中し、しだいに専権的様相を呈し始めた。このような状況下、洪武一〇年に胡惟庸が中書省左丞相に就任した。

胡惟庸は朱元璋の起兵当時からその政権に参加し、知県・通判などの下級文官から急速に中書省左丞相に昇進した。これは彼自身の政治手腕にもよるが、建国の功臣が洪武三年の「大封功臣」によって現役官僚から除外され、明朝が文官による政治体制に移行したこと、それに加えて、彼が李善長と姻戚関係にあったことによる。[78] そして左丞相となってより、その権力は急激に強大となった。[79] その伝に、

四方躁進の徒、及び功臣武夫の職を失いし者、争いてその（胡惟庸）門に走り、饋遣せる金帛名馬玩好は数うるにたうべからず。[80]

とあり、これはそのことを如実に示す一例である。すなわち洪武三年の「大封功臣」によって現役官僚から除外され

た建国の功臣達が、胡惟庸の専権を頼って、そのもとに参集していたのである。これは、皇帝独裁体制の確立を志向する朱元璋の方針と抵触することはいうまでもない。

ここに中書省の専権化に対処する方策が講じられることになるが、まず洪武一〇年五月に、

大師韓国公李善長・曹国公李文忠に命じて、ともに軍国の重事を議せしむ。およそ中書省・都督府・御史台はことごとくこれを総べ、議事、允当ならば、然る後に奏聞してこれを行う。(81)

と、朱元璋は功臣の李善長・李文忠に政務の監督を行わせることによって、中書省の独裁専権を阻止しようとした。(82)しかし、この対策も実効があがらなかったようで、次年三月には、

上、礼部の臣に命じて曰く。……胡元之世、政は中書に専らにす。およそ事は必ず先に関報し、然る後に奏聞す。その君また昏蔽なること多く、これ民情、通ぜざるを致し、ついで大乱に至る。深く戒めとなすべし。爾礼部、それ奏式を定めて、天下に申明せよ、(83)と。

との方針が打ち出された。これをして鄭暁は、

(洪武)十一年、六部の奏事を禁じ、中書省に関白するをえざらしむ。(84)

としている。とすれば、これは新たな奏式を定めて、中書省と六部との連関を断とうとしたものであったと解釈できる。また、『実録』洪武一一年九月癸卯に、

通政使司左参議方彛を以て中書省左参政となす。……奏対、詳明なるを以て、今官(85)に陞す。

とあり、その翌日甲辰に、

重慶府知府殷哲を以て中書省右参政(86)となす。

とあるように、洪武九年の改革において廃止した参知政事を再び設置し、中書省内部において、左右丞相の専権を抑

制しようとした。ところが、その直後に中書省の専権化を顕著に示す事件が起こったのである。

占城国王阿答阿者、その臣陽須文旦を遣わし、表及び象馬方物を進む。中書省の臣、時を以て奏せず。内臣、外に出るに因りて、その使者を見て以聞す。上、亟かに使者を召してこれに見え、歎じて曰く、壅蔽の害、すなわちここに至るか、と。因って省臣を勅責して曰く、……今、占城来貢し、方物すでに至る。爾、宜しく時を以て告げ、礼もてその使者を進むべし。顧みるにすなわち泛然として、聞知するなきがごとし。宰相たるは天子を輔け、帝命を出納し、四夷を懐柔する者なり。固よりまさにかくの如くあるべけんや。丞相胡惟庸・汪広洋等、皆、叩頭謝罪す。[87]

すなわち、中書省が占城国の朝貢を報告せずに放置していたことが発覚し、朱元璋はこれを「壅蔽の害」として、左丞相胡惟庸・右丞相汪広洋の責任を追及したのである。そしてこれより間を置かず、洪武一三年に胡惟庸の獄[88]を契機として、中書省を廃止するに至った。[89]そして、

我朝、相を罷め、五府・六部・都察院・通政司・大理寺等の衙門を設けて、天下の庶務を分理す。彼此、頡頏して、敢えて相いに圧さえず。事は皆、朝廷これを総べるは、穏当なる所以なり。以後、嗣君は並な丞相を立つるを許さず、臣下、敢えて設立を奏請する者あらば、文武群臣、即時に劾奏して、処するに重刑を以てせよ。[90]

と、これより丞相を設けることを固く禁じ、祖訓として残したのである。[91]

中書省廃止後、朱元璋は同一三年九月に、四輔官[92]を設け、同一五年に至って宋制に倣って大学士を設置して、左右に侍せしめた。ここに、永楽朝に確立され明代を通じて国家の中枢機関となる内閣制[93]の端緒がみられるのである。

おわりに

明の太祖朱元璋は、至正二四（一三六四）年に呉王となり、ただちに元代制度を踏襲して中書省を中枢機関とする官制を制定し、のち洪武九年に官制改革を断行して中書省平章政事ならびに参知政事を廃止し、ついで洪武一三年には中書省を廃止した。

ところが中書省は、至正二四年の設置よりの変遷を辿ってみると、洪武九年以前にすでに実質的に内部変質していたことが分かる。すなわち、その職務内容をみると、設置時より洪武四年に至るまでは、諸政全般を統轄していたが、洪武四年を境として、しだいに六部に諸政を分掌せしめ、中書省は大政総攬をその職務とするようになった。この結果、参知政事の員数は洪武四年を境として減少し始め、洪武八年には一人の在任者をみるだけとなった。また中書省の人員構成をみれば、初期の中書省には、建国の功臣である武人が多数その構成員となっていたが、洪武三年の「大封功臣」において、これらの武人勢力を行政面の現役官僚から除外した結果、すべて武人が占めていた平章政事は、実質的には在任者がなくなり、廃止されたも同然の状態となった。

以上のように、中書省においては洪武四年には、ほぼその内部変質を終えていたにもかかわらず、洪武九年に平章政事・参知政事の廃止が決定されたのは、官制改革を行いうる状況の成熟を待ったからである。その状況とは、すなわち国内外の治安の安定ならびに実務官僚の充足であった。このうち治安に関しては、国内は洪武六年より反乱数が減少し、しだいに安定期に入り、国外すなわち元朝の残存勢力は、武力討伐ならびにモンゴル習俗の排除によって、洪武八年には弱体化した。また実務官僚については、国子学の充実ならびに科挙の連試三年などによって、洪武六年にはひとまず充足した。

要するに、洪武元年の即位、洪武四年の全国平定にともなう政治方針の転換によって、事実上変質していた中書省の機構を、制度化しうる状況が整うのを待って断行したのが、洪武九年の官制改革であったのである。いいかえれば、洪武九年の改革は、現状に制度を適合させようとしたものである。そしてこの時期から、明朝は元朝より踏襲した制度を改変し、独自の国家機構の確立に向かうのである。

洪武九年の改革より同一三年の廃止に至る状況をみると、中書省は九年の改革によって機構上も、主要官職としては左右丞相・左右丞を残すだけとなったこと、ならびに職務上は大政総攬を担当したことにより、一部官僚、特に左右丞相による専権化の傾向が顕著となり、加えて胡惟庸が左丞相となって強大な権力を握るに至った。このため、皇帝と六部とが直結され、中書省を国政処理径路から除外し、ついには胡惟庸の獄を契機として中書省を廃止し、それに続いて大規模な官制改革が断行されたのである。すなわち、この洪武一三年における官制改革は、洪武九年より始まった独自の体制づくりを完成させたものであったといえる。

以上みたように、朱元璋が呉王となった至正二四年より洪武一三年までの一七年間は、明の太祖朱元璋の創業期に当たり、中書省の変遷はこの時期の動向を象徴するものである。そしてここに、明朝は中書省の廃止によってその建国期より守成期への脱皮を果たし、皇帝独裁体制を確立したのであった。

注

（1）田村実造「明の時代性について―太祖の統治方針を中心とする―」（『史林』第三〇巻第二号、一九四五年）、山根幸夫「明太祖政権の確立期について－制度史的側面よりみた－」（『史論』第一三集、一九六五年）、同「元末の反乱と明朝支配の確立」（『岩波講座世界歴史』第一二巻、岩波書店、一九七一年）、萩原淳平「明朝の政治体制」（『京都大学文学部研究紀要』第一一、一九六七年）、宮崎市定「洪武から永楽へ－初期明朝政権の性格－」（『東洋史研究』第二七巻第四号、一九六七年）など。また中国における研究としては、呉晗『朱元璋伝』（三聯書店、一九四九年）、陳鳴鐘「略論洪武年間的中央集権政策」（『史学月刊』一九五七年九月）、呉緝華「論明代廃相与相権之転移」（『大陸雑誌』第三四巻第一期、一九六七年。『明代制度史論叢』上冊に復載）等がある。

（2）山根、前掲「元末の反乱と明朝支配の確立」。宮崎、前掲論文。

（3）山根、前掲「明太祖政権の確立期について」。萩原、前掲論文。

（4）山根、前掲論文。間野潜龍「明代都察院の成立について」（『史林』第四三巻第二号、一九六〇年）。

（5）『実録』巻一四、甲辰年春正月丙寅朔。

李善長・徐達等奉上為呉王。……建百司官属、置中書省。左右相国為正一品、平章政事従一品、左右丞正二品、参知政事従二品、左右司郎中正五品、員外郎正六品。

（6）山根、前掲論文、三～六頁。

（7）和田清編『支那官制発達史』（汲古書院、一九七三年、復刻版、一八四～六頁）。宮崎市定「宋代官制序説－宋史職官志を如何に読むべきか－」（佐伯富編『宋史職官志索引』所収、東洋史研究会、一九七四年）。

（8）『実録』巻三四、洪武元年八月丁丑。

中書省奏、定六部官制。……先是、中書省惟設四部、以掌銭穀・礼儀・刑名・営造之務。上乃命李善長等、議建六部、以分理庶務。至是、乃定置吏戸礼兵刑工六部之官。……上諭之曰、……国家之事、総之者中書、分理者六部、至為要職。

（9）『実録』巻四九、洪武三年二月戊子。

上諭廷臣曰、六部総領天下之務。……惟六部政繁任重、而在位未尽得人。

（10）『実録』巻五〇、洪武三年三月壬寅。

遷兵部尚書滕徳為戸部尚書、以黄州府知府尋适為戸部左侍郎、程進為戸部右侍郎。上諭之曰、六部総領諸司、実為要職。

而戸部出納天下銭穀、尤為繁重。

(11)『実録』巻七四、洪武五年六月癸巳。
定六部職掌。……各（属）部設郎中・員外郎・主事、分掌其事、而以尚書・侍郎、総其政務。

(12)山根氏は前掲「明太祖政権の確立期について」において、「……これまで定員一名であった尚書・侍郎がそれぞれ二名となり、ここでもまた長官複数制が採用された。これもまた、太祖が権限の分散化をはかった一つのあらわれであろう」（七頁）と述べているが、洪武六年以前においても、吏部の詹同（在任洪武四年五月～七年六月）と趙孠堅（同五年～九年正月）と呂熙（同五年七月～八年六月）、戸部の徐本（同四年六月～五年三月）と海淵（同四年八月～五年六月）、礼部の陶凱（同三年七月～六年二月）と楊訓文（同三年九月～四年五月）、工部の安然（同三年九月～五年三月）と安慶（同三年九月～四年九月）のように、尚書が二人ないしは三人となっていることがある。それ故、この尚書複数制は権力を分散することのほかに、職務が繁雑になったためでもあると考えるべきであろう。なお就任ならびに退任に関しては、黄開華「洪武十三年前中書省轄下之六部尚書年表」（『明史論集』所収、香港開発印務公司、一九七二年）による。また、月を明記しないものは、黄氏の用いた史料以外の『国朝献徴録』・『国朝列卿記』によっても不明である。〈補注〉吏部尚書については、本編第一章「洪武朝初期の吏部と吏部尚書」で再考を加え、黄氏の上掲年表を補正した「洪武朝初期の吏部尚書一覧」を作成している。

(13)『実録』巻一〇二、洪武八年一一月丁丑。
命増設六部官員。中書省議奏、戸刑工三部、庶事浩繁。今定戸部為五科、毎料設尚書・侍郎各一人。……刑部為四科、毎科設尚書・侍郎。……工部為四科、毎科設尚書・侍郎。……吏礼兵三部官仍旧。従之。

(14)六部の官僚教については、山根前掲論文に表示されている（七・八頁）。

(15)至正二四年一一月辛酉　太祖謂中書省曰、立国之初、致賢為急。……但任人之道、小大軽重、各適其宜。
至正二六年正月是月　命中書省録用諸司劾退官員。
呉元年七月丙子　除郡県官二百三十四人。太祖語中書省臣言。

洪武元年八月丙子　太祖謂中書省臣曰、任人之道、因材而授職。洪武三年十二月癸酉　吏郡言、守令職、主牧民、……而知府職任尤難。洪武四年三月庚戌　吏部言、天下有司官員、倒任未久、賢否未明。洪武四年一二月辛巳　吏部奏、天下官多欠員。

(16) 洪武元年一二月是月　中書省奏、……天下州県墾田七百七十余頃。洪武二年一二月庚寅　戸部奏、是歳天下郡県墾餇八百九十八頃。洪武三年十二月是月　今歳山東、河南、江西府州県墾田二千一百三十五頃二十畝。

(17) 呉元年正月戊戌　太祖謂中書省臣曰、……其府（大平応天宣城諸郡）租賦、宜与量免、少甦民力。洪武三年五月丙辰　免蘇州逋負秋糧三万百八十余石。先是、戸部奏。洪武三年六月辛巳　太祖諭中書省臣曰、蘇松嘉杭五郡。……命三年不徴其税。洪武五年二月丙戌　戸部奏、太源・河曲等県……蠲之。洪武五年一一月癸亥　中書省言、河間府清・献二州、真定府隆平県、平涼府、……詔並免田租。

(18) 呉元年一二月癸亥　中書省議、科池州・宣・徽・大平諸府民布嚢運糧。洪武四年八月甲午　戸部奏、近餽運四川糧儲。

(19) 洪武元年一二月辛未　太祖詔中書省、令礼官定喪服之制。洪武三年二月是月　太祖命中書・礼部官、……考歴代朝服公服之制。洪武三年三月甲寅　太祖命礼部考定諸王冊宝制及冊封礼儀。洪武四年正月戊子　詔礼部、参考歴代祀郊廟社稷日月諸神冕服并百官陪祭冠服之制。

(20) 洪武元年五月丙寅　太祖命中書省稽諸将士軍功。洪武三年一一月壬辰　太祖命大都督府兵部録上諸将功績。

(21) 呉元年一〇月甲寅　太祖命中書省定律令。

（22）洪武六年閏一一月庚寅、詔刑部尚書劉惟謙詳定大明律。
洪武二年一一月丁酉　中書省奏請……営後堂。
洪武四年正月戊子　太祖命中書省定議親王宮殿制度、工部尚書張允等議。
洪武四年五月丙寅　詔立大社壇于中都、命工部。

（23）表2にみられるように、建国の功臣の多くは、「大封功臣」によって行政面の現役官僚から除外され、洪武一三年の胡惟庸の獄および二三年の追論、そして二六年の藍玉の獄によって誅せられ、あるいは政治の第一線から退けられた。

（24）李伯昇はもと張士誠の臣下であった。『明史』巻一二三「張士誠伝」。
李伯昇仕士誠至司徒、既降。

（25）李思斉はもと元朝の中書平章政事であった。『実録』巻四一、洪武元年四月丁丑。
右副将軍馮宗異師至臨洮、李思斉降。

（26）『実録』巻五九・洪武三年一二月辛巳。
指揮同知李伯昇為中書平章、左丞李思斉陞中書平章。……皆起兵降付之臣。上欲優待之、故倶令食禄而不視事。
とある。また『弇山堂別集』巻四六「中書省表」に、
……高帝定江左、以至即大位、仍置中書省、罷令不設、余倶如故。洪武三年革平章政事、食禄者不在革。
とあり、明末の王世貞は、すでに洪武三年に平章政事が実質的には廃止されたとしている。

（27）『実録』巻一〇九。
詔、定中書省左右丞相・大都督府左右都督為正二品。……汰中書省平章政事・参知政事・御史台侍御史・治書・殿中侍御史等官。惟李伯昇・王溥等、以平章政事奉朝請者、仍其旧。

（28）『実録』巻一四、甲辰年正月丙寅朔。
李善長・徐達等奉上為呉王。時群臣以上功徳日隆、屢表勧進。上曰、戎馬未息、瘡痍未蘇、天命難必、人心未定。若称尊号、誠所未遑。……今日之議且止、俟天下大定、行之未晩。群臣固請不已、乃即呉王位。

(29)『実録』巻一〇〇、洪武八年五月丙辰。
処州府青田県楊山民葉保伍等為盗。命銭塘衛指揮僉事賈珍討捕之。

(30)『実録』巻一四・甲辰年春正月丙寅朔。
李善長・徐達等奉上為呉王。……建百司官属。……以李善長為右相国、徐達為左相国。

なお、この尚右の風は当時としては当然のことと考えられていたようであり、朱元璋にもそれが窺える。すなわち、至正一五(一三五五)年当時にはまだ郭子興配下の新進であった朱元璋が、郭子興によって和陽城守に抜擢された時の様子を、『実録』乙未年正月戊午朔(巻二)は次のように記している。

然諸将(郭)子興旧部曲、皆比肩之人、而年又長。一旦居其上、恐衆心不悦。乃密令人悉徹去聴事公座、惟以木榻置于中。俟且会。……諸将皆先入、上猶後至。時坐席尚右、諸将悉坐。惟虚左末一席、上即就坐、不為異。……独上剖決如流。威得其宜、衆心稍屈服。

(31)『実録』巻二六、呉元年一〇月丙午。
命百官礼儀倶尚左。改右相国為左相国、左相国為右相国、余官如之。

(32)モンゴル習俗排除は『実録』洪武元年二月壬子(巻三〇)の「詔復衣冠如唐制」がよく引用されるが、その他に次のような史料がある。

『実録』巻三七、洪武元年一二月辛未。
監察御史高原侃言、京師人民、循習元氏旧俗、……乞禁止以厚風化。上是其言、……令礼官定官民喪服之制。

『実録』巻七三、洪武五年三月辛亥。
令礼部重定官民相見礼。……自即位之初、即加禁止、然旧習不能尽革。

『御製大誥』「胡元制治第三」。
胡元入主中国。……胡元之治天下、風移俗変九十三年矣。……朕竭語言、尽心力、終歳不能化矣。嗚呼艱哉。

これらをみれば、モンゴル習俗を排除することがいかに困難であったかが分かる。そもそも、ひとつの社会習俗を一朝一夕に、あるいは意図的に改変すること自体が無理なのである。それ故、朱元璋の意図に反してモンゴル習俗が中国社会に長く残存することになるのは当然のことである。しかし、元の残存勢力が衰退すると、モンゴル習俗を排除する必要性も減少し、また国内における元朝の復興を願う保守階層も、朱元璋政権に帰順することになった。

（33）相田洋「『元末の反乱』とその背景」（『歴史学研究』三六一号、一九七〇年）一二頁。

（34）『実録』巻五二、洪武三年五月丁酉に、

　山西忻州官安時敏、静楽県丞譚章等、私通元四大王、陰洩軍中消息、欲為乱。

とあるように、元の残存勢力と通じる者もいた。

（35）『実録』巻七八、洪武六年正月壬子。

　命魏国公徐達・曹国公李文忠往山西・北平、練兵防辺。

洪武八年二月に徐達とともにひとまず京師に帰還した李文忠は、同年七月に再び北平において、辺境防備に従事する。

『実録』巻一〇〇、洪武八年七月壬戌。

　命曹国公李文忠為征虜左副将軍、済寧侯顧時為左副副将軍。往山西・北年、整率軍馬。

また、湯和・傅友徳らは、延安において辺境防備に従事する。

『実録』巻一〇三、洪武九年正月。

　是月、命中山侯湯和・穎川侯傅友徳、……帥師往延、防備。

（36）呉晗、前掲書一四四～一四六頁。

（37）前注（33）・（34）参照。

（38）『廿二史劄記』巻三二「明初文人多不仕」。

（39）『実録』巻八、庚子（一三六〇）年三月戊子。

　徵青田劉基、龍泉章溢、麗水葉琛、金華宋濂至建康。初上在婺州、既召見宋濂。及克処州、又有薦基及溢琛者。上素聞其名、即遣使以書幣徵之。

(40)『実録』巻五八、洪武三年一一月乙卯。
　封中書右丞汪広洋為忠勤伯、御史中丞兼弘文館学士劉基為誠意伯。
(41)『実録』巻四四、洪武二年八月庚寅。
　敕中書省、令天下郡挙素志高潔、博通古今、練達時宜之士。
(42)『実録』巻五九、洪武三年一二月己巳。
　上曰、……朕訪求人材、欲得識時務俊傑而用之。今観（厳）礼所陳、誠未達時務者也。
(43)『実録』巻二四、呉元年八月丙寅。
　徴江西儒士顔六奇、蕭飛鳳、劉于等、至京。欲官之、倶以疾辞。
(44)前注（43）参照。
(45)『実録』巻三一、洪武元年三月戊子。
　命中書省給榜撫安山東郡県。先是、朝廷以大将軍徐達既下山東、命所在州郡、訪取賢材、及嘗仕官居間者、挙赴京師。有司詢求厳迫、凡嘗仕元者、多疑懼不安。由是、所在驚擾。上聞之、乃命中書省、給榜安諭。所徴人材、有不願行者、有司不許駆迫、聴其自便。其自他郡県避兵流寓、願帰郷者、聴之。
(46)『実録』巻三五、洪武元年九月癸亥。
　下詔求賢。詔曰、……雖頼一時輔佐、匡定大業、然懐材抱徳之士、尚多隠於巌穴。……有能以賢輔我、以徳済民者、有司礼遣之、
(47)前注（45）参照。
(48)前注（46）参照。
(49)『実録』巻一九、丙午（一三六六）年三月丙申。
　命中書厳選挙之禁。初令府県、毎歳挙賢才及武勇謀略通暁天文之士。其有兼通書律廉吏、亦得薦挙。得賢者賞、濫挙及蔽賢者罰。至是、復命知府・知県、有濫挙者、俟来朝、治其罪。

(50)『実録』巻三六上、洪武元年一一月己亥。
上曰、人之才不絶於世、朕非患天下無賢、患知人之難耳。苟所挙非所用、為害甚大。卿等慎之。
(51) 前注(42)参照。
(52)『実録』巻二二、呉元年三月丁酉。
下令、設文武科、取士。
(53)『実録』巻五二、洪武三年五月己亥。
詔設科取士。詔曰。……自今年八月為始、特設科挙、以起懐材抱道之士。務在経明行修、博通古今、文質得中、名実相称之士。其中選者、朕将親策于庭、観其学識、第其高下、而任之以官。
(54)『明史』巻七〇「選挙二」。
明年(四年)、会試取中一百二十名。
(55)『実録』巻六〇、洪武四年正月丁未。
上謂中書省臣曰、……即設科取士、令各行省連試三年。庶賢才衆多而官足任使也。自後則三年一挙、著為定例。
(56)『実録』巻七〇、洪武四年一二月辛巳。
上命礼部。今歳各処郷試取中挙人、倶免会試、悉起赴京用之。時吏部奏、天下官多欠員。故有是命。
(57)『実録』巻七九、洪武六年二月乙未。
上諭中書省臣曰、朕設科挙、以求天下賢才、務得経明行修、文質相称之士、以資任用。今有司所取、多後生少年、観其文詞、若可与有為、及試用之、能以所学措諸行事者甚寡。朕以実心求賢、而天下以虚文応朕。非朕責実求賢之意也。今各処科挙、宜暫停罷。
(58) 国子学は、洪武一五年三月丙辰(『実録』巻一四三)に国子監に改められる。
呉晗「明初的学校」(『清華学報』第一五巻第一期、一九四八年、『読史劄記』に復載)。
(59)『実録』巻一七、乙巳年九月丙辰朔。

置国子学、以故集慶路挙為之。設博士・助数・学正・学録・典楽・典書・典膳等官、以許存仁為博士。
(60)『実録』巻五三、洪武三年六月癸未。
国子学典簿周循理言、国学教化本源。請択経明行修之士、充学官、而増置其員、民間子弟俊秀年十五以上願入国学者、聴復其身、京官子弟一品至九品年十二以上者、皆令入学。且定其出身資格、太学生貢於朝、比科挙進士、倶得優待擢用。如此、則在内国子生日漸増広、在外有常貢・科挙進士不患無人材用矣。上是其言。
(61)『実録』巻四三、洪武二年六月丁卯。
上諭国子学官曰、……人材之興、将有其効。夫山木之所生、川水之所聚、太学人材所出。
(62)『実録』巻一九、丙午年二月庚午。
以劉承直為国子博士、李曄・張済・潘時英為助教、完誓為学正、鄭貫・杜環為学録、張以誠為典膳。
(63)『実録』巻二六、呉元年一〇月丙午。
定国子学官制。祭酒正四品、司業正五品、博士正七品、典薄正八品、助教従八品、学正正九品、学録従九品、典膳省注。
(64)『実録』巻四〇、洪武二年三月戊午。
詔増築国子学舎、初即応天府学為国子学。至是、上以規制未広、謂中書省臣曰。……朕承困弊之余、首建太学、招来師儒、以教育生徒。今学者日衆、斎舎卑溢、不足以居。其令工部増益学舎。
(65)『実録』巻七九、洪武六年二月戊子。
命増築国子学舎。時上以国学天下英才会聚、四方来学者益衆、充溢斎舎。命礼部経理増築学舎、凡百余間。
(66)『南廱志』巻一五「儲養考」によれば、洪武四年の国子生数は二七二八名である。ただし「儲養考」では国子学時代のものとしては、洪武四年だけをあげている。国子監となってよりは、洪武一五年以後の記録がある。
(67)前注(60)参照。
(68)『実録』巻四一、洪武二年四月己巳。
命博士孔克仁等、授諸子経。併功臣子弟、亦令入学。

(69)『実録』巻七三、洪武五年三月己酉。
上以将官子弟、因年少驕佚故、承襲者多不称職。乃命其子弟年幼者、入国学読書。

(70)『実録』巻七八、洪武六年正月庚申。
礼部奏、増広国子生。上曰、……朕観前代学者出為世用、雖由其質美、実亦得師、以造就之。後来師不知所以教、弟子不知所以学、一以記誦為能、故卒無実用。

(71)『実録』巻四一・洪武二年四月己巳。
上諭之(博士孔克仁)曰、……功臣子弟将有職任之寄、教之之道、当以正心為本。……卿等宜輔以実学、毋徒効文士記詞章而已。

(72)『明史』巻一三八「楊思義伝付張琬伝」。
洪武初、有張琬者、鄱陽人、以貢士試高等授給事中。
『国朝列卿記』巻三五「国初戸部侍郎」。
張琬……洪武元年由貢士入大学。試高等、授給事中。二年改戸部主事。

(73)『続文献通考』巻五五「学校考・太学」。
太祖洪武二年択国子生、試用之、巡行列郡。挙其職者、竣事復命、即擢行省左右参政・各道按察使僉事、及知府等官。

(74)『明史』巻六九「選挙志一」。
監生歴事、始於洪武五年。

(75)『実録』巻九四、洪武七年一一月乙酉。
賜諸司歴事監生文綺衣。先是、上以儒生専習書史、未諳吏事、一旦任之以官、多為猾吏所侮、乃命於諸司習吏事。至是、命冬夏給衣贍之。

(76)谷光隆「明代監生の研究(一)―仕官の一方途について―」(『史学雑誌』第七三編四号、一九六二年)。なお、ここでいう歴事監生とは、谷氏がとりあげた積分の法などと並ぶ、出身を決定するひとつの制度として確立した歴事監生ではなく、その前期形態とでもいうべきものである。

(77)『明史』巻六九「選挙志二」。

太祖雖間行科挙、而監生与薦挙人才参用者居多、故其時布列中外者、大学生最盛。

(78)『明史』巻三〇八「胡惟庸伝」。

太僕寺丞李存義、善長之弟。惟庸壻李佑父也。

(79)山根、前掲「元末の反乱と明朝支配の確立」四九頁～五一頁。

(80)『明史』巻三〇八「胡惟庸伝」に、

四方躁進之徒及功臣武夫失職者、争走其（胡惟庸）門、饋遺金帛名馬玩好、不可勝数。

(81)『実録』巻一一二、洪武一〇年五月庚子。

命大師韓国公李善長・曹国公李文忠共議軍国重事。凡中書省・都督府・御史台悉総之、議事允当、然後奏聞、行之。

(82)王世貞の『弇山堂別集』巻四「再長中書」の項にも、

（李善長）十一年、復与曹国公李文忠同理中書省及府台事。

とある。

(83)『実録』巻一一七、洪武一一年三月壬午。

上命礼部臣曰。……胡元之世、政専中書。凡事必先関報、然後奏聞。其君又多昏蔽、是致民情不通、尋至大乱。深可為戒。爾礼部其定奏式、申明天下。

(84)『鄭端簡公吾学編』「百官述上・中書省」。

（洪武）十一年、禁六部奏事、不得関白中書省。

(85)『実録』巻一二六、洪武一二年九月癸卯。

以通政使司左参議方彛為中書省左参政。……以奏対詳明、陞今官。

(86)『実録』巻一二六、洪武一二年九月甲辰。

以重慶府知府殷哲為中書省右参政。

(87)『実録』巻一二六、洪武一二年九月戊午。
占城国王阿答阿者遣其臣陽須文旦進表及象馬方物。中書省臣不以時奏。内臣因出外、見其使者、以聞。上亟召使者見之、歎曰、壅蔽之害、乃至此哉。因勅責省臣曰、……今占城来貢、方物既至。爾宜以時告、礼進其使者。顧乃泛然、若罔聞知。為宰相輔天子、出納帝命、懐柔四夷者。固当如是耶。丞相胡惟庸・汪広洋等皆叩頭謝罪。

(88)呉晗「胡惟庸党案考」(『燕京学報』第一五期、一九三四年)、山根、前掲論文、萩原、前掲論文。

(89)『実録』巻一二九・洪武一三年正月癸卯。
罷中書省、陞六部、改大都督府為五軍都督府。

(90)『実録』巻二三九、洪武二八年六月己丑。
我朝罷相、設五府・六部・都察院・通政司・大理寺等衙門、分理天下庶務。彼此頡頏、不敢相圧。事皆朝廷総之、所以穏当。以後嗣君並不許立丞相、臣下敢有奏請設立者、文武群臣即時劾奏、処以重刑。

(91)『皇明祖訓』「祖訓首章」に同記事がみえる。

(92)呉緝華「明代四輔官考」(『大陸雑誌』第一九巻第五期、一九五九年。前掲書『明代制度史論叢』に復載)。

(93)山本隆義「明代の内閣」(『中国政治制度の研究』所収、東洋史研究会、一九六八年)。

本編　官僚制国家における吏部と吏部尚書

第一章　洪武朝初期の吏部と吏部尚書

はじめに

明朝が、その成立以前の段階で翼元帥府から行中書省、さらに中書省と、その中枢機関を状況に応じて切り替えることによって、中央統御体制を維持しつつ王朝創設を達成したこと、さらには洪武一三年の胡惟庸の謀反事件を契機に中書省が廃止され、六部が皇帝の直轄となることはよく知られ、さまざまな角度から検討が加えられてきた(1)。またそのなかで、中書省のもとに設置された六部が独立機関としての機能を整えるためには、一定の段階をふまえなければならなかったことは、前編で中書省の変遷を整理、検討するなかで指摘した。
本章では、洪武朝初期の官僚支配が構築される状況のなかで、官僚の人事を統括する吏部にその対象を絞り、尚書就任者の整理(2)も含めて、その権限と位置づけに検討を加えることによって、中書省主導体制から六部直轄制に向けての洪武帝（太祖朱元璋）の政治手法を明らかにしていきたい。

一　設置当初の吏部

洪武元年八月における六部の設置をいう『太祖実録』（以下、本章においては『実録』と略称する）は次のようである。

中書省奏して、六部官制を定む。部ごとに、尚書正三品・侍郎正四品・郎中正五品・員外郎正六品・主事正七品を設く。これより先、中書省ただ四部を設け、以て銭穀・礼儀・刑名・営造の務を掌る。上、すなわち李善長等に命じて、議して六部を建てしめ、以て庶務を分理せしむ。ここに至りて、すなわち定めて吏戸礼兵刑工六部の官を置く。滕毅を以て吏部尚書となし、樊魯璞、侍郎となし、前司農卿楊思義、戸部尚書となし、少卿劉誠、侍郎となし、銭用壬、礼部尚書となし、世家宝、侍郎となし、陳亮、兵部尚書となし、朱珍、侍郎となし、周禎、刑部尚書となし、盛元輔・張仁、侍郎となし、単安仁、工部尚書となし、張文、侍郎となす。上、奉天殿に御し、六部の官、入見す。上、これに諭して曰く、朕、江左に肇基し、軍務、まさに殷んなり。官制いまだ備わらざる所以なり。今、卿等を以て六部に分任す。国家の事、これを総べるは中書、分理するは六部、至って要職たり。およそ諸の政務はすべからく心を竭くして、朕がために経理せよ。或いは乖謬するあらば、則ち患を天下に貽さん。慎しまざるべからず。将作司を以て工部に隷わしめ、司農・大理の二司を革む、と。[3]

すなわち、中書省の内部に置かれていた銭穀・礼儀・刑名・営造の四部を戸部・礼部・刑部・工部に転換し、さらに吏部と兵部を設置することによって六部体制が確立され、これにつれて将作司の工部への吸収、また司農・大理二司の廃止と、官制が整理されたのである。ここにみるかぎり、吏部と兵部の担当すべき文官の管理と武官及び軍事の統括については、これまで中書省自体が主体的に行っていたといえ、このことは以後の業務の移管に少なからぬ影響を与えることになった。以下、尚書就任者を追いながら設置当初の吏部についてみていくことにしよう。

初代の吏部尚書は先の『実録』の記事から明らかなように滕毅[4]で、張士誠支配下から朱元璋政権に参加した儒士で、起居注・湖広按察使を歴任して、この任に就いた。ただ、『実録』洪武元年一〇月に、

吏部尚書滕毅を以て江西行省参政となし、刑部侍郎盛原輔、吏部尚書となす。[5]

とあるように、一ヶ月余りで江西参政に転出し、刑部侍郎であった盛原輔[6]が後任となっている。そしてこの盛原輔も同年一一月に、

大都督府都事張明善を以て吏部尚書となし、吏部尚書盛原輔、山東行省参政となす。[7]

と、またほぼ一カ月で山東参政となり、代わって大都督府都事の張明善[8]が就任する。この張明善の離任について『実録』には直接それを知らせる記事はなく、他の史料も明確にこれをいうものはない。ただ、二年一〇月に、

山西参政陳亮を召して中書省参政となし、吏戸礼三部の事を知めしむ。[9]

とあり、一年後には陳亮（寧）[10]が中書省参政として、吏部をはじめとして戸部・礼部の三部を統括（権知）したことが分かる。[11]この時期、『実録』には「吏部」と明示する記事がいたって少なく、果たして張明善がこの権知まで、ないしは陳亮のもとで尚書であり続けたのかは、いま明らかにできない。そして三年七月に、

吏部尚書呉琳に致仕を賜う。琳、黄州人、甲辰夏、召されて国子博士となり、浙江按察僉事に遷り、両淮都転運塩使司同知に転じ、入りて起居注・吏部尚書となる。ここに至りて、上、その老を憫み、致仕して郷里に還らしむ。[12]

と、その就任の記事を載せることなく呉琳[13]の退任を記録する。この呉琳については、その伝記史料と比較すると、吏部尚書であったとする時期に食い違いが大きく、にわかに断言できないところも残される。ただ、この洪武三年は尚書の交代が激しく、『実録』は、九月に商暠の就任[14]、一一月に王興福の退任と郎本中の就任[15]、一二月に商暠の退任と周時中の就任[16]の記事を載せる。このうち就任・退任がともに記載されるのは商暠のみで、王興福は就任の、郎本中と周時中は退任の時期が明らかでない。

さて、この洪武三年代までの吏部尚書就任者を追ってきたが、ここでのなによりの特徴はその任期の短さにあるといえよう。任期が一年を越える可能性を残す張明善を除いて、短くて一カ月、長くても四カ月に過ぎず、張明善にしてもその就任より一年目に、吏部自体が陳亮の権知下に入っており、たとえこれ以後も任にとどまっていたとしても実質的な尚書とは認めえない。この任期の短さは吏部尚書が名目的存在に過ぎなかったことを表していよう。さらに彼らが、行省参政や侍御史（ともに当時は従二品官）に陞任転出し、また故あって知府（同じく正四品官）に降格された事例をみれば、あくまでもこの時期の吏部尚書のポストはそれほどの意味を持つものではなかったといえる。

たしかに、六部設置の際には「国家の事、これを総ぶるは中書、分理するは六部、至って要職たり」とし、さらにその明くる日に重ねて、

上、まさに復た北京に幸せんとして、六部の官に諭して曰く、……朕、始めて中原を定めるや、卿等、多く前代の良材にして、ことごとく朕に帰す。すでに六部を設け、卿等を選任して、各のその事に任ず。およそ銓選・

銭穀・典礼・軍政・刑名・役作等の事、すべからく用心、経理すべく、ただ人に委ぬるなかれ、と。[17]

と、六部の独自性をいうものの、実際にはそう簡単にいくものではない。特に吏部については、

六部の設、洪武元年に始まり、鎮江の滕毅、首めて吏部に長たり。省台を佐けて、銓除・考課を裁定し、諸法、ほぼ具わる。[18]

とあり、さらに、

六部、初め中書省に属し、権、軽し。尚書・侍郎は丞相の意指を仰ぎ承る。[19]

と指摘されるように、初期にはあくまでも中書省や御史台を補佐して官僚の銓選・考課を行うに止まっており、その主導権は中書省にあったことを認めなければならない。さらに例をあげれば、本来ならば吏部が関与すべき人材吸収の方策においても、洪武帝が自ら指示し、そこに吏部が関わることすらないのが実情であった。すなわち、九月に人材を求めての詔が下され、一一月に実行に移されるが、[20]そこに吏部ないし礼部が参画した形跡は全くなく、また洪武三年になっても

上、廷臣に諭して曰く、六部、天下の務を総領し、学問博洽、才徳兼備の士を得るにあらざれば、もってこれに居らしむるに足らず。それ賢才の山林に隠居し、或いは下僚に屈在するあるも、朕、周知するあたわず。卿等、それことごとく挙げて以聞せば、朕、まさにこれを用いん、と。[21]

と、廷臣、すなわち中書省への依存度の高さは変わってはいないのである。先にあげた陳亮が中書省参政として吏部の統括に当たった事例は、まさにこの事態を象徴するものといえよう。すなわち、六部制がとられたとはいえ、吏部に関しては、尚書をその代表として主体的に職務を遂行する状態にはなく、実際には中書省の管轄下にあったというべきなのである。

二　中書省管轄下からの脱却

中書省の管轄下にあった時期の吏部について、その官庁としての職務遂行状況を記録する記事は、他の五部と比較して決して多くない。わずかに確認できるのは、洪武二年八月に内侍官制を定めたこと[22]、同年九月に府州県官の考課を担当するよう詔が吏部宛に出されたこと[23]、そして三年正月に罪を得た官僚を広東海南島に左遷することを奏上し拒否された[24]、この三例のみである。これらの例からも、吏部が官僚の人事管理をはじめとする基礎作業を果たしていたことは読みとれるが、それ以上に、当時の吏部は官庁内部で職務のシステム作りに力を傾けていたとみるべきだろう。いうならば、この時期は吏部にとって、確固とした独立官庁として職務を遂行するための準備期間であったのである。このような実務の案を創出する段階では、それを実際に担当する作業部会とでもいうべきものが主体となり、逆に尚書等の上級官の存在はそれほど重要性を持たず、それが吏部尚書の任期の短さに通じたともいえよう。

さて、吏部が主体的官庁として職務を遂行すべきシステムが固まり、実行に移されるのは、洪武三年末からのことになる。洪武三年一一月に行われた「大封功臣」は、建国の功臣に勲爵を与えてその業績を称揚する一方で、彼らを実権から巧みに遊離させるものであったが[25]、それに際して六部をはじめとして各官庁に職務を分担させたことは[26]、まだ続く中書省主導体制からの脱却を促進することになり、吏部にとってはまさに準備期間から、実行段階への契機となった。その最初となるのは同年一二月に、先に指示された府州県官の考課について、

吏部の言うに、守令の職は牧民を主り、宜しく久任して、治効、始めて著わる。而して知府の職任はもっとも難く、老成廉能にして過なき者にあらざれば、その任に居らしむべからず。請うらくは、今より、同知の一考に過

なき者は知府に陞し、知県の二考に過なき者は知州に陞し、県丞の一考に過なき者は知県に陞さん、と。これに従う。[27]

と、一考三年を基準とした考課・陞任規定を提言して裁可されたことである。また四年正月には、官僚の履歴管理の貼黄制が、

吏部に命じ、月ごとに貼黄を理めしむ。初め、吏部、文武百職の姓名・邑里及び起身・歴官・遷次の月日を以て、省府部寺、暨び府州県等の衙門より、皆、分類し黄紙に細書し、貼りて籍中に置きて、宝璽を用いてこれに識す。これを貼黄と謂う。除拝・遷調あらば、すなわちその処に更めて貼る。百職繁夥にして、この法、勾稽に便たりと雖も、然れども拝罷の数は、則ち貼黄のいまだ改注・更貼に及ばざる者あり。故に吏部に命じ、月ごとに一たびこれに更貼し、歳終ごとに、その籍を以て、進めて内庫に貯えしむ。遂に定制となす。[28]

とあるように、従来は官庁ごとに整理され、人事が執行されるたびに黄紙に記入して貼付していた人事管理簿を、月単位で一括処理し、年度ごとに内庫に収蔵するよう改められた。すなわち、人事案件の増大につれて従来の方法では対処できなくなったため、より効率的な人事管理方式が採用されたのである。そして続けて内官の散官を定め、[29]二月には宣使の任期満了に伴うとり扱いを規定するなど、[30]宦官や胥吏をも含んだ人事管理全般にわたる施策が実行に移され、さらに三月には、欽天官などの一般官僚とはとり扱いを異にすべき非常選官の人事問題、[31]試職制に通じる実際の任官と正式辞令授与に一定期間を設定すること、[32]また閏三月に欽天官の散官や内官の品秩を規定するなど、[33]より細かな人事規定が打ち出されたのである。

まさに、吏部は官庁としての主体性を発揮し始めたといえるが、この時期に吏部尚書に就任するのが陳修[34]である。陳修は理官として律令の制定に携わり、兵部侍郎として兵制の整備に参与し、さらに洪武二年に新たに制圧された山

東の支配確立のため済南知府に抜擢されておおいに治績をあげたが、解縉による「墓志銘」によれば、吏部尚書としての評価は次のようにいわれる。

以うに、天官は六曹の長、経制を明習し、官を建て職を均しくするは、惟だ公のみこれ宜しく、擢げて吏部尚書に拝す。古典に引拠し、時宜を参酌し、地の劇易を審らかにし、事の繁閑を制し、貴賤疎数、遠近寛厳、課功覈実、賞錫黜陟の類は、皆、公これを啓く。いまだいくばくならずして位に卒し、これを継ぐ者、よく移易するなきなり。(35)

すなわち、陳修の尚書時代に吏部の人事規定がことごとく定まり、後任者はそれを改変することがなかったというが、これはいささか過大評価に過ぎよう。なぜならば、これまでみてきたように、この時期に出される吏部によるさまざまな人事規定は以前から時間をかけて検討されてきたものであり、陳修は直接に参与しておらず、ましてや実行に移されたのは、その就任以前のことなのである。『明史』「陳修伝」は、

ここに至りて、修と侍郎李仁、詳かに旧典を考し、参ずるに時宜を以てし、地の衝僻を按じ、ために官の煩簡を設く。およそ庶司の黜陟及び課功覈実の法は、皆、精心籌画し、銓法、秩然たり。いまだいくばくならずして官に卒す。(36)

と、ほぼ同様のことを伝えながらも、そこに侍郎李仁(37)の存在を指摘するが、李仁は洪武三年三月以来その職にあって、(38)これはまさに吏部の人事規定の成案ができ、実行に移される時期に当たる。陳修が決して長くはない尚書としての任期中に、精力的に職務を遂行したことを一概に否定するわけではないが、それも『明史』のいうように侍郎李仁あってのことであり、その意味でいえば李仁をこそ高く評価すべきなのである。

ともあれ、吏部が人事関係規定を提言しうる状態にあったこととあいまって、陳修より吏部尚書はその存在として

の重要性を高めたことは明らかである。ここに吏部は、ようやくにして真に尚書を代表者とする主体性ある官庁への段階に入ったといえるが、それを象徴的に表すのが、陳修の後任となる詹同の吏部尚書就任であった。

三　詹同の吏部尚書就任

『実録』洪武四年五月丁巳に次のようにいう。

李守道・詹同を以て吏部尚書となす。これに諭して曰く、吏部、衡鑑の司なり。鑑、明らかなれば、則ち物の妍媸、遁れるところなく、衡、平かなれば、則ち物の軽重、その当を得る。蓋し、政事の得失は庶官に在り、任官の賢否は吏部に由る。任、その人を得れば、則ち政、理まり、民、安んじ、任、その人にあらざれば、則ち官を瘝くし、職を曠しくす。卿等、衡を持し鑑を秉るの任に居り、宜しく公平に在りて、以て賢否を辨別し、ただ庸庸碌碌として位を充たすのみとなるなかれ、と。(39)

ここに『実録』は、吏部ならびにその尚書の役割、位置づけに言及する洪武帝の諭言を載せるが、これは吏部の存在が重要性を増してきたことを認めたからにほかならない。詹同はこののち洪武六年に翰林院の学士承旨となって部事を兼務し、洪武七年五月に致仕するまで、三年にわたって吏部尚書の任にあった。(40)ところで、この間に詹同と並んで尚書に就任するものとしては、先にみる李守道(41)をはじめ、先にみた李仁、そして朱斌(42)、趙亨堅(43)、呂本(44)、李信(45)、そして呂熙(46)とあげられる。尚書が複数になることは、尚書の位置づけが高くない時期、特に洪武三年末にその前例はあるが、この時期の並任は少しく意味の違うものであったといえる。すなわち、このうち李守道は元から降伏してきた武人であり、懿文太子妃の父であった呂本と同様に名誉称号的なものに過ぎず、また李仁と朱斌は試職、趙亨堅と李信は任期も短く、実質的に尚書職を果たしたとはいえず、ただ呂熙のみが洪武六年六月に定められた各部尚書複数制に準拠して就任し、さらに詹同退任後も八年六月に死亡するまでその任にとどまることから、実質的な意味での並任者ということになる。

さて、詹同には『明史』を代表として詳しい伝記が残されている[47]。徽州府婺源県[48]の人で、元末の反乱に遭遇して黄州府に避難していた折に陳友諒の支配下に入り、そののち、当時の朱元璋政権に招かれて国子学の博士となり、考功郎・起居注・翰林待制・直学士・侍読学士をへて、吏部尚書の任に就いた[49]。詹同については、儒者としての教養が評価され、近侍の臣として洪武帝の信頼を得ていたこと、さらに『日暦』の纂修とその『皇明宝訓』としての刊行に中心的役割を果たしたことが特記され、吏部尚書としての評価に関して述べるものは決して多くない。わずかに、「人倫を甄別し、神藻を鋪張するに、朝野の推服するところとなる」[50]、さらに官を辞する際に与えられた勅諭に「吏部に長たるに及んでは、人才の賢否を辨じ、職任の軽重を審らかにするに、皆、その宜を得たり」[51]と、吏部尚書への一般的な評価がみえるだけだが、これだけで吏部尚書詹同を判断すべきではなかろう。洪武帝の信頼厚い人物を尚書に迎えるのは吏部にとって初めての経験であり、まさに大物尚書を上に戴いたことは、吏部の官庁としての位置づけを高めるものであったと考えなければならない。このことは、洪武三年末からみられる独立官庁としての吏部のあり方を、より促進する方向に向けたといってよいのである。実際、これまで『実録』において、吏部尚書が個人の名にその肩書きを冠して何らかの事業の主体としてあげられることはなかったが、ここに「吏部尚書詹同」とされる記事が現れることになる[52]。このような尚書の存在認知は、吏部の官庁としての独自性を高める一助ともなり、中書省に委ねられていた官員数の報告[53]や人材薦挙[54]を主体的に担当するなど、吏部はその職域を拡張することになるのである。

またこの当時は政権内部における六部体制の見直しの時期でもあった。まず洪武五年に職掌が細分化され、各部において郎中以下が置かれてそれを分掌し、尚書と侍郎はその統括を行うことが規定されるなど、官庁としての体制充実が図られ、また一方では六部官僚は歳終に人事考課を受けることが定められた。[55]ここに吏部は総部・司勲部・考功部の属部を擁し、さらに一年後には尚書の複数制、郎中以下の定員が確定する。[56]まさに六部体制の充実期に、存在感のある尚書を戴いたことは、吏部が主体性をもって人事政策を行うに最適の状況にあったことを意味していよう。

王朝体制の整備と領域の拡大によって支配機構が拡大し、それにつれて人事案件が増加すると、吏部は新たに処置すべき問題に直面した。すなわち、従来の人事行政をいま一度見直し、一般に認知・納得され、かつ王朝の体面を保持するための制度・規定の充実を図らなければならなかったのである。そのひとつは、規定がありながら運用実態が現実と乖離しているものへの是正で、その代表的な例を南北更調制にみることができる。

この時、吏部の銓選、南北更調すでに定めて常制となすも、而れども遠きを厭い近きを喜ぶ者ありて、往往、南籍を以て改めて北籍を冒し、北籍を以て改めて南籍を冒す。上、これを聞きて曰く、およそ人を治める者は必ず先に自ら治めるに、この輩、立身、己を先にすることかくの如し。それよく人を治めんや、と。吏部に諭して、これを禁絶せしめんとす。[57]

と、本人の出身地をその任地としない、いわゆる廻避制度が当時の明朝では南北を基準に構成されていたものの、実際には本籍地を不正に申請してそれを巧みに逃れる風潮があったという。個々の官僚に対する吏部の人事管理が十分でなかったことをうかがわせるが、ここにその是正とともに南北更調制そのものの見直しも行われ、その結果は十分な検討をへたのちの洪武一三年に施行されることになる。[58]

次に地方官定員の見直し、そして資格論があげられる。まず地方官定員であるが、これは洪武七年六月の、

上、吏部の臣に命じて曰く、古、任官を称せらるるはただ賢材のみ。およそ郡、一たび賢守を得、県、一たび賢

令を得て、以て治を致すに足れり。……今、北方の郡県、民、稀にして、事、簡なる者あるに、設官、煩劇と同じきあり。禄入、供給、いまだ民を疲らすを免れず。量りてこれを減ずべし、と。[59]

という指示を受けて、北方の河南・北平・山東の三行省で、府州県で総計三百名を越える人員が削減され、同年八月には淮南一七県でも臨淮県で増員がなされるのを除いて同様の措置がとられ[60]、また八年一二月には一部府県の格付けの見直しがなされる。[61]これは官僚不足に悩む状況のなかで、現実に立脚してより効率的な行政運営を目指した結果であるといえる。一方の資格論は官僚個人の出身・経歴の管理に関わる問題であった。当時の官僚の大多数は薦挙（訪求賢才を含む）、洪武三年から五年にわたって施行された科挙、そして国子監や胥吏（吏員）の出身者で占められていたが、そのいずれの径路で官僚になったか、官僚としていかなる経歴を持つかは、人事を行うに当たって必須の条件となってくる。官僚体制が整い人事案件が増大するにつけて、この資格が問題となったことは疑いないが、いま確認できるのは、洪武一〇年六月に按察司と府の経歴・照磨・知事などの首領官の品秩を定めた際に合わせて、六部などに所属する胥吏の出身資格が規定されていることである。[62]これよりするに、他の薦挙等の径路を経た官僚については、すでに規定があったとみるべきであろう。しかしながらこの資格を杓子定規に適用すると、そこには経歴主義がはびこり、官界の活気を阻喪するもとともなる。この弊害を最初に指摘するのは次の記事である。

上、吏部の臣に謂いて曰く、朝廷、爵禄を懸げて以て天下の士を待す。資格は常流のために設くるのみ。もし賢材あらば、豈に常例に拘わらんや。今後、庶官の材能ありて下位に居りし者、まさに不次にこれを用ゆべし、と。これにより、李煥文、西安知府より、費震、宝鈔提挙より、倶に擢げて戸部侍郎となす。その余九十五人、ことごとく材を量りて郎中・知府・知州等官に超擢す。[63]

すなわち、資格論は規定としてはあっても、才能が認められた者はそれに拘わるべきでない、という洪武帝の指摘を受けて、百名に近い抜擢人事が行われたのである。これは規定を定めながらも、逆にそれに拘泥して人事が停滞する傾向があり、それを一部なりとも打破して官界を活性化させようとしたためにほかならない。

このようなすでにある規定の見直しや、是正が巧みに図られるのと並行して、各官庁の職名とそれに応じた印綬様式の確定[64]や散官資級の規定[65]が打ち出されるなど、吏部関係業務の充実化がなされたが、なかでも注目すべきは朝覲考績制である。官僚への考課が問題とされ始めるのは洪武四年三月[66]であるが、その後、六部官僚については歳終に一括して考課すると定められ[67]、さらに九年一二月には、

中書・吏部に命じ、今より諸司の正佐首領雑職官は倶に九年を以て満となさしむ。その公私の罪を犯してまさに笞すべき者は贖し、まさに徒流杖すべき者は紀す。毎歳一考、歳、終れば、布政使司、中書省に呈し、監察御史・按察司、御史台に呈し、倶に吏部に送りて紀録す。各処の有司・知府は実歴の俸月日を以て始めとなし、年ごとに、一たび朝覲、その佐弐官及び知州・知県は三年ごとに、一たび朝覲せしむ。……ついで詔して、知府もまた三年に一朝とす。[68]

と、九年を考満とし、知府等の地方官は三年に一度の朝覲を行うことが定められた[69]。そしてこれをうけて、一一年一月に布政司官や知府に来朝が要請され、三月には、

河間知府楊冀等、考績来朝す。上、吏部に命じて曰く、考績の法、賢否を旌別して以て勧懲を示す所以なり。今、官員、来朝す。宜しくその言行を察し、その功能を考し、その殿最を課すべし。第して三等となし、称職にして過なき者は上となし、坐を賜いて宴す。過ありて称職なる者は中となし、宴して坐せず。過ありて不称職なる者は下となし、宴に預らず、門に序立し、宴者、出でて、然る後に退く。有司をして激励するところを知らしむに庶からんことを、と。[70]

とあるように、実際に称職・不称職を基準とする考績法が実行に移されたのである。

以上みてきたように、詹同が吏部尚書となった洪武四年一一月以降、吏部は時期を追うごとに主体的に人事行政を担うこととなった。ここに吏部権限は確立されたといってよいが、その裏でこの吏部権限への対策が講じられていたこともまた事実なのである。

四　吏部権限への抑制

吏部の権限が伸長し、人事行政を執行することは、官僚制に支えられる王朝にとって望むべきことである。しかし、官僚の人事権を掌握することは、そのまま官界における擅権に通じる恐れをともなう。ここに、順調な人事行政の運営のために吏部権限の確立を果たしながら、その一方ではこれを制御する必要に迫られるのである。自己以外の権力者の出現に極めて高い警戒心を持つ洪武帝にとって、これはなおさらのことであった。

そこで打ち出された方策のひとつが、六科給事中である。給事中は明朝成立の一年前から置かれていたが、それが六部に対応して六科に分けられたのは洪武六年三月で、[71]六部の職掌が確定し、さらに組織的充実が図られた時期に当たる。六科給事中は後代、監察御史とともに科道官と称されて言官の役割を担うが、一方では皇帝近侍の臣としての位置づけを与えられたことからみても、この六科の組織内分割と対象の明確化は、官庁としての独立性を高めつつある六部への監視強化を意図したものにほかならない。

さらにこれに加えてみるべきなのは、洪武九年の承勅・考功・司文の三監の設置である。[72]この三監については『明史』「職官志三」の中書舎人の項に、その職掌を「誥勅を給授するの事」と記すのみで、具体的にその位置づけを明らかにする史料は極めて少ない。そのなかで、かろうじてその実態をみせてくれるのが、次の『実録』の記事である。

中書省・兵部に命じて、武官に誥勅を給するの制を定めしむ。その陞除を特授せられし者は大都督府、承勅監官と同に、上旨を以て付籍す。その初めて入仕する者は年籍・父祖己身の功績を具し、そのすでに入仕し及び陞除する者は歴るところの功過・年籍を具し、大都督府、中書省に咨り、兵部に送り、覆奏し貼黄す。考功監、参考し、同に奏して付籍す。部、散官を擬し、翰林院に移文して文を撰せしめ、司文監に付して校勘し、奏して中書舎人に付して、書写し署名用印す。転じて承勅・考功二監に付し、あわせて本部に還す。次を以て署名用印し、省府台の官に齎赴して、署名して、なお司文監に付し、対同し署名用印して、方めて兵部に付して給授す。襲職・降用の如き者は大都督府、勘験し、年籍・父祖功績を具し、降用せられし者は罪名、旨を奉じたる処分を具して、承勅監の官、付籍す。その省に咨り、部に送り、覆奏、貼黄、参考、対同、擬官、撰文、署名用印、給授は前の如し。(73)

これは武官への誥勅授与に関する文書の流れを表すものであるが、文官についても大都督府を除き、兵部が吏部になる点以外は、ほぼ同様の形態がとられていたと考えられる。注目すべきなのは、大都督府・中書省・兵部・翰林院等の連係にことごとく承勅・考功・司文の三監が介在していることで、これは官庁間の文書流通の確認にとどまるものではなく、吏部および兵部の人事行政への監視を目的としていたとみるべきであろう。この三監が設置されると同時に、のちに鴻臚寺となる殿庭儀礼司が侍儀司から名称を変更するとともに組織的充実を果たし、起居注・給事中の員数と品帙が定められ、その次日には五〇人を越える監察御史の三監等への移籍がなされている。これに行中書省の布政使司への転換と中書省の大幅な組織縮小に並行して三監等への人事が頻発することを合わせ考えるならば、承勅・考功・司文の三監は皇帝近侍の「耳目の司」として、独立性を高めつつある六部をはじめとする各官庁、なかでも吏部・兵部の人事行政へ鋭い目を光らせる存在であったといえる。このような六科給事中、特に殿庭儀礼司や承勅・考功・司文の三監の実績は、その職務の性格上から記録に残されることは決して多くはないが、吏部の人事行政は常に彼らの厳しい監視のもとに置かれていたのであり、その認識をもって初めて、洪武帝が人事全般を確実に掌握して、細やかに人事に関して指示を出しえたことが理解できるのである。

ただ、これらの方策とて吏部ならびにその尚書の擅権への不安を完全に払拭するものではなかった。詹同の吏部尚書就任と任期の安定性が、吏部の独立官庁としての成長に意味があったことは先に指摘したが、その態様が整うほどに、今度は有能な人材が長くその長官の地位にとどまることは好ましからざることと考えられたのである。詹同が致仕して後の吏部尚書を追えば、このことは明瞭である。すなわち、並任者呂熙が八年六月に卒してからは、趙好徳[74]・王敏[75]・陳銘[76]・李煥文[77]・陳煜[78]、そして張度[79]と一二年末までの四年半に六人が交代するなど、それぞれ任期は極めて短く、尚書としての事績はほとんど記録に残されない。これは単なる資料の零細のためではなく、巧みな吏部尚書に対する人事操作によって、権限行使において存在感のある尚書をあえて求めなかった結果によるものと理解すべきである。このことはまた、趙好徳と李煥文は任期一年に満たずして行省・布政司の参政に、陳銘は二ケ月で都督府判官に降格され、王敏と陳煜は免職処分にあい、さらに張度に至っては、その内容は明らかではないが、職務上の誤りを責められて憤死したように、その吏部尚書としての結末をみれば、なお明らかであろう。

おわりに

王朝が創設され、官僚支配が構築されていくなかにあって、吏部の存在が大きな意味をもつことはいまさらいうまでもない。そこでは人材の確保、評価・配置をめぐっての人事システムの確立、さらには官庁としての存在感が求められる。

明朝において中書省・六部の体制がとられるのは洪武元年八月のことであるが、それ以前に銭穀・礼儀・刑名・営造の属部はすでに存在し、これらが戸礼刑工四部の母体となった。これに対して吏部は新たに設けられた部署であった。このため吏部は、まずは人事行政に関する権限を中書省から委譲されること、さらにそれと同時に国家領域の拡大、それに伴う支配組織の膨張に対応した人事システムの構築を果たすことが求められた。だが当初にあって吏部に課されたのはシステム構築で、官僚人事に関しては中書省に依存する度合いが高かったといえる。当時の吏部尚書の任期が短く、さらに尚書としての存在感がきわめて稀薄なのはこのことによる。それが吏部主導に転換するのが洪武四年の段階で、尚書に陳修・詹同を戴く時期に当たる。特に詹同は、その経歴からも皇帝近侍の臣として洪武帝の信頼厚く、任期は三年にわたり、さらにこの時期に吏部によってさまざまな施策が打ち出されることをみれば、吏部の主体的官庁への脱皮を象徴する存在であったといえる。

詹同の時代に吏部はその存在感を高めて権限を確立したといえるが、それですべてよしとするわけではなかった。すなわち官庁の権限が確立することは、行政運営上において必須のことであるが、これはまた擅権への道を開くこととも なる。人事という官僚支配の根幹を掌握する吏部に対し、その危惧が大きくなるのもまた当然であった。組織としての権限拡張が求められるその一方で、官庁の権限が個人に帰してしまわない手法が必要であったのである。ここで洪武帝がとったのは、官庁間の相互監視と牽制、さらに官庁の権限を代表しうる長官、吏部でいえば尚書に対する巧みな人事操作であった。六科給事中に代表される監視体制そのものは、歴史上それほど特異なものではないが、このような監視機関からの情報を汲みあげることによって逐次情勢を把握し、それをもとに権限ある尚書を生まない人事操作を洪武帝は着実に果たしていったのである。監視体制とそこからの情報収集、それに基づく人事操作、これこそが洪武帝の常態的政治姿勢であった。このような姿勢は洪武一三年に六部直轄制となって以後も貫徹されるが、それについては次章で改めて論じることとする。

洪武期は胡惟庸の獄を代表に疑獄事件が多発するが、それを時期を限っての特殊な事件とみるべきではない。これらは、あくまでも洪武帝の常態的政治姿勢の延長線上で、その対象を大きくして現れた事象としてとらえる姿勢が求められるのである。

注

（1）代表的なものとして、青山治郎「朱呉国翼元帥府考」（『駿台史学』一三号、一九六三年）、呉晗『朱元璋伝』（三聯書店、一九四九年）、陳鳴鐘「略論洪武年間的中央集権政策」（『史学月間』一九五七年九月）、山根幸夫「明太祖政権の確立期について―制度史的側面よりみた―」（『史論』一三集、一九六五年）、「元末の反乱と明朝支配の確立」（『講座世界歴史』一二巻、岩波書店、一九七一年）、呉緝華「論明代廃相与相権之推移」（『大陸雑誌』三四巻一期、一九六七年）など。なお、拙稿「明初中書省の変遷」（『東洋史研究』三六巻一号、一九七七年。「中書省の設置とその変遷」と改題して、本書前編所収）、「明朝成立期における行中書省について」（『人文論究』三〇巻四号、一九八一年。「翼元帥府から行中書省体制への転換」と改稿して、本書前編所収）を合わせて参照されたい。

（2）『明史』「七卿年表」は、洪武一三年の六部直轄制以後から記載し、それ以前の記事はない。これを補うものとして年表形式をとるものは、雷礼（嘉靖一一年進士）『国朝列卿記』巻一三「国初吏部尚書年表」（以下『列・年表』と略称）、巻一四「国初吏部尚書行実」（同『列・行実』）、王世貞（嘉靖二六年進士）『弇山堂別集』巻四七「吏部尚書表」（同『弇山堂』）、さらに黄開華「洪武十三年前中書省轄下之六部尚書年表」（『明史論集』「二、補明史南京七卿表」付篇、誠明出版社、一九七二年。同「黄表」）がある。ただ『列・年表』『列・行実』『弇山堂』は粗略なところがあり、決して完全なものではなく、また

「黄表」も一部を除いて典拠を示さず、補正すべき点が残されている。ここでは『実録』『国榷』を主として、徐学聚（万暦一一年進士）『国朝典彙』巻三四「吏部」（同『典彙』）および『明史』をはじめとする各人の伝記を随時参考していくことにする。

（3）『実録』巻三四、洪武元年八月丁丑。

中書省奏定六部官制。部設尚書正三品・侍郎正四品・郎中正五品・員外郎正六品・主事正七品。先是、中書省惟設四部、以掌銭穀・礼儀・刑名・営造之務。上乃命李善長等議建六部、以分理庶務。至是、乃定置吏戸礼兵刑工六部之官。以滕毅為吏部尚書、樊魯璞為侍郎、前司農卿楊思義為戸部尚書、少卿劉誠為侍郎、銭用壬為礼部尚書、世家宝為侍郎、陳亮為兵部尚書、朱珍為侍郎、周楨為刑部尚書、盛元輔・張仁為侍郎、単安仁為工部尚書、張文為侍郎。上御奉天殿、六部官入見。上諭之曰、朕肇基江左、軍務方殷。所以官制未備。今以卿等分任六部。国家之事総之者中書、分理者六部、至為要職。凡諸政務須竭心為朕経理。或有乖謬則貽患於天下。不可不慎。以将作司隷工部、革司農・大理二司。

（4）滕毅については、『国榷』は就任・離任とも『実録』と同様の記事をあげる。また『明史』巻一三八「陳修伝付滕毅伝」には「字仲弘、太祖征呉、以儒士見、留徐達幕下、尋除起居注。……呉元年出為湖広按察使、尋召還、擢居吏部、一月、改江西行省参政、卒」とある。なお「黄表」では洪武元年の欄に「南直隷寧国府宜城人（明史毅伝、作鎮江人）八月由按察使改任、十月改任江西行省参政」とする。『典彙』は「宜城人」、九月に離任とし（『列朝詩集評伝』甲集も同）、『列・年表』は「儒士、洪武元年任、二年出為江西参政」、『弇山堂』も同様に二年に離任とするが、ともに誤りである。

（5）『実録』巻三五、洪武 元年一〇月乙亥。

以吏部尚書滕毅為江西行省参政、刑部侍郎盛原輔為吏部尚書。

（6）盛原輔については、『実録』と同様の記事が『国榷』にみえるほか、わずかに『典彙』に原輔を元輔として、「（洪武元年）九月、以盛元輔為吏部尚書。（割注）呉県人、由挙薦、十一月参政山東」とあるのみである。『列・年表』『列・行実』『弇山堂』はともに洪武七年の就任としてあげるが、これは前任者滕毅の離任を二年としたことにもよる誤りである。なお「黄表」は『実録』の記事に従ったと思われ、洪武元年の欄に「南直隷蘇州府呉県人、十月由刑部侍郎陞任。十一月改山東行省参政」

とする。

（7）『実録』巻三六上、洪武元年一一月癸丑。

以大都督府都事張明善為吏部尚書、吏部尚書盛原輔為山東行省参政。

（8）張明善については、『国榷』が『実録』と同様の記事をあげることは前二者と変わりないが、その他では『典彙』に「（洪武元年）一一月以張明善為吏部尚書（割注）三年免」とあるのみである。離任を三年とするのは、後任者を呉琳とし、三年の就任とするのと整合性を持たせたためであろうと推測される。「黄表」は洪武元年の欄に「山東人、（元年）十月由大都督府都事改任」とし、二年の欄に「是年、去職」とする。なお『列・行実』が明善を銘善として、「洪武三年拝礼部侍郎、尋試吏部尚書、本年免」とし、『弇山堂』も同様に、三年に試職としての就任とするが、これは商暠を二年就任（正しくは三年九月）とすることから生じた錯誤である。

（9）『実録』巻四六、洪武二年一〇月己巳。

召山西参政陳亮為中書省参政、知吏戸礼三部事。

（10）陳亮は初名で、寧は賜名。その伝記は『明史』巻三〇八及び『国朝献徴録』巻二四が代表的であるが、賜名の時期は、前者がこの中書参政時とするのに対し、後者はさかのぼって集慶路攻略時とする。

（11）陳亮の権知について『明史』の伝は記載するが、『国朝献徴録』はこれをいわない。「黄表」は洪武二年の欄に「十月以中書省左参政権知」とする。ところで、陳亮が三部を権知した当時の戸部尚書は抗琪、礼部尚書は崔亮であった。陳亮が中書参政を退任し蘇州知府に転出するのは、洪武三年三月（『明史』「宰補年表」及び「陳寧伝」）であるが、それまでの間に『実録』は、戸部では尚書人事の関係だけでも朱昭（二年一一月庚申就任、同一二月壬戌退任）、滕徳（三年三月壬寅就任）、李廷桂（同戊申就任）、抗琪（同己酉退任）と四件あげ、礼部では「礼部尚書崔亮」と明記する記事をあげる（三年二月庚午）。これに対して吏部については、侍郎人事を四件（就任＝李思廸・李仁、退任＝汪河・李廷桂）あげるだけで、吏部尚書の字句すら記述しない。このことからして陳亮の「（権）知吏戸礼三部事」とは、六部を左司と右司に分ける通例に従ったもので、実質的には吏部のみへの権知であった可能性が高い。

（12）『実録』巻五四、洪武三年七月乙巳。
賜吏部尚書呉琳致仕。琳黄州人、甲辰夏、召為国子博士、遷浙江按察僉事、転両淮都転運塩使司同知、入為起居注・吏部尚書。至是、上憫其老、令致仕還郷里。

（13）呉琳については『国榷』も退任の記事のみをあげる。『典彙』はその就任を「三年三月」と明記するが、根拠は明らかではない。陳亮が中書参政を退任（すなわち吏部への権知の終了）するのと時期的に整合性を持つが、『典彙』はこの権知については全く触れず、張明善の退任を「三年」としていることは注（8）で指摘した通りである。

なお黄佐（正徳一六年進士）『南廱志』「詹同伝付呉琳伝」（『国朝献徴録』は巻二四に出典を明記せずに本伝を収録する）は、黄州黄岡の人とし、陳友諒勢力が平定された際に詹同の推薦で招かれて国子助教となり、浙江按察司僉事、起居注を歴任して兵部尚書となり、「洪武六年改吏部尚書、錫之誥命、有学術既醇、践歴尤正之褒。与詹同迭視部事」とし、『列卿記』『明史』、さらに朱国禎（万暦一七年進士）『皇明開国臣伝』、徐乾学（康熙九年進士）『明史列伝』など、これに従うものは多い。このうち『皇明開国臣伝』はさらに詳しく「洪武四年、陞太常卿、本年晋兵部尚書。八月（原文は「年」と誤る）、与司業宋濂主京闈郷試。十月具奏将士之数、凡二十万七千八百二十五人、各定衛所。五年有事于方丘。……六年代呂本為吏部尚書」とし、このうち「京闈郷試」については『皇明三元考』の「洪武四年辛亥科解元、応天」の項に「上親選兵部尚書呉琳・国子司業宋濂、司考文之任」とあり、「将士之数」については『実録』が大都督府の上奏としてではあるが記録しており（巻六八、一〇月甲辰）、兵部尚書時代の記事の信憑性は高い。ただし、このの ち六年に吏部尚書に就任したとする点については、同意しがたい点がある。これはたとえ建文・永楽期に三度の修改を受けたとはいえ、一次史料である『実録』の記事は重視すべきであること、さらに『皇明文衡』巻一に残される「呉琳除吏部尚書誥」が、

惟古帝王之治天下、在於得人才。然人才実由於銓選。朕所以於吏部之職、必択器識公明者、居之具官。呉琳学術既醇、践歴尤正。其来事朕、由博士陞僉憲司、克振風紀、及弐鹺台、国課以辦、俾居記注、献納為多。茲用陞長天官、以掌銓衡之重。爾其量材而授官、計功而考能、使賢愚有別、而黜陟合宜、庶称朕為官択人之意可。

と、吏部尚書就任時に起居注までの功績をあげながら、太常寺卿と兵部尚書については全く触れないからである。以上のこ

とを総合すれば、呉琳は起居注から吏部尚書となり、洪武三年末に致仕、のちに起復して太常寺卿・兵部尚書に就任したと考えるのが妥当であろう。

(14)『実録』巻五六、洪武三年九月庚子。

　広西行省参政商暠為吏部尚書。

またその退任は、同年一二月乙丑である（後注（16）参照）。

　商暠については、『国権』は吏部尚書就任の記事をあげない。『列・年表』に「洪武二年任」、『列・行実』には「山東定陶県人。故元平章。……洪武二年王師平定中原降。……上察其朴実、留置左右。本年命署吏部事、三年擢侍御史」と、洪武二年に署職（代行）となったとし、『弇山堂』もこれに従う。『国権』は署職とみて、これを吏部尚書ととらなかったとも考えられる。『典彙』は洪武三年として「元平章也。九月任、十一月改侍御史」とする。なお、「黄表」は洪武三年の欄に「山東定陶県人、是年始任、十二月改為侍御史」と『実録』に従う。

(15)『実録』巻五八、洪武三年一一月乙卯。

　以吏部尚書王興福為西安府知府、調刑部尚書郎本中為吏部尚書。

　王興福については、『国権』も同様の記事をあげ、『列・行実』は湖広応山人として、「洪武三年擢吏部尚書。本年謫知西安府。十四年為刑部尚書」とし、『明史』巻一四〇「陳修伝付王興福伝」は時期をあげず「随人。……擢吏部尚書。坐事左遷西安府知府、卒官」と、降格人事であったことをより明確にする（なお『列・行実』で「十四年為刑部尚書」とするが、『明史』「七卿年表」はこれを載せない）。その就任の時期を明示するのは『典彙』で、「応山人。（洪武三年）七月任、十一月出知西安」とするが、これは呉琳の離任と整合性を持たせた結果と思われる。にわかに断定できないが、ほぼこれに近いと考えてよいだろう。なお「黄表」は、洪武三年の欄に「湖広随州人。是年始任、十一月改為西安府知府（国権巻首之三、作応山人）」とする。

　郎本中については、情報が少なく、『列・年表』が「洪武三年任」、『列・行実』で「洪武三年擢刑部尚書。本年十二月改吏部尚書。四年免」とし、『弇山堂』が「洪武三年任、四年免」、『典彙』が「十一月任、次年免」とするのみである。なお「黄表」は、「十一月由刑部改任、去職不明」、さらに刑部尚書の欄に「籍貫不詳、是年（三年）始任、十一月改任吏部」とする。

（16）『実録』巻五九、洪武三年一二月乙丑に、

以吏部尚書商暠為侍御史、邵武府知府周時中為吏部尚書。

『国榷』も同様の記事をあげる。『明史』巻一二三「陳友諒伝付周時中伝」は「龍泉人、嘗（徐）寿輝平章、後帥所部降。策（熊）天瑞必叛、後果如其言。累官吏部尚書、出為鎮江知府、歴福建塩運副使」と任期を示さないが、『典彙』は洪武三年のこととして「江西龍泉人、以地帰付。十二月任、尋知鎮江」とする。これに対して『列・行実』は、陳友諒の配下からの投降のこと、さらにその後の活躍を詳しく伝え、吏部尚書就任については洪武元年に邵武府知府となったのに続けて、「五年遙拝吏部尚書。命集旧部軍卒。本年坐事、出知鎮江府」とし、『弇山堂』もこれに従うが、ともに誤りであろう。なお「黄表」は、洪武三年の欄に「浙江龍泉県人　十二月由邵武府知府陞任」とし、さらに四年の欄にもその名をあげて「去職不詳」としている。四年に「去職不詳」とする根拠は明らかではないが、後継の陳修の就任が四年閏三月であることを意識したものと考えられる。

（17）『実録』巻三四、洪武元年八月戊寅。

上将復幸北京、諭六部官曰、……朕始定中原、卿等多前代良材、悉帰于朕。既設六部、選任卿等、各任其事。凡銓選・銭穀・典礼・軍政・刑名・役作等事、須用心経理、勿但委人。

（18）『明史』巻一三八「陳修伝」。

六部之設、始洪武元年、鎮江滕毅首長吏部。佐省台、裁定銓除・考課、諸法略具。

（19）徐乾学『明史列伝』巻一三「陳修伝」。

六部初属中書省、権軽。尚書・侍郎仰承丞相意指。

（20）『実録』巻三五、洪武元年九月癸亥。

下詔求賢。詔曰、朕惟天下之広、固非一人所能治、必得天下之賢、共理之。……今天下甫定、願与諸儒講明治道、啓沃朕心、以臻至治。巌穴之士有能、以賢輔我、以徳済民者、有司礼遣之、朕将擢用焉。

『実録』巻三六上、洪武元年一一月己亥。
遣文原吉・詹同・魏観・呉輔・長寿等、分行天下、訪求賢才。

(21) 『実録』巻四九、洪武三年戊子。
上諭廷臣曰、六部総領天下之務、非得学問博洽才徳兼備之士、不足以居之。其有賢才隠居山林、或屈在下僚、朕不能周知。卿等其悉挙以聞、朕将用之。

(22) 『実録』巻四四、洪武二年八月己巳。
上命吏部定内侍諸司官制。

(23) 『実録』巻四五、洪武二年九月癸卯。
詔府州県正官三年一考課、于吏部覈其賢否、而黜陟之。佐弐及首領官在任三年、所司具其政績、申達省部。吏目・典史在任者給由赴京。

(24) 『実録』巻四八、洪武三年春正月壬寅。
吏部奏、凡庶官有罪被黜者宜除広東儋崖等処。上曰、前代謂儋崖為化外、以処罪人。朕今天下一家、何用如此。若其風俗未淳吏、宜択良吏以化導之。豈宜以有罪人居耶。

(25) 本書前編第二章「中書省の設置とその変遷」。

(26) 「大封功臣」の五日前に次のような指示がなされた。
命大都督府・兵部録上諸将功績、吏部定勲爵、戸部備賞物、礼部定礼儀、翰林院撰制誥、以封功臣。(『実録』巻五八、洪武三年一一月壬辰)

(27) 『実録』巻五九、洪武三年一二月癸酉。
吏部言、守令職主牧民、宜久任、治効始著。而知府職任尤難、非老成廉能無過者、不可居其任。請自今、同知一考無過者陞知府、知県二考無過者陞知州、県丞一考無過者陞知県。従之。

(28) 『実録』巻六〇、洪武四年正月戊子。

命吏部、月理貼黄。初吏部以文武百職姓名・邑里及起身・歴官・遷次月日、自省府部寺暨府州県等衙門、皆分類細書於黄紙、貼置籍中、而用宝璽識之。謂之貼黄。有除拝遷調、輒更貼其処。雖百職繁夥而此法便於勾稽。然拝罷之数、則貼黄有未及改注更貼者。故命吏部、月一更貼之、毎歳終、以其籍進貯于内庫。遂為定制。（「省府部寺暨府州県」は原文では「既」となっているが、校勘記に従い改める。）

（29）『実録』巻六〇、洪武四年正月甲申。

吏部奏定内官散官。

（30）『実録』巻六一、洪武四年二月己未。

吏部言。宣使考満、有文学才能者、宜任以有司。有幹辦使令之才、宜於巡検内用、奏差考満。通儒吏者、就令史・書吏。若儒吏皆不通、於巡検駅官内用。従之。

ここにいう宣使とはいま明らかではない。ただ本文から判断して、正式雇用ではなく行政の末端に位置する存在で、一定期間をへて官ないし胥吏になるものと考えられる。

（31）『実録』巻六二、洪武四年三月癸卯。

吏部奏。欽天監司暦楊埜・兪鈞職専司天、非常選官之比。宜令久任。非奉特旨、不得陞調。従之。

なお、これに応じる形で洪武四年閏三月乙丑（『実録』巻六三）に、欽天監官の散官が規定される。

（32）『実録』巻六二、洪武四年三月庚戌。

吏部言。天下有司官員到任未久、賢否未明。今後、歴任三年考覈、称職無私過者、然後給誥。従之。

（33）『実録』巻六三、洪武四年閏三月乙丑。

命吏部定内監等官品秩。

（34）『実録』巻六三、洪武四年閏三月壬午。

以陳修為吏部尚書。

『国榷』はこれを「壬申」とするが、誤りである。明朝初期の各部の尚書の伝を収録する『明史』巻一三八では、この陳修を筆頭に置き、それに滕毅・趙好徳・翟然・李仁・呉琳の伝を付載するが、そこで「洪武四年拝吏部尚書」とする。『列・年表』は「江西上饒人。帰付、洪武四年任」とし、『弇山堂』『典彙』は加えて「本年卒」とする。「黄表」は「江西上饒県人。閏三月、由前済南府知府起陞任。未幾卒官（国権巻首之三作弋陽人）」とする。なお、解縉による「嘉義大夫吏部尚書広信陳公修墓志銘」には「公生至治（原文は「至正」と誤る）辛酉（元年）九月十九日、没於洪武辛亥（四年）七月十三日、享年五十有一」とあり、『国榷』はおそらくこれにより、洪武四年七月壬戌（一二日に当たるが）に「吏部尚書陳修卒。修弋陽人、自理（原文欠字）官擢兵部郎中、出守済南二年、進今官。参酌時宜、秉公核実、蓋修啓之。年五十一」と陳修の死亡と略歴を記録する。

（35）解縉『文毅集』巻一三「嘉義大夫吏部尚書広信陳公修墓志銘」。

以天官六曹之長、明習経制、建官均職、惟公是宜、擢拝吏部尚書。引拠古典、参酌時宜、審地劇易、制事繁閑、貴賤疎数、遠近寛厳、課功覈実、賚錫黜陟之類、皆公啓之。未幾卒於位、継之者莫能移易也。

陳修の伝は『明史』をはじめ数種あるが、このうち『名臣琬琰録』は全文、『国朝献徴録』は抄略して、解縉による「墓志銘」を転載し、その他『皇明開国臣伝』『明分省人物考』などもこれによるところが大きい。

（36）『明史』巻一三八「陳修伝」。

至是、修与侍郎李仁、詳考旧典、参以時宜、按地衝僻、為設官煩簡。凡庶司黜陟及課功覈実之法、皆精心籌画、銓法秩然、未幾卒官。

（37）李仁については、『明史』巻一三八「陳修伝付李仁伝」には「唐県人。初仕陳友諒、王師克武昌来帰。以常遇春薦、代陶安知黄州府、歴官侍郎、進尚書。坐事謫青州、政最、擢戸部侍郎、致仕」とあり、のちに尚書に就任したとするが、『実録』『国榷』また『典彙』はこれを記録しない。『列・年表』は「河南唐県人、帰付、洪武四年任」とし、さらに『列・行実』で「尋進吏部侍郎、与陳修同秉銓。四年試本部尚書。本年坐事謫青州知府、在郡多善政、八年召補戸部侍郎」と、試職であったとする。おそらくこれが正しく、そのために『実録』『国榷』はこれを記載しないと考えられる。

（38）『実録』巻五〇、洪武三年三月戊申。

以吏部侍郎李廷桂為戸部尚書、以李思迪・李仁為吏部侍郎。

（39）『実録』巻六五、洪武四年五月丁巳。
以李守道・詹同為吏部尚書。諭之曰、吏部衡鑑之司。鑑明則物之妍媸無所遁、衡平則物之軽重得其当。蓋政事之得失在庶官、任官之賢否由吏部。任得其人則政理民安、任非其人則瘝官曠職。卿等居持衡秉鑑之任、宜在公平以弁別賢否、毋但庸庸碌碌充位而已。

（40）詹同の退任の時期については『実録』洪武七年五月是月（巻八九）に明記される（後注（51）参照）。「黄表」は就任については問題ないが、退任を七年の項「六月、去職」とするのは誤りである。

（41）李守道について、『列・年表』は「故元守将　洪武四年任」とのみ記すのに対し、『弇山堂』と『典彙』は洪武四年の就任をいったのち「本年免」とする。「黄表」は洪武五年の項に「南直隷徽州府婺源県人、五月任、原職不詳、去職不詳」とする。

（42）朱斌を吏部尚書としてあげるのは『弇山堂』のみで「洪武五年任、協詹同理部事。本年免」とする。

（43）趙孚堅については、『列・年表』に「洪武五年任」、『列・行実』に「洪武五年拝吏部尚書、協詹同理部事、六月命発粟、往山東高唐濮州及聊城等五県賑飢。本年免。九年起広東行省参政、尋改布政使」とし、『典彙』も洪武五年の項に「五月任、六月賑山東」とする。『実録』『国榷』はともにその就・退任については述べず、山東諸県への賑飢の記事のみをあげる（『実録』巻七四、洪武五年六月丁丑。『国榷』巻五、同）。このように尚書の肩書きをもって賑飢に出る例はほかにもみえる。なお「黄表」は洪武五年の項に「籍貫不詳、任期不詳、六月発票賑飢民（国榷巻五）」とし、さらに九年の項に「正月改広東行省参政」とするがこれは誤りである。

（44）呂本については、『実録』洪武一四年一二月戊寅（巻一四〇）に「太常司卿呂本卒」と死亡記事があり、続けて略伝が付載される（『国朝献徴録』巻七〇にも収録）。それによれば「五年陞刑部侍郎、尋進吏部尚書。六年除太常司卿」とし、また洪武六年七月壬戌に太常司卿に転出した記事を載せ、「黄表」もこれに従う。なお、略伝の末尾に「以疾卒。賜葬鍾山之陰。本無子、其女皇太子妃」とあり、『明史』巻三〇〇「呂本伝」にも「懿文太子次妃父也」とあるように、姻戚としての厚遇を受けて吏部尚書や太常司卿に就任したに過ぎない。

（45）李信については、『実録』洪武五年一二月甲午（巻七七）に「以両浙都転運塩使李信為広東行省参政、未行以為吏部尚書」、さらに洪武六年一月甲寅（巻七八）に「以吏部尚書李信為山西行省参政」とし、『国榷』も同様である。『典彙』は洪武五年の項に「浮山人。県吏。十二月任、次年正月参政山西」とするが、『列卿記』と『弇山堂』は李信についての記事を全くあげない。なお「黄表」は五年の項に「参政、浮山県人。十二月由両浙都転運塩使、未赴改任」、そして六年の項に「正月改山西行省参政」とする。

（46）呂熙については、『実録』洪武六年七月庚戌（巻八三）に「以戸部尚書呂熙為吏部尚書」と就任の、さらに洪武八年六月戊午（巻一〇〇）に「吏部尚書呂熙卒」と在任中に死亡した記事があり、『国榷』も同様、「黄表」もこれに従う。『列・行実』は「八年拝吏部尚書、本年免」とし、『弇山堂』もこれを踏襲し、『典彙』は就任については触れずに、ただ「八年六月卒」とする。

（47）『明史』巻一三六、『国朝献徴録』巻二四「吏部尚書詹公同伝」、『皇明開国臣伝』巻七「尚書学士承旨詹公」、『南廱志』巻二一「列伝四、詹同」（『国朝献徴録』にも収録）、『列・行実』など。

（48）『実録』洪武七年五月是月（巻八九）と『国朝献徴録』巻二四「吏部尚書詹公同伝」は「徽之新安人」とする。

（49）『明史』は翰林待制であったことをいわない。なお詹同の初名は書で、同は洪武帝による賜名である。ただ賜名の時期については史料間に異同がある。

（50）『南廱志』「詹同伝」。
　甄別人倫、鋪張神藻、為朝野所推服。

（51）『実録』巻八九、洪武七年五月是月。
　賜翰林学士承旨詹同致仕。勅曰、朕起布衣、提三尺剣、総率六師、以拯民艱。廷攬群英、以図至治。凡二紀、于茲曩者親征武昌、下城之日、爾同以文章之美、従朕同游。厥後任以国子博士・起居注・翰林学士、皆挙其職。及長吏部、辨人才之賢否、審職任之軽重、皆得其宜。今年雖已邁、猶輸誠効謀、訖無少怠。可謂賢也。已朕不忍卿以衰耄之年、服趨走之労。特命以翰林学士承旨致仕。爾惟欽哉。

(52)『実録』巻六六、洪武四年六月戊申。

吏部尚書詹同・礼部尚書陶凱製宴享九奏楽章成。上之。

(53)『実録』巻七〇、洪武四年一二月乙酉。

吏部奏。天下府州県通一千三百四十六、官四千四百九十三。府一百四十一、官八百八十、州一百九十二、官五百七十二、県一千一十三、官三千四十一。

また、これに先んじて同月辛巳には、郷試合格者の会試免除のことをいい、そこで「時、吏部奏天下官多欠員。故有是命」と、吏部が官員欠員を報告していることを記録する。なお、これ以前で最も時期の近い官員数報告は、『実録』巻六〇、洪武四年正月己亥に、

中書省臣上天下府州県官之数。府州県凡一千二百三十九、官五千四百八十八員。

とあるのがそれである。

(54)『実録』巻八一、洪武六年四月辛丑。

命吏部訪求賢才於天下。

なお、これ以前で最も時期の近い薦挙の記事は、『実録』巻六四、洪武四年四月丙午に、

命中書省徵天下儒士・貢挙下第者及山林隠逸、悉起赴京。其有業農而有志於仕、才堪任用者、倶官給廩伝、遣之。

とあるのがそれである。

(55)『実録』巻七四、洪武五年六月癸巳。

定六部職掌。歳終考績、以行黜渉。

(56)『実録』巻八三、洪武六年六月辛未。

定六部及諸司設官之数。毎部設尚書二人・侍郎二人。

(57)『実録』巻七〇、洪武四年一二月丙戌。

是時、吏部銓選、南北更調已定為常制、而有厭遠喜近者、往往以南籍改冒北籍、以北籍改冒南籍。上聞之曰、凡治人者

必先自治、此輩立身先己如此。其能治人乎。諭吏部禁絶之。

(58)『実録』巻一二九、洪武一三年正月乙巳。
上御奉天門選官。命吏部、以北平・(山東)・山西・陝西・河南・四川之人、於浙江・江西・湖広・直隷有司用之。浙江・江西・湖広・直隷之人、於北平・山東・山西・陝西・河南・四川・広東・広西・福建有司用之。広西・広東・福建之人、於山東・山西・陝西・河南・四川有司用之。考覈不称職及為事解降者、不分南北、悉広東・広西・福建汀漳・江西龍南安遠・湖広郴州之地遷用、以示勧懲。

(59)『実録』巻九〇、洪武七年六月戊午。
汰北方府州県官。上命吏部臣曰、古称任官惟賢材。凡郡一得賢守、県一得賢令、足以致治。……今北方郡県有民稀事簡者、而設官与煩劇同。禄入供給、未免疲民。可量減之。

なお、記事ではこれに続けて、「減北方府州県官三百八人」とし、各行省の内訳を記録する。ただ、校勘記に従えば一部数値に異同があり、それを利用して最大限の合計を出しても三〇七にしかならない。

(60)『実録』巻九二、洪武七年八月庚申。
吏部奏、鳳陽臨淮県、地要事繁、宜増丞・簿・典史各一人。碭碭山・盱眙・天長・光山・蒙城・霍丘・羅山・潁上・定遠・五河・太和・虹・亳・息・沛・豊一十六県、皆糧不満千石、宜各減丞一人。並従之。

(61)『実録』巻一〇二、洪武八年一二月壬子。
吏部言、郡県之上下以税糧多寡為例。今歳糧増者太原・鳳陽・河南・西安、宜陞上府、楊州・鞏昌・慶陽、宜陞中府、明州之鄞県陞上県、其莱州税糧不及、宜降中府。従之。

(62)『実録』巻一一三、洪武一〇年六月乙卯。
吏部奏、定各道按察司及各府首領官資格。……六部毎科設都吏一人、歴九年、于従七品出身、省府台六部掾史・令史亦歴九年、依已定資格出身。従之。

(63)『実録』巻一一七、洪武一一年三月丁亥。

上謂吏部臣曰、朝廷懸爵禄以待天下之士、資格者為常流設耳。若有賢材、豈拘常例。今後庶官之有材能而居下位者、当不次用之。由是、李煥文自西安知府、費震自宝鈔提挙、倶擢為戸部侍郎。其余九十五人悉量材超擢郎中・知府・知州等官。

（64）『実録』巻八二、洪武六年五月戊午。
命吏部定天下文武各司官職名并該掌印信、以為定式。

（65）『実録』巻八五、洪武六年八月癸卯。
詔定散官資級。凡除授官員、即与対品散官、在京官以三十月為一考、毎考陞一等、在外官以三歳為一考、毎考陞一階。

（66）注（32）参照。

（67）注（55）参照。

（68）『実録』巻一一〇、洪武九年一二月己未。
命中書吏部、自今諸司正佐首領雑職官俱以九年為満。其犯公私罪応笞者贖、応徒流杖者紀。毎歳一考、歳終、布政使司呈中書省、監察御史・按察司呈御史台、倶送吏部紀録。各処有司・知府以実歴俸月日為始、毎年一朝觀、其佐弐官及知州・知県毎三年一朝觀。……尋詔知府亦三年一朝。

（69）地方官が任期を終えて、その考課報告がなされるのに従って中央に赴く例は、すでにこれ以前からあった。いま確認できるものは、『実録』巻一〇六、洪武九年六月庚戌の記事である。
山西汾州平遙県主簿成楽官満来朝。本州上其考曰能恢辦商税。

（70）『実録』巻一一七、洪武一一年三月丁丑。
河間知府楊冀等考績来朝。上命吏部曰、考績之法所以旌別賢否以示勧懲。今官員来朝。宜察其言行、考其功能、課其殿最。第為三等、称職而無過者為上、賜坐而宴。有過而称職者為中、宴而不坐。有過而不称職者為下、不預宴、序立于門、宴者出、然後退。庶使有司知所激励。

（71）『実録』巻八〇、洪武六年三月乙巳。

定設給事中十二人、秩制七品。看詳諸司奏本及日録・旨意等事。分吏戸礼兵刑工六科。

（72）『実録』巻一〇五、洪武九年四月丙申。

更置考功・承勅・司文三監。

（73）『実録』巻一〇五、洪武九年四月癸卯。

命中書省兵部定給武官誥勅之制。其特授陞除者大都督府同承勅監官、以上旨付籍。其初入仕者具年籍・父祖己身功績、其已入仕及陞除者具所歴功過・年籍、大都督府咨於中書省、送兵部、覆奏貼黄。考功監参考、同奏付籍。部擬散官、移文翰林院撰文、付司文監校勘、奏付中書舎人、書写署名用印。転付承勅・考功二監、并還本部。以次署名用印、齎赴省府台官署名、仍付司文監、対同署名用印、方付兵部給授。如襲職・降用者大都督府勘験、具年籍・父祖功績、降用者具罪名、奉旨処分、承勅監官付籍。其咨省、送部、覆奏貼黄、参考、対同、擬官、撰文、署名用印、給授如前。（「如襲職・降用者大都督府勘験、具年籍・父祖」は原文では「祖父」、「降用者具罪名、奉旨処分」は原文では「奏旨」。校勘記はこれを指摘しない）

（74）趙好徳については、『実録』『国榷』はともに吏部尚書であった記事はあげず、「黄表」もこれをとらない。『明史』「陳修伝付趙好徳」は就・退任の時期を明らかにせずに「由安慶知府入為戸部侍郎。進尚書、改吏部。帝嘉其典銓平」とするが、続けて「嘗召与四輔官入内殿、坐論治道、命画史図像禁中。終陝西参政」と洪武一三年に設置された四輔官と行動をともにしたかのようにいい、記事に不安を残す。『明分省人物考』も同様の記事をのせる。これに対して『典彙』は、八年一二月の就任、九年に在職中に死亡とし、『列・行実』、『弇山堂』は、八年の就任、九年に陝西行省参政に転出とする。

（75）王敏については、『実録』『国榷』は、洪武九年一二月庚申に「以中書郎中王敏為吏部尚書」と就任を記録するが、退任の記事はあげない。退任を明記するのは『典彙』と『列・行実』で、ともに「十一年免」とする。「黄表」は、九年一二月の就任、一一年の項に「是歳去職」とする。

（76）陳銘については、『実録』、『国榷』は、洪武一一年四月己酉に就任、同六月己酉に都督府判官への降格の記事をのせる。「黄表」はこれに従う。『典彙』は降格について同様であるが、『列卿記』、『弇山堂』は「十二年免」とする。

(77) 李煥文について、『実録』、『国榷』は、洪武一一年六月己酉に就任、同一二月丙辰に四川布政司参政への転出の記事をのせる。「黄表」はこれに従うが、陝西行省とするのは誤りである。『典彙』は就任のことのみ、『列卿記』、『弇山堂』はまったくあげない。

(78) 陳煜の就任についていうのは『典彙』のみで、一二年正月とする。『実録』、『国榷』は、ともに同年八月に死亡した記事をのせる。『列卿記』、『弇山堂』は一二年に試職として就任、一三年に「坐事免」とするが、記事内容に錯誤がある。「黄表」は一二年の項に「是年始任、八月卒」とする。

(79) 張度については、『実録』『国榷』は、一二年九月丁未の就任はいうが、退任については触れない。「黄表」は一二年の就任で「去職不詳」とするが、『国朝献徴録』(『明分省人物考』もほぼ同内容)に伝があり、そこで「藻鑑人品、銓選得体、持廉秉公、朝野欽之。後以小誤、当獲徴譴、閉戸一昔、憤惋卒」とされる。

洪武朝初期の吏部尚書一覧

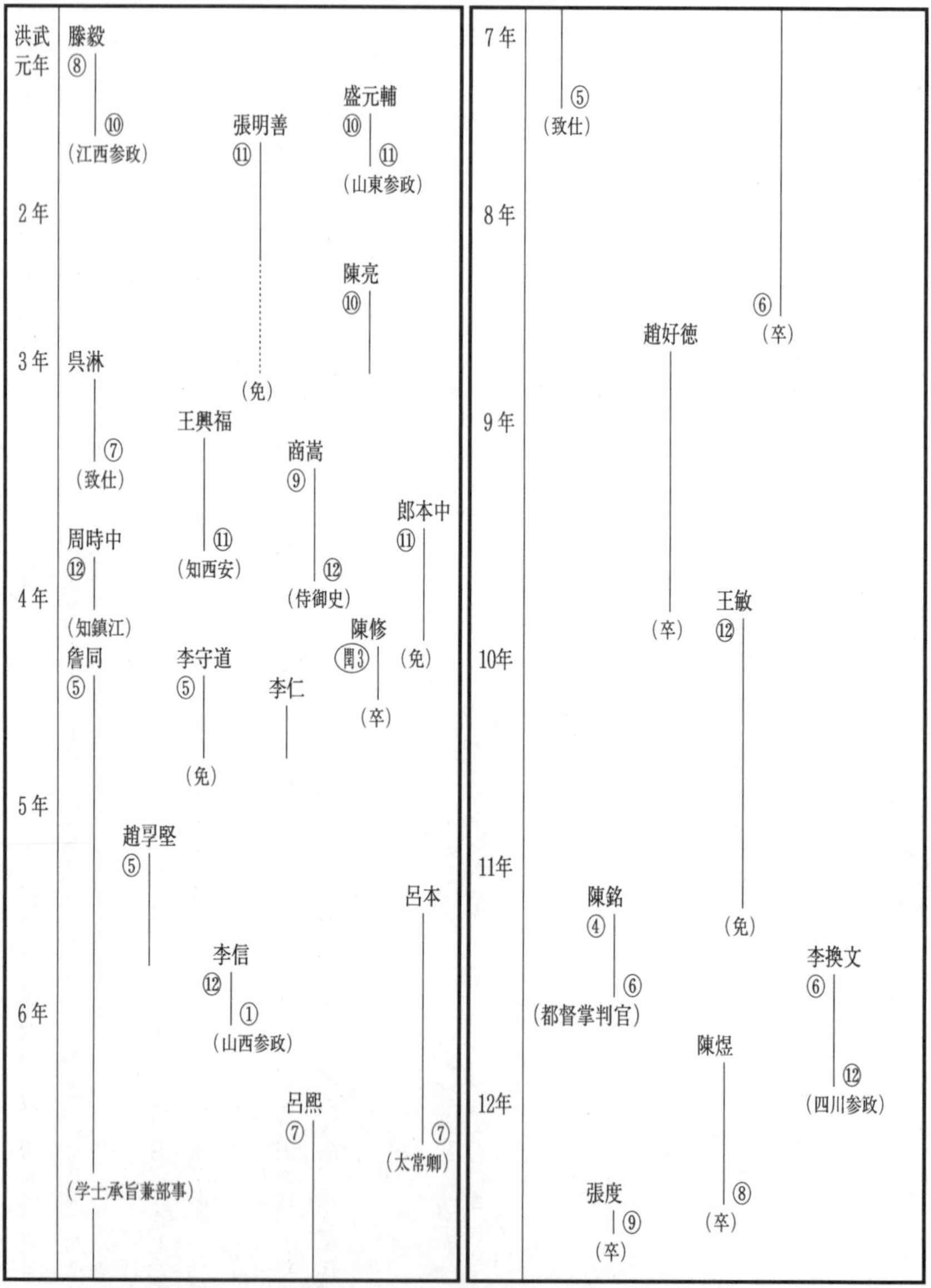

注）○付数字は月を表す。「実録」等で確認できるもののみを表示。
（　）は転出先の官職、（免）は免職、（卒）は在職中の死亡。

第二章　洪武一八年、吏部尚書余熂誅殺事件

はじめに

洪武一三年に中書省が廃止されて以後、六部は行政の最高機関として皇帝直轄体制のもとに置かれた。これを機に宰相制が「祖訓」の名のもとに厳しく禁じられたことはよく知られるところであるが[1]、ここに六部尚書の位置づけは相対的に上昇したといえる。しかし、これはあくまでも官制上でのことであって、六部各部で処理される政務は洪武帝（太祖朱元璋）のもとに集められ、決裁されるのを例とした。例えば、六部を含めて官庁から提出される政務書類は八日間で一六六〇通、その案件は三三九一事にわたったといい[2]、これを労を厭うことなく処理したところからも、

洪武帝の政務全般への意欲がいかに絶大なものであったかが分かる。ただ、これを六部の側からみるならば、その処理事項はことごとく洪武帝の掣肘を受け、各部の尚書は行政の最高位にいるとはいいながらも、その管理から逸脱することは許されなかったことを意味する。皇帝政治のもとにあっては、皇帝に最終的決裁権が付与されることは自明のことではあるが、そこには状況によってさまざまな形態が現れることになる。洪武帝はまさに君主独裁の名に相応しい政治方針を実践したといえるが、それを象徴的に現すのが六部尚書への厳しい監視と対応であった。

本章では、吏部尚書余熂の誅殺事件をとりあげ、洪武朝後半の洪武帝の吏部、ならびに吏部尚書への対応について述べていきたい。

一　余熂の誅殺

洪武一八年四月、吏部尚書の余熂が罪を問われて誅殺された。『太祖実録』（以下、本章においては『実録』と略称する）の記事によれば、次のようである。

吏部尚書余熂、罪を以て誅せらる。時に国子監祭酒宋訥、厳厲なるを以て衆の嫉むところとなる。助教金文徴、熂と郷里を同じくし、謀りてこれを逐わんとす。訥の年老を以て移文し、致仕せしむ。訥、陛辞するに、上、驚きて故を問う。訥、陳べて本意にあらず、とす。すなわち由るところを鞫すに、熂、実を吐く。上、熂の専ら威柄を擅ままにするを怒り、文徴等とあわせて、これを誅す。而して勅を以て訥に諭して曰く、君子の道、なお嘉穀のごとく、小人の道、なお稂莠のごとし。二者、並びに世の免れざるところあり。然りと雖も、天の徳人を相くるは、なお嘉穀を扶植するがごとし。故にその道、堅くして磨らず。彼の小人のなすところ、自ら澌燼す。卿、これをなして、而して威儀を替える勿れ。必ずや乃の心力を竭くし、勅を奉じて故の如くせよ。[3]すなわち、国子監祭酒の宋訥に対して老年を理由に辞職を勧めたのが原因であった。洪武帝はこれを、吏部尚書が「専ら威柄を擅ままにする」ものと認定して、余熂と助教の金文徴を誅殺し、宋訥についてはそのまま職にとどまらせたのである。これはもとはといえば、金文徴が同僚と謀って、厳しく国子監を統制しようとする宋訥を追い落とそうとして、「老いて耄碌している」「賄賂を受けている」「監生を餓死させた」「師生への公費である廩膳費を私的に流用した」[4]などと訴え出たのを、余熂がそのまま信用したことによる。事実関係を十分調査せず、同郷の金文徴の訴えをもとに、辞職を勧告した点では余熂は責められるべきである。しかし国子監祭酒に辞職を勧告した程度のことが、「百官の長」と呼ばれ、官僚人事を統括する吏部尚書を誅殺するに値する罪であっただろうか。そこにはより深い理由が隠されていると考えなければならない。

ここには二つの理由を考えることができる。そのひとつは当時の国子監（学）の問題であり、さらにひとつは洪武期における吏部尚書の問題である。

二　国子監と祭酒宋訥

国子学（監）が開設されたのは明朝成立以前の乙巳（元朝至正二五、一三六五）年で、[5]その後、呉元（一三六七）年一〇月には国子学の官制が定められ、[6]洪武元年三月と二年三月に国子学の斉舎や学舎が増築、[7]さらに六年二月には再び学舎増築の命が出されるなど、[8]組織的充実がはかられた。そして八年六月に国子生が監察御史に任用され、[9]また同年七月からは諸司の歴事監生となるなど、[10]実務官僚となるべき人材の育成機関としての位置づけを与えられてきた。

その一方で、二年四月に功臣の子弟を入学させ(11)、また三年六月には民間子弟の俊秀で一五歳以上の者と京官の子弟の一二歳以上の者の入学を認めるなど国子学生の定員を大幅に増し、科挙進士と並べて「優待擢用」するなどの優遇措置をとるよう決定した(12)。このような学生の増加は、一面では優秀な人材の吸収と教育に有効であったといえるが、その一方で学生の質が低下し、さらに教官に人材を得なかったこともあいまって、国子監内部での綱紀の弛みをもたらすことになった。特に洪武五年三月に将官の子弟の入学が許可されたこと(13)は、それまでの功臣の子弟と京官の子弟の入学と合わせて、この傾向を助長させたといわねばならない。

このような状況のなかで、例えば洪武六年七月に御史中丞の陳寧に国子監事を兼領させて統制を強める試みがなされてはいたが(14)、それも十分な効果をもたらしはしなかった。洪武一〇年代に入っても、もと四輔官であった龔斆を司業に任命した折の諭言に、

今、朕、公侯の子弟をして国学に読書せしむるも、而れども司業、員を欠き、生徒、矜式するところなし。卿、それ朕がために一たび来たりて、坐して以て道を講じ経を授けよ。筋力を奔趨するの労なくして、後学を成就せしむるの美あらしむるは、また儒者の素志なり。それ来たりて譲るところあるなかれ(15)。

とあるように、憂うべき現状の改善に助力を求める状態であった。このように、当時の有数の儒者を祭酒や司業に配置して、教育の充実をはかる体制がとられる一方で、洪武一五年五月に学規を制定し(16)、同年八月には学校禁令を頒布するなど(17)国子監運営に関わる統制も強化された。だが、これも現状を大きく変えるものでなかったことは、

学校の設くるは、もとより人材を養ない、理を窮め心を正し、実効あるを期すを以てなり。今、天下の生員、多く師訓に遵わず、位を出て妄言し、進用を希むにあらざれば則ち私讎を挟み、甚だしきは朝廷教養の意を失す(18)。

との、御史趙仁の指摘に明らかである。

ここで責任を問われるのは学長に当たる祭酒ということになり、呉顒が「寛縦にして統制が十分にできない」ことを理由に祭酒を免職されたことは象徴的である。[19]この呉顒の後任として、洪武一六年正月に祭酒に起用されたのが宋訥であった。その委任の言葉に、

太学は天下の賢関、礼儀の由りて出づるところ、人材の由りて興るところなり。建学より以来、師儒を歴選して、以てこの職に居らしむるも、今に至るもいまだその効を臻さず。豈に、士習の変わり難きか、抑も師道の立たざるか。これ朕、夙夜に心を究め、慎みて老成を択びて以てこれに任ずる所以なり。惟うに、卿、宿学耆徳にして、以てこれに任ずべし。故に、特に命じて国子監祭酒となす。なお朕の立教の意を体し、諸生をして成るあらしむれば、士習、丕いに変じ、国家はそれ、これに頼ることあらん。卿、それ、これに勉めよ。[20]

とあるのをみれば、当時、洪武帝がいかに国子監の現状を憂えていたか、さらに翻って宋訥に大きな期待をよせていたかが明らかになるであろう。またこの時、公侯の子弟を統御・監督するための「威望の重臣」として、曹国公李文忠に国子監事を兼領させたことは、洪武帝の国子監への従来にもましての強い意向を確認させるものがある。[21]

さて宋訥、その人であるが、字は仲敏、大名府滑県の人、元朝至正中の進士、塩山県令となったが元末の混乱のなかで隠居、洪武二年に徴召されて礼楽書の纂修に参加するが、事業の終了を待って再び隠居した。明朝に正式に仕えたのは洪武一三年に薦挙されて国子助教となってからで、その後、朱元璋の信任を得て翰林学士に抜擢され、さらに文淵閣大学士となった。この時すでに年齢は七〇を越えていたが、ここに国子監立て直しの切り札として祭酒に起用されたのである。彼は終日学舎にとどまり、国子監全体に厳しく統制を加えた。これは国子監の立て直しに熱心であった朱元璋の意向に叶うものであり、洪武一八年に再開された科挙における国子監からの合格者数にみる限り、相応の成果を収めたといえる。[22]

しかしその一方で、国子監の内部ではその厳格な管理体制に反発が起こり、それは宋訥追い落としの動きとなって現れた。金文徴が吏部尚書余熂に、宋訥に致仕を勧告するよう働きかけたのは、まさにこれを受けてのことであった。この画策は宋訥が陛辞した際にすべてが明らかにされた。ここに余熂と金文徴は誅殺されるが、この時の勅文に次のようにあった。

（金）文徴等、育才の所、模範の源、君命の重き、等差優劣の分を知らず。吏部と交通し、夤縁して奸をなし、祭酒（宋）訥、贓を受け、生員を餓死せしめ、師生の廩膳を剋落すと誣る。それその教えるところの生徒は、或いは大家公侯の子弟にして、父母長兄はその才を成すを欲し、幣帛鞍馬銭物酒殽もて、厚く師に礼す。これ賢父兄なり。師の教えを彰らかにするは儒者の栄たり、孰ぞ贓と云わん。生員に疾ありて、存問飲食するは、親教の師、まさに典簿に告知すべし。疾の甚き者は有司に告げてこれに薬餌す。存問飲食、薬餌せず、或いは生を傷なうあらば、親教の師まさに坐すべし。祭酒は提綱するのみ。すなわち生員を餓死せしむと云い、また師生の廩膳を剋落すると云うは、卑を以て尊を誣るなり。非を飾り聴を惑わし、人に禍すること浅からず[23]。

ここにみるのは洪武帝の徹底した、尋常ではない宋訥擁護の姿勢である。ただ当時の国子監内部に金文徴などの指摘する、贈賄に近い行為や生員の悲惨な状況があったことも、また認めなければならない。それをも洪武帝は一部を正当化し、また一部を実際に教育を担当する教官の責任に帰して、国子監の統括者である祭酒の宋訥に責任はないとするのである。

余熂は、反宋訥派に利用されたに過ぎなかったといえる。しかし余熂の行為は、洪武帝の目には、ようやくにして現れた、その意向に沿う国子祭酒を強引に排除しようとした、さらにいえば順調に進み始めた国子監体制の再構築を阻害するものとしか映らなかったのである。

三　吏部と尚書余熂

国子監の問題が第一の理由とするならば、第二の理由は洪武帝の六部尚書、特に吏部尚書への警戒心に求めることができる。洪武帝の吏部尚書に対する対応について、洪武一三年の中書省廃止までの状況をとりあげ、大きな権限を持つ吏部尚書が出現することを極力阻止しようとしていたことは、すでに指摘したところであるが[24]、これは六部直轄制となってのちも変わることはなかった。『明史』「七卿年表」をみても明らかなように、当時は尚書の交代が煩雑になされ、何らかの理由をつけて罷免される者も多かったのである。

洪武一三年正月に任命された偰斯[25]と洪彝[26]についていえば、偰斯は二月に礼部尚書に移動し[27]、残った洪彝も遅れること遠からずして免職され[28]、その後に署職として尚書の任を果たした劉崧は一カ月後の五月に、「年歯、衰耄し歩趨に艱なり。故に復た煩わすに政を以てするに忍びず」[29]とその年齢からくる衰えを理由に致仕させられている。この後任となったのは阮畯で、就任は一三年六月[30]、一五年三月に退任[31]、続く李信は就任が一五年三月で[32]、翌年正月に死亡[33]、そして陳敬が試尚書として就任したものの同年一二月に免職された[34]。余熂の吏部尚書への就任はこれを受けてのものであったが[35]、ここでなにより注目すべきは前任者の任期が極端にまで短く、もっとも長い阮畯でさえ一年九カ月に過ぎないことである。これは、偰斯と洪彝が並任させられたことをも合わせて考えるに、吏部尚書への就任者、その個人に権力が集中することを警戒した結果以外のなにものでもないといえる。中書省を廃止し六部直轄制に移行するということは、必然的に六部とその尚書の存在感を高めることになるが、洪武帝はその対策として尚書の人事を巧みに操作することで、一人の人物が安定的に権力を掌握・行使することを未然に防ごうとしていたのである。

ところで余熂その人についてであるが、『明史』に伝はなく、ある程度充実したものとしては『呉郡人物志』『明分省人物考』ならびに『皇明開国臣伝』（「宋訥伝」付）『国朝列卿記』があげられるが、その数は決して多くない。字は茂本、崑山の人で家は代々鑷工であった。若くして学を好み、洪武一〇年に薦挙されて入仕し、承勅郎から通政司参議・通政をへて、一七年に吏部尚書に抜擢された。「人となりは長者にして、いまだかつて人を譖毀せず」[36]、また「銓を掌りては、平と称せらる」[37]と、温和で公平な人物であったという。その在任中は、明年正旦における外官の来朝ならびにその規程を定め、また京師における吏員の撥用法を策定したり[38]、洪武帝の命を受けて県官の政治得失や致仕官員への誥勅給付について意見具申するなど[39]、まずは吏部尚書としての職責を果たしていたといえる。あえていうならば、とりたてていうほどの功績はなくとも、少なくともこれをもとに不適格の評価を受けるようなものでは決してなかった。

この余熂が、ただ祭酒に辞職を勧告したという一事を理由に即刻誅殺されたのである。先に指摘したように、洪武期には権限を持つほどに警戒の目でみられ、機会を得て排除される尚書が多かったとはいえる。しかしそれとて罷免ないしは降格人事にとどまるのが大勢であった[40]。そのなかで余熂に引き比べてみるべきは、一五年七月に試職として、そして翌年二月に正式に刑部尚書となり、その年の一二月に誅殺に処された開済の事例であろう。開済は行政管理能力にすぐれ、洪武帝の信任を勝ち得たが、一方では官僚への統制は限度を越え、自在に諸司を督責するさまは中書省の再来と評されるほどであった。また刑部尚書の地位を利用しての恣意的行動は目に余るものがあり、しばしば洪武帝から訓告を受けながらも改めることがなかった、という。このことからその郷里での悪行非法行為をも含めて御史陶垕仲の弾劾を受けて、誅殺されたのである[41]。私的な非法行為と公的な職権乱用は処罰に十分な理由となろう。これに対して余熂は、その経緯はともあれ、結果的に宋訥に辞職を勧告したに過ぎず、これは職務内容を逸脱したものとはいえない。ましてや人事の最終決裁権は皇帝にあり、人事案件が同意しがたいものであれば、洪武帝は当然のように拒否権を行使しえたのである。

あくまでも表面に現れる処分理由からするならば、余熂は、開済と同列に論じられるべきものではないことは確かである。それを全く同等の処分、すなわち誅殺に処したのは、余熂が吏部尚書であったことによる、と考えるべきではないだろうか。すなわち開済の行為は刑部尚書の職権の乱用であり、実際に人を殺めるなど十分に処罰に値するが、一方の余熂は形式的な面での越権行為はないといえる。にもかかわらずこのような処分が下されたのは、余熂の行為が、自己の意向に沿わない人事を進めようとする、ひいては人事を媒介に吏部尚書としての自己権力の増殖をもくろんでいる、と洪武帝に判断されたからにほかならない。

ここでは開済の問題は刑部尚書というより一個人として、かたや余熂については個人の問題ではなく、官僚人事を統括する機関である吏部、その長官である尚書として捉えられたといってよい。すなわち一見すれば軽微ともみえる宋訥への辞職勧告は、吏部尚書へ強い警戒感を抱く洪武帝の目には吏部尚書による職権の乱用、ひいては皇帝の決裁を無視して人事を執行する兆し、としか映らなかったのである。まさにこの厳し過ぎるかにみえる余熂の誅殺は、吏部の人事案件処理への警告、さらには官僚群への戒め、ひいては自己の独裁体制を誇示するために、洪武帝が決断した結果以外のなにものでもなかったといえる。

おわりに

洪武朝の中盤期にあって、国子監の立て直しは確固たる官僚制を構築する基礎作業としては重要で、それに大きく貢献した宋訥は評価されるべきである。その宋訥を十分な調査もないままに、辞職させようとしたことからすれば、余熂は責められてよい。ただ、ここで問題となるのは、宋訥・余熂など個人についてのことではない。あくまでも人事を統括する吏部尚書が、洪武帝の意向を受けずに人事を執行したこと、そのことが問題とされたとみるべきなのである。

この余熂の誅殺は、いかに吏部尚書が警戒感をもってみられていたかを象徴的に現す事件であったといえる。これよりのちの洪武朝にあっては末年の杜沢[42]を除いて、かろうじて二三年から二六年まで詹徽が左都御史との兼職で吏部尚書の任に就くが[43]、その他は二一年から二二年にかけての侯庸[44]、二三年の一時期の凌漢[45]、二六年の一時期の梁煥[46]、そして二六年から二八年の翟善[47]など、すべて給事中や侍郎の立場での署職と、規定上からいう吏部尚書が不在のままに推移する。ここには、正規の吏部尚書を置くことから生ずる危惧を、極力回避しようとする洪武帝の意図を認めなければならない。ここにも、余熂の一件が与えた影響の大きさが窺われるのである。

注

（1）本書前編第二章「中書省の設置とその変遷」。

（2）『実録』巻一六五、洪武一七年九月己未。

給事中張文輔言、自九月十四日至二十一日八日間、内外諸司奏箚凡一千六百六十、計三千三百九十一事。

（3）『実録』巻一七二、洪武一八年四月丁酉。

吏部尚書余熂以罪誅。時国子監祭酒宋訥以厳厲為衆所嫉。助教金文徴与熂同郷里、謀逐之。以訥年老移文令致仕。訥陛辞、上驚問故。訥陳非本意。乃鞫所由、熂吐実。上怒熂専擅威柄、并文徴等誅之。而以勅諭訥曰、君子之道猶嘉穀、小人之道猶稂莠。二者並有世所不免。雖然、天相徳人、猶扶植嘉穀。故其道堅、而不磨。彼小人之所為、自漸燼矣。卿勿為是而替威儀。必竭乃心力、奉勅如故。

（4）『国榷』太祖洪武一八年四月丁酉。

殺吏部尚書余熂。熂崑山人。家故鏞工、少喜学問。其掌銓称平、未嘗譖毀人。以郷人国子学録金文徴憚祭酒宋訥方厳、与学録田子真・何操、学正陳潜夫告熂。言訥老耄、受賄、餓死諸生、尅落師生廩膳。熂移文令訥致仕。訥陛辞。上驚問故、怒熂専擅、并金文徴等誅之。図形暴罪。

なお金文徴を「国子学録」とするのは、ほかに『開国臣伝』・『南雍志』等の「宋訥伝」および『列朝詩集小伝』の「金文徴伝」。『明史』「宋訥伝」は『実録』と同じく助教とする。

（5）『実録』巻一七、乙巳年九月丙辰朔。

置国子学　以故集慶路学為之　設博士。

（6）『実録』巻二六、呉元年一〇月丙午。

定国子学官制。祭酒正四品、司業正五品、博士正七品、典簿正八品、助教従八品、学正正九品、学録従九品、典膳省注。

（7）『実録』巻三一、洪武元年三月辛未朔。

命増修国学斎舎。

『実録』巻四十、洪武二年三月戊午。

詔増築国子学舎。初即応天府学為国子学。至是、上以規制未広、謂中書省臣曰、大学育賢之地、所以興礼楽明教化、賢人君子之所自出。古之帝王建国、君民以此為重。朕承困弊之余、首建太学、招来師儒、以教育生徒。今学者日衆、斎舎卑隘、不足以居。其令工部増益学舎、必高明軒敞、俾講習有所、游息有地。庶達材成徳者有可望焉。

（8）『実録』巻七九、洪武六年二月戊子。

命増築国子学舎。時上以国学天下英才会聚、四方来学者益衆、充溢斎舎、命礼部経理増築学舎凡百余間。

（9）『太祖実録』巻一〇〇、洪武八年六月丁酉。

以李拡等為監察御史。初上択国子生年少聡敏者、入文華・武英二堂説書。謂之小秀才、甚寵遇。至是、俾職清要、倶為監察御史。拡尋為給事中兼斉相府録事。

なお監察御史への任用の記事は、『実録』巻一〇八、洪武九年八月癸卯にもみえる。

(10)『実録』巻一〇〇、洪武八年七月庚午。
詔国子生於諸司歴事。有未娶者賜銭、婚聘更賜女衣二襲、月給米一石贍之。

(11)『実録』巻四一、洪武二年四月己巳。
命博士孔克仁等、授諸子経。併功臣子弟、亦令入学。

(12)『実録』巻五三、洪武三年六月癸未。
国子学典簿周循理言、国学教化本源。請択経明行修之士、充学官、而増置其員、民間子弟俊秀年十五以上願入国学者、聴復其身、京官子弟一品至九品年十二以上者、皆令入学。且定其出身資格、太学生貢於朝、比科挙進士、倶得優待擢用。如此、則在内国子生日漸増広、在外有常貢・科挙進士不患無人材用矣。上是其言。

(13)『実録』巻七三、洪武五年三月己酉。
上以将官子弟、因年少驕佚故、承襲者多不称職。乃命其子弟年幼者、入国学讃書。稍長令随班朝参、以観礼儀、退則令習弓馬学武事、待其可用、然後之官。

(14)『実録』巻八三、洪武六年七月癸卯。
命御史中丞陳寧兼領国子監事。

(15)『実録』巻一三六、洪武一四年三月辛亥。
起致仕四輔官龔斆為国子学司業。勅諭之曰、曩者、朝臣薦卿学行。故召卿至廷、官以四輔、而卿乃告老。遂命還郷。今朕命公侯子弟読書国学、而司業欠員、生徒無所矜式。卿其為朕一来、坐以講道授経。無奔趨筋力之労、而有成就後学之美、亦儒者之素志也。其来無有所譲。

(16)『実録』巻一四五、洪武一五年五月庚午。
命礼部頒学規于国子監。俾師生遵守。祭酒毎日升堂、属官序進、行揖礼。祭酒坐受、属官分列東西、相向対揖。畢、六堂諸生進、揖如之。唯無分揖礼。属官升堂、稟議事務。或質問経史、須拱立聴命、不得違越礼法。監丞之職、凡教官怠於訓誨、生員有戻規矩、課業不精、廩膳饌房舎不潔、並従糾挙懲治。博士・助教・学正・学録、職専訓教生員、講読経史、明体適用、以待任使。有不遵師教廃業者、罰之。典簿・掌撰務致廩食豊潔、銭穀出入明白、及課業進呈以時、他無所預。

(17)『実録』巻一四七、洪武一五年八月辛巳。
命礼部頒学校禁令十二条于天下。一曰、生員事非干己之大者、毋軽訴于官。二曰、生員父母有過、必懇告、至于再三、毋致陥父母于危辱。三曰、軍国政事、生員毋出位妄言。四曰、生員有学優才贍深明治体、年及三十願出仕者、許敷陳王道講論治化、述為文辞。先由教官考較、果有可取、以名上于有司、然後赴闕以聞。五曰、為学之道、必尊敬其師。凡講説須誠心聴受、毋恃己長、妄為辯難。六曰、為師者、当体先賢、竭忠教訓以導愚蒙。七曰、生員勤惰、有司厳加考較、奨其勤敏、斥其頑惰。斯為称職。

なお、八条以下は国子学に直接関わるものではない。

(18)『実録』巻一四六、洪武一五年七月乙卯。
御史趙仁等言。学校之設、本以養人材、窮理正心、期有実効。今天下生員多不遵師訓、出位妄言、非希進用、則挟私讎、甚失朝廷教養之意。宜令有司厳加禁止。日省月試、務在成効。果有奇材、欲陳便民利国之術者、許与教官詳議可否、同列姓名、然後上達。若其言有可取、仍命題考試文字、中式者不次擢用。如是則可以杜絶妄言、激励士風矣。従之。

(19)『実録』巻一五一、洪武一六年正月丁巳。
免国子監祭酒呉顒還郷。時武臣子弟有怠于学者、顒以寛縦不能縄検。故免之。顒河南人。容貌魁偉。十四年祭酒李敬坐事、得罪。顒以儒士挙至京、特命為祭酒。至是、免。後以疾終於家。

(20)『実録』巻一五一、洪武一六年正月壬戌。
以文淵閣大学士宋訥為国子監祭酒。勅諭之曰、太学天下賢関、礼儀所由出、人材所由興。自建学以来、歴選師儒、以居是職、至今未臻其効。豈士習之難変歟。抑師道之不立歟。此朕所以夙夜究心、慎択老成以任之。惟卿宿学耆徳、可以任此。故特命為国子監祭酒。尚体朕立教之意、使諸生有成、士習丕変、国家其有頼焉。卿其勉之。

(21)『実録』巻一五一、洪武一六年正月壬申。
命曹国公李文忠兼領国子監事。諭之曰、国学為育人才之地。公侯之子弟咸在焉。雖講授有師、然貴游子弟、非得威望重臣以涖之、則恐怠於務学。故時命卿兼涖其事。必時加勧励、俾有成就。

(22)『開国臣伝』巻六「宋訥伝」。
明年（一一六年）、祭酒呉顒免官。上簡用公、特賜勅、以往厳縄準、推恩義、身言並教、寝食学廂、不復家宿。一時士皆適用。上猶慮功臣子弟有不服者、以曹国公（李文忠）兼領監事。由是貴冑粛然。……乙丑・丙辰両科、上親策士。魁選恒在太学、得士居天下三之二、及任亨泰廷対第一。召公褒賞、命撰進士題名記立于監門。

宋訥の伝記は、『開国臣伝』のほか『南雍志』・『明史』等が代表的である。なお他に劉三吾による墓志銘がある（『皇明名臣墓銘』および『皇明名臣琬琰録』『皇明文衡』所収）。

(23)『開国臣伝』巻六「宋訥伝」。
（金）文徴等不知育才之所、模範之源、君命之重、等差優劣之分。交通吏部、夤縁為奸、誣祭酒訥受贓、餓死生員、剋落師生廩膳。夫其所教生徒、或大家公侯子弟、父母長兄欲其成才、幣帛鞍馬銭物酒殺、厚礼於師。此賢父兄也。彰師之教為儒者栄、孰云贓也。生員有疾、存問飲食、親教之師当告知典簿。疾甚者告有司薬餌之。不存問飲食薬餌、或有傷生、親教師当坐。祭酒提綱而已。乃云餓死生員、又云剋落師生廩膳、以卑誣尊。飭非惑聴、禍人不浅。

(24)本書本編第一章「洪武朝初期の吏部と吏部尚書」。

(25)『実録』巻一二九、洪武一三年正月庚子。
召山西布政使司左参政偰斯為吏部尚書。……偰斯詣曰、朕惟国家之用人也、去取雖在於人主、銓選必由於吏部。得人則抜擢才良、甄別流品、清濁臧否不致混淆、而庶職理矣。爾斯事朕有年、奉職惟謹、察其設施、誠惟允当。其以爾為吏部尚書。爾其懋哉。

(26)『実録』巻一二九、洪武一三年正月辛酉。

以大都督府掌判官洪彝為吏部尚書。

（27）『実録』巻一三〇、洪武一三年二月壬申。
以吏部尚書偰斯為礼部尚書。

なお、偰斯の伝としてもっとも詳しいのは『国朝献徴録』巻二四であるが、ここでも吏部尚書としての事績は明らかではない。

（28）洪彝の退任については、『実録』に記事はない。『明史』「七卿年表」は「正月任、尋免」とし、『国朝列卿記』巻二三「国初吏部尚書年表」も「本年（一三年）免」とし、『国朝典彙』巻三四「吏部」のみ「致仕」とする。

（29）『実録』巻一三一、洪武一三年五月己未。
賜署吏部尚書劉崧致仕。勅諭之曰、君子之生也、莫不由父母之賢。師友之訓、以成其才及其壮也。則推而行之、以致君垂拱利沢群生。斯乃孔子之道、君子之志也。卿学問該博、践履篤実、負成已成物之器、備剸繁治劇之才。政宜佐理天下、奈何年歯衰耄、艱於歩趨。故不忍復煩以政、特賜致仕。卿其去朝、帰于郷里、宜慎所養、以楽余年。

（30）『実録』巻一三二、洪武一三年六月癸酉。
以太常寺少卿阮畯為吏部尚書。畯杭州仁和人、仕元為教官、歳丙午、以故官赴京。洪武三年除太常司賛礼郎、五年転博士、陞為丞。十二年遷少卿、至吏部尚書。

（31）阮畯の退任については、『実録』に記事はない。『明史』「七卿年表」は「（十五年）三月致仕」とし、『国朝典彙』巻三四「吏部」も同様であるが、『国朝列卿記』巻二三「国初吏部尚書年表」は「十四年以事免」とする。

（32）『実録』巻一四三、洪武一五年三月丙寅。
陞工部試侍郎趙俊為工部尚書、吏部試侍郎李信為吏部尚書、吏部司封員外郎朱同為礼部試侍郎。

（33）李信の退任については、『実録』に記事はない。『明史』「七卿年表」・『国朝典彙』巻三四「吏部」による。ただ『国朝列卿記』巻二三「国初吏部尚書年表」は「十四年、上詔立賢無方、各薦所知。郡守挙信為能吏。上欲試其才、授吏部侍郎。信敏練識事体、能振其職。十五年正月署部事。奏令朝覲官各挙所知、上嘉納之。三月陞吏部尚書、五月以経明行修之士鄭韜等三千七百余人引見。……十六年三月信同李善長定議文官封贈蔭序之制、……詔皆従之。本年以疾卒于官」と詳しい伝記を載せ、そこで署職ののちに尚書となったこと、さらに一六年三月以後に死亡したとする。なお『明通鑑』は洪武一五年三月に李信の吏部尚書就任の記事をあげ、「時罷中書省、部権始專、而銓政尤要。惟上用法厳、旋拝旋罷、皆不克久於其任。信歴侍郎擢尚書、幾二年卒于官。凡内外封贈蔭敘之典多信所裁定云」とその功績を高く評価する。

(34) 陳敬の吏部尚書について『実録』に記事はない。『明史』「七卿年表」・『国朝典彙』巻三四「吏部」による。なお『国朝献徴録』巻二六に伝があり、そこでは「洪武十六年、刑部尚書開済薦為吏部試尚書。十七年坐事免帰」とする。

(35)『実録』巻一五九、洪武一七年正月甲子。
起復左通政余熂試吏部尚書。

(36)『分省人物考』巻一八「余熂伝」。
字茂本、崑山人。家故鑷工。少儁慧、喜学問、有志当世。洪武中、以薦辟徴入内廷、召対称旨。熂為人長者、未嘗譖毀人。其以事見疑者、毎進微喩、有所寛釈。上篤嘉之、而亦長於吏治、所在著声。無何、遂以通政司参議、特拝吏部尚書。後免帰、居家尤恭謹。過里門輒下、遇故時所往来者、必自称其名以対、若未嘗貴顕焉。

(37) 前注（4）参照。

(38)『国朝列卿記』巻二三「国初吏部尚書年表」「余熂伝」。
十七年拝吏部尚書。八月奏准天下諸司来朝。明年正旦各造事蹟文冊、仍画地土人民図、倶以十二月二十五日至京。其服色各以品級為差、惟雲南遠在辺図、特免其来。又立吏員撥用法、試中一二等者、於在京出身衙門内用、三等者於在京未有品級衙門内用、遇欠以次撥用、仍出榜示。

なお、ここでいう朝覲については『太祖実録』巻一七〇、洪武一八年正月癸酉に記事がある。

(39)『実録』巻一六六、洪武一七年一〇月壬辰。
上命吏部。凡徴儒士至京、宜訪其県官政事得失、風俗美悪、以陞黜之。亦治道之一助也。然人之好悪不斉、偏聴生姦、又不可不察。於是、吏部尚書余熂言、善政美俗者佐弍官宜陞之正官、留侯除官、代之而後陞。上曰、善者即陞一等、否者待朝覲之日、黜之。或能遷善改過、亦不黜也。陞者黜者皆令本貫知之、以示進勧戒。

『実録』巻一六八、洪武一七年一一月戊辰。

詔吏部。凡文職官年七十者聴其致仕、給以誥勅。吏部尚書余熂因言、洪武十二年已有定制。凡三品以上官致仕者止従見任品級、四品以下者遞陞一等、皆以致仕。誥勅給之。歴事未久、及一考及有罪降用者、但以本等職事致仕。不給誥勅。宜如旧制。従之。

（40）なかには戸部尚書徐輝のように、死罪に該当するとされながらも洪武帝の判断でそれを免れている例もある。

『実録』巻一四〇、洪武一四年一一月辛未。

以戸部尚書徐輝犯罪、下獄。当死、上曰、輝在官頗勤於事、命減死論。

（41）『実録』巻一五八、洪武一六年一一月甲午。

刑部尚書開済等有罪伏誅。

開済の伝記ならびに所業については『実録』の本条に詳しい。その功績としては、刑部の諸司内に考功図を置いて官員の勤務評定を行い、内外からの報告書を大幅に削減し、また小事は即決させるなどして裁判業務の延滞を一掃したことがあげられるが、一方それをたのんでの越権行為は、皇帝の命を受けることなく諸司を督責したり、刑部官僚への告戒を文華殿に掲げ、また「寅戌之書」なるものを作って出勤・退勤の時間を厳しくするなどし、さらに職権乱用の例として法の恣意的運用、それにともなう収賄や殺人、故郷洛陽での悪行が確認できる。

（42）『実録』巻二四四、洪武二九年正月壬戌。

以詹事府丞杜沢為吏部尚書。

杜沢については、『実録』に退任の記事はない。『明史』「七卿年表」は二九年正月の就任、三〇年一〇月に免職とするが、『国朝献徴録』巻二四「杜沢伝」では、三一年四月に「以年老致仕」とする。

（43）『実録』巻二〇二、洪武二三年六月庚辰。

命左都御史詹徽兼吏部尚書。

『実録』巻二二五、洪武二六年二月乙酉。

涼国公藍玉謀反、伏誅。……上悪其無礼不従。玉退語所親信曰、上疑我矣。乃謀反。当是時、鶴慶侯張翼・普定侯陳桓・景川侯曹震・舳艫侯朱寿・東莞伯何栄・都督黄輅・吏部尚書詹徽・侍郎傅友文、及諸武臣嘗為玉武将者、玉廼密遣親信召之。晨夜会私第、謀収集士卒及諸家奴、伏甲為変。約束已定、為錦衣衛指揮蔣瓛所告。命群臣訊状具実。皆伏誅。

(44)『明史』「七卿年表」は侯庸の名をあげない。吏科給事中として吏部侍郎の署職となったが、この間、尚書は空席であるため、実質的には侯庸が吏部を代表していたと考えられる（『国朝典彙』巻三四「吏部」および『国朝列卿記』）。

(45)『実録』巻二〇〇、洪武二三年二月甲辰。

命刑部右侍郎凌漢署吏部事。

『明史』「七卿年表」は凌漢の名をあげない。詹徽が吏部尚書に就任する直前に一時期、吏部の職務を代行（署職）したことは、『実録』のほか、『国朝献徴録』巻五六「凌漢伝」でも記述する。

(46)『実録』巻二二五、洪武二六年二月辛丑。

命工科右給事中梁煥署吏部事。

梁煥については、このほか『国朝典彙』巻三四「吏部」のみが「以給事中署」との記事をあげる。

(47)『実録』巻二二七、洪武二六年四月甲辰。

命吏部司封主事翟善署部事。

『実録』巻二四二、洪武二八年閏九月丁卯。

吏部尚書翟善以受賄、当死。其父謙訴于朝、乞宥子死、従軍終身以贖。命宥之、降為南寧府宣化県知県。

第三章　吏部尚書蹇義とその時代
――永楽朝から正統朝まで――

はじめに

蹇義は、靖難の師を起こして即位した永楽帝（太宗朱棣）の時代から、宣徳帝（宣宗朱瞻基）治世の前半まで吏部尚書の任にあった。『続蔵書』「蹇義伝」は次のように指摘する。

公、孝友にして質実、和厚にして簡静、人を処するに量ありて、いまだかつて一語として物を傷つけず。六朝に歴事することおよそ五十年。……長陵（永楽帝）即位の歳より成化帝の丁亥（成化三年）に至るまで、およそ六十六年、吏部尚書たるは四人。公および郭公（璡）、両王公（振・翱）にして、何公（文淵）協佐するもこれに与からず。自後、正徳の終わりに至るまで五十四年、およそ更るは十八人、尹公（旻）最も久しくして十四年なり。[1]永楽より成化初期までの六六年間に吏部尚書であったものは四人、それに比して正徳末までの五五年間には一八人を数え、最も任期の長い尹旻でさえ一四年であったという。ここでいう四人の筆頭にあるのが蹇義で、その職にあった期間は優に三〇年を越える。他の三者は任期を重複させながらも一五年前後で、ひとり蹇義の長期在任が目を引くのである。この吏部尚書蹇義について、楊栄は「魏科より起こりて鳳池に寓跡し、擢げられて天官に弐として、銓衡、司るところなり。永楽に紀元するや、天官の卿となり、継いで宮僚を兼ね、荐に寵栄を荷う。洪熙更化、倚注もっとも厚く、秩を三孤に進め、その績はこれ茂し。宣徳に及びて寵優の旧臣、煩わすに政を以てせず、左右に日に親む。嘉謀嘉猷は夙夕に入告し、務めて裨益を底す」[2]、また尹直は「銓を掌りて儲を輔け、惟れ慎み、惟れ寅む。四聖に歴事しておよそ三十春、履むところは坦坦として、寵眷、倫なし。我、先哲唐室の（房）玄齢を懐う」[3]と、賛辞を惜しまない。

「百官の長」とされる吏部尚書は人事の統括という権限の大きさから、権力闘争の標的になりやすく、その地位を保持することは容易ではない。その尚書の地位に三〇年という異例の長さとどまったのは、明朝では蹇義をおいて他にない。この蹇義がいかなる人物であるのか、なぜこれほどの長期にわたる留任が可能であったのか、解明すべき点は多い。さらに忘れてならないのは、彼が吏部尚書の任にあった期間、すなわち永楽初年から宣徳にかけては、明朝政治制度の重要な一項である内閣制の形成期に当ることである。

蹇義についての伝記は数多く残されているが、そのなかでも同時代を生きた楊士奇の手になる「故少師吏部尚書贈特進光禄大夫太師謚忠定蹇墓志銘」（『東里文集』巻一九。以下、［士奇「墓志銘」］と略称）が最も充実しており、他の伝記もこれに依るところが大きい。本章ではこれを主体に、さらに「故栄禄大夫少師兼吏部尚書贈特進光禄大夫太師謚忠定蹇公神道碑銘」(『文敏集』巻一八。以下、[栄「神道碑銘」]と略称)、時に異なった記事を掲げる徐乾学『明史列伝』・李贄『続蔵書』・過庭訓『明分省人物考』および『明史』の各伝[4]によって、変転する洪武から宣徳の政治状況における蹇義の履歴を追い、さらに内閣制形成との関わりを明らかにしていきたい。

一　出生と仕官

蹇義がこの世に生をうけたのは、その卒年から逆算すると元朝末期の至正二二(一三六二)年である。代々、重慶の巴県に居住し、宋朝以来数人の官僚を送り出したが、五世の祖からは世に出ることはなかったという[5]。蹇義、字は宜之で、その人は、

生れて岐嶷、長じては端重にして弄を好まず、学を嗜なみて懈まず。始め里社の師に従う。中書左丞殷哲、時に郡守たり。一見してこれを異とし、引きて郡学弟子員に充て、その師に語りて曰く、是の児、将来、遠く到りて吾の及ぶところにあらず。まさにこれを成就すべし、と。而して公、程督を煩わさず、日にますます進むあり[6]。

と、若くして才覚を現し、洪武一八(一三八五)年に再開された科挙に第三甲第七位で合格、中書舎人となって洪武帝に仕え、重用された[7]。この頃にその名「義」を賜ったが、これには逸話が残される。すなわち、洪武帝が秦の名臣蹇叔の末裔ではないかと問い掛けたのに対して、叩首して応えず、これを帝は篤実として初名の瑢に代えて賜名したという[8]。このような帝の信頼感はまた考満の九年になるまで中書舎人の任に就かせ、その間「朝夕、左右して、およそ機密の文字は必ず以て公に付し、しかも小心敬慎すること久しくして、いよいよ篤し」[9]とあることからも確認でき

るし、さらに建文帝によって吏部右侍郎に抜擢されるのも、これあってのことである。[10]ただこの当時の蹇義の活動を伝えるものは少なく、『明史』「蹇義伝」のみが、「是時、斉泰・黄子澄、国に当たり、外に大師を興し、内に制度を改む。義、建明するところなく、国子博士王紳、書を遺りてこれを責むるも、義、答えるあたわず」[11]と指摘するが、ここに積極的には自己の意見を打ち出さない蹇義の政治姿勢の一端が垣間みえるし、翻って考えるならば、だからこそ洪武帝のもとで長く近侍として仕ええたといえるのではないだろうか。

さて、建文帝（恵帝朱允炆）から永楽帝への政権交代は蹇義に大きな転機をもたらした。建文四（一四〇二）年六月の永楽即位のほぼ一カ月後に吏部左侍郎に、さらに九月に尚書に昇進することになる。[12]この蹇義への人事は単独で行われたのではなく、二次にわたる六部・都察院を中心とする中央官僚群の再構成のなかでのことで、のちに「蹇夏」と並び称される夏原吉も同時に戸部の左侍郎、そして尚書となっている。まさに永楽新体制構築の一環であり、蹇夏両尚書の出現は、その象徴的存在であったとみることができる。ただ当時、彼らに対して非難がなかったわけではない。「原吉、建文の時に事を用う。信ずるべからず」[13]と夏原吉はいわれるが、ならば蹇義に対しても同様の見方があったはずで、事実、建文期の記述を極力簡略化する［士奇「墓誌銘」］でさえも、「小人の、公は建文を忘れず、と譖る者あり」[14]と蹇義を批判するむきがあったことを指摘する。このような風潮は蹇夏両人の個人的立場を微妙なものにしたであろうが、これを凌げたのはひとえに永楽帝の姿勢にあった。すなわち永楽帝は夏原吉への批判に対して、「原吉、太祖に忠義にして以て建文に及ぶ。独り朕のみに忠たらざるか」と、忠義の対象は固定するものではなく、仕える皇帝に忠義であることを求めたのである。これは夏原吉に対してだけのものではなく、永楽帝の建文臣下への基本姿勢とみてよい。即位直後、解縉等に建文時代の上奏を検閲させた折に、「爾等、前日に彼に事えれば、則ち彼に忠たり。今日、朕に事えればまさに朕に忠たるべし」[15]とあることからもそれは明らかである。

ところで、永楽帝が建文時代の改制を「洪武の旧」に更改しようとしたことはよく知られ、それは［士奇「墓誌銘」］にも、

時に政令制度の洪武の旧にあらざるものあり。詔して悉くこれを復さんとす。公、従容として、ために上言し、損益は時宜に適うを貴ぶ、と。間ま数事を挙げて本末を陳説す。文皇帝、公の忠実を以て悉くその言に従う。[16]

とあるのをはじめとして、各「蹇義伝」に彼の対応を含めて紹介されるが、なかでも『明分省人物考』は他と比べて圧倒的に詳しい記事を載せる。[17]それによれば、永楽即位後に蹇義は夏原吉とともに寵愛を受けるなかで、「建文中、およそ中外大小衙門に創革あり」と建文中の改制をいい、そこで官員数に増減あるもの及び文武の散官規定、考満等の例を具体的に指摘する。これに対して永楽帝は「軍民の利害に関わるがごときは、時に因りて損益すべきも、すでに利害において関渉するところなくんば、なんぞ用って更改せん。倶にまた改めん」と応じ、さらに「軍臣散官一事の如きは、前代沿襲してすでに久しく、なんぞ利害に関わらんに、また改易せんと欲す。かつ陵土いまだ乾かず、なんぞ紛紛とこれをなすに忍ばん」と、太祖死亡直後の不必要な改革に不満を述べ、さらに「およそ開創の主はその経歴に謀多く、慮り深し。毎に一事を作すに必ずや籌度せること数日にしてすなわち行い、また子孫世々これを守らんと欲す」のに、「後世の軽佻諂諛の徒は立心端しからずして、その私智小見を以て倒壊し、嗣君を導きて祖法を改易す。嗣君も不明にして以て能となしてこれを寵任し、小人の邪謀に徇う。国、弊れ、民、叛き、その社稷を喪うに至るものこれ有り。豈に以て戒めとなさざるべけんや」と、まさに「君側の難」が建文帝を惑わせて太祖の祖訓を更改させたと決定づけ、その改制すべてを更改する意志のあることを示す。この対話は蹇義の侍郎就任までのことで、また即位の祝文に「一、建文以来の祖宗成法の更改あるものは、なお旧制に復す」[18]と、その姿勢が明言されていることからして、蹇夏が政権に参加してまもなくなされたものであることが分かる。ただ蹇義のいわんとするところは、

このような極端な対応ではなかった。そのため尚書となってのちに、永楽帝が改めて「時に政令制度の洪武の旧にあらざるものあらば、詔して悉くこれを復す」よう指示したのに対して、「公、従容として、ために上言し、成憲に鑑るは、豈に革むるに因りて反って政を乱すものなからん。自ら経権損益は時宜に適うを貴ぶあり」と、柔軟性に欠ける固定観念に縛られた復旧ではなくて、時代状況に合った対応をこそなすべきであると提言し、自己の見解を披瀝し、帝もそれに素直に従ったというのである。

ここではなにより、永楽帝の頑固ともいえる建文体制更改への姿勢にあえて制御をかけ、それを是正する蹇義の主張がみてとれる。当時は、自己政権の正当化のためには建文政権とのコントラストを明確にしなければならないと同時に、一方ではその下にいた官僚群をはじめとした人材確保をなにより必要としていた。現に即位年の七月には吏部による在京諸司の闕官[19]、同月の科道官人事[20]、さらに八月の兵部尚書茹瑺による薦挙人事[21]と人事案件が頻発し、さらに永楽元年九月には薦挙奨励の勅が出され[22]、またその直後に建文政権下の人材への対応について、永楽帝は才能による擢用、過去を問わない姿勢を明確にする。この一連の流れは　まさに建文政権を批判的に評価するその裏で、その下にいた官僚群は懐柔的に吸収しようとしていたことから生まれた。その時に建文政権を全否定するかのような強硬姿勢と更改方針は、自己政権を誇示するのに必要ではあるものの、限度を超えると逆効果、すなわち現政権への反発をもたらす。姿勢を鮮明にすることで一定の目的は達成されるものの、一方ではいま求められている現政権への参加を阻害しかねないのである。その点では蹇義の、包括的な建文政権の更改ではなくて、現状の混乱を回避する対応を、という提言は、なにより現実論として有効であるといえる。これを永楽帝の方針を是正する直言・苦言の類と捉えることもできようが、あくまでも現状を見据え、それを是認したうえで方向性を決定するという、蹇義の政治姿勢が如実に出たものと解釈すべきなのである。そしてこの現状容認主義とでも呼ぶべき政治姿勢が、彼の吏部尚書としての地位を安泰にさせ、また翰林院を土壌として形成されつつあった解縉をはじめとする皇帝近侍グループに、絶好の環境を作りあげることになっていくのである。このことはのちに指摘するとして、いましばらくは蹇義の履歴を追っていきたい。

二　吏部尚書として

吏部尚書となって以後の蹇義は、「除官するに善地を得ずして、公（蹇義）の公ならざるを訴えるものあるも、上は皆、これを斥く」[23]とあるように、永楽帝の信頼の下で、その職責を順調に果たしていった。就任直後に考満に関する案件が頻出するのは[24]、定期異動の原則を利用することで、人事の公正さを誇示しようとしたためとみてよいが、それ以外には当時、人材吸収から一転して冗官問題が発生し、その対策に追われることになった[25]。このような状況に変化をもたらしたのは、永楽帝の北京への北巡とモンゴル高原への親征であった。永楽七年からの第一回の北巡と親征時は、東宮監国を楊士奇とともに輔佐してこともなく過ぎたが[26]、問題が起きたのは一一年一月からの第二回の北巡、さらに次年八月の親征からの北京帰還時であった。ここで蹇義や楊士奇等は、永楽帝への迎えの使者が遅延したこと、また奏書に失辞があったことを理由に、輔導の責を問われ、解職の勅によって、北京に召喚されたのである。この時、蹇義のみには途上で赦免の勅が届いて引き返したが、楊士奇や黄淮はそのまま北京に至り、ともに下獄させられた[27]。このことについて［士奇「墓誌銘」］［栄「神道碑銘」］は全く触れないが、これは個人を顕彰することを目的とするためのものであるからだろう。ただ、奏書の失辞の具体的な内容は明らかでないものの、使者の遅延を含めて東宮輔導官を北京に一斉に召喚するほどであったかというといささか疑わしいといわなければならない。そのことは後述するとして、この一件から蹇義を含む南京の東宮輔導官の立場に変化が生じたことだけは確かである。

永楽一四年一〇月に一旦は南京に帰還した永楽帝は、三カ月後に北京に向かい、再び南京に帰ることはなかった。この時に出された「東宮留守事宜」は、これ以後の永楽期における蹇義をはじめとする東宮輔導官の位置づけを決定するものであった。試みに主要な点を第一回北巡時の留守事宜と比較すれば、事態はより明瞭である。すなわち、七年の留守事宜では、(28)内外の軍機と王府切要の事務は奏請して処理し、それ以外の庶務はすべて東宮監国のもとで決裁すること、(29)在京文官の堂上掌印官の人事は奏請してのちに執行すること、常選官の一般人事は東宮に具啓して銓注すること、となっていたものが、一五年の留守事宜では、(30)各衙門からの上奏は北京に移送して、その処置方の指示を仰ぐこと、内外文武官の人事は行在吏部からの要請を受けて執行するよう、改められたのである。これは明らかに北京側に主導権が移ったことを意味する。事実、これ以後には、吏部尚書の蹇義が南京に居ながらも、布政司・按察司の人事が行在吏部の手によって行われる(31)などの例がみられることになる。さらによく知られるように、この北巡以後は北京遷都への動きが加速し、一八年九月には宮殿完成の見通しが立ったことから、一二月を期して北京に移動するよう皇太子に命令が下り、(32)一一月には皇太孫にも同様の命令があった。(33)この時、楊士奇が皇太子と行を共にし、(34)蹇義は皇太孫に従ったようだが、(35)いずれにせよここに蹇義は南京を離れ北京に移動することになった。行在吏部に主導権があったことを考えるならば、彼の吏部尚書としての地位は名目的なものでしかなかったことは、容易に想像できよう。

このようにみるならば、蹇義が実質的に吏部尚書として活動しえたのは、一五年の第二回の北巡までで、その位置づけは北京遷都に向かう事態の推移とともに、ますます低くなっていったといわなければならない。これを象徴的に物語るのが、一九年に起きた北京三殿の火災を受けての天下巡行に、廷臣二六人の一人として出向いたことである。このことを『明史列伝』「蹇義伝」は、十九年、三殿災す。廷臣二十六人に勅して天下を巡行せしむ。義及び給事中馬俊、応天諸府を分巡して、軍民の疾苦を問う。文武長吏を黜陟するに、法を尽くして吏を縄すれば、人まさに勝えず。太だ甚しき者数人を斥け、余は多く寛仮す。興革数十事を条し、奏してこれを行わんとす。還りて部事を治めること故の如し。(36)

と伝え、各蹇義伝もほぼ同様でいかにも大事を行ったようにいうが(37)、果たしてこれは吏部尚書のなすべき職務といえるであろうか。その二六人はといえば(38)、都察院と給事中関係のものが圧倒的多数を占めており、数少ない六部関係でもう一人の尚書は礼部の金純で、彼とて南京からの移動者であって、北京には行在時代からの礼部尚書呂震がいたのである。これらを考え合わせるならば、当時の蹇義は実際行政に関わることもなかったからこそ、南京を中心とする南直隷の人心安定のためだけに派遣されたとしかいいようがない。

このような蹇義に連坐下獄の不運が訪れる。それは、第三回の親征から永楽帝が帰還した直後に、東宮監国時のことが問題とされて起こった。

礼部尚書呂震・吏部尚書兼詹事府詹事蹇義を錦衣衛に下し、頌繫す。蓋し鴻臚寺序班、震の壻戸部主事張鶴の朝参に儀を失するを言うも、皇太子、震の故を以て曲げてこれを宥し、而して義は側に在りて言わざるの故を以てすればなり。(39)

張鶴はもとより、自己の地位を利用して寛大な処置を願ったであろう呂震が責められるのは致し方ないとして、蹇義と楊士奇は東宮に侍従し、そこで行われた決裁を黙認したことをして再び輔導の責を問われたのである(40)。その処置は頌繫と、少しは寛大なものであったとはいえ、約五カ月にわたり獄に入れられたことに変わりはない。ところでここで思い起こすべきは、蹇義は免れたとはいえ楊士奇等が下獄させられた永楽一二年の出来事である。この時の理由のひとつが、永楽帝への迎えの使者の遅延にあったことはすでに指摘した。ただ、これをいま検証するに、第二回親征の迎えの使者と、第一回のそれとは六日遅れたに過ぎない。[41] これをして蹇義・楊士奇等は北京に召喚され、楊士奇はこの時も下獄させられているのである。それも永楽帝が極力緩やかな処置をとろうとするなか、北京の官僚群の意向からの処置であったのをみると、[42] これら二件は同一線上の事象であったことが明らかになるのではないだろうか。すなわち、ここには東宮監国を支える蹇義・楊士奇などの南京官僚群と、機会があればその勢力を削いでおこうとする、永楽帝の北巡と親征に扈従してきた北京官僚群との間に、確執があったとみなければならないのである。

三　近侍との関係

いささか不遇をかこった永楽末期であったが、親征途上での永楽帝の死と、それにともなう洪熙帝の即位は蹇義に新たな状況をもたらした。[士奇「墓誌銘」]はこれを「仁宗皇帝、初め位を嗣ぐに、一切の政議、預る者は三・四人にして、公は首に居る」[43] とする。たしかに蹇義と楊士奇は東宮輔導官として相応の待遇を受けるようになったとはいえ、事態は決して単純なものではなかった。そこには、予想外の永楽帝の死を前にして終始その側から離れることのなかった近侍の、新体制下における地位確保の動きがあったのである。近侍とは、翰林院職を基盤に永楽帝の身近に仕え勢力を蓄えてきた、明朝内閣制の原点として常に指摘される存在をいう。[44] いましばらくこの近侍についてみておくことにする。

永楽帝が即位して、六部をはじめとする中央官庁において新たな人員配置が進められる一方で、翰林院の中・下級官であった解縉・黄淮・胡広・胡儼・楊栄・楊士奇・金幼孜の七人が側近として信頼を受け、翰林官としての地位を上昇させ、永楽二年九月には、朕即位以来、爾七人、朝夕、相いともに事を共にし、左右を離れること鮮し。朕、爾の恭慎にして懈まざるを嘉し、故に宮中に在りてまた屢びこれを言う。然れども恒情、初めを保つは易く、終わりを保つは難し。朕、故に常に心に存す。爾等もまた宜しく終わりを慎むこと始めの如くんば、君臣保全の美に庶幾からん。

との言葉とともに、全員に翰林院官としては最高の、学士に相当する五品の公服を賜与される。(45) さらに一二月には、六部尚書・侍郎への賜与に合わせて彼らも同等の扱いを受け、

朕、卿等において、偏えに厚くするにあらず。代言の司、機密の寓するところなり。況んや、卿六人、旦夕、朕の左右に在りて勤労助益すること、尚書の下には在らず。故に賜賚において、必ずその事功に称うを求め、なんぞ品級に拘らん。(46)

と、尚書に劣らぬ位置づけを与えられ(47)、考満に際しても特例として外任させないよう、指示が出されるまでになった。(48)この間、胡儼が国子監祭酒に転出、また解縉が左遷されるなど、内部での移動はあるものの、彼らはまさに帝の側近として近侍し続けたのである。当時の彼らへの位置づけとしては、一般的な政書に基づいて「従属的侍臣」(49)、また「代言の司」(50)とみる傾向が高いが、楊士奇「御書閣頌」に、

臣士奇、布衣より召され、太宗皇帝、入りて大統を継ぐに、首め翰林編修に擢げらる。初め内閣を奉天門内に建て、翰林の臣七人を简任し、そのなか職するところは代言にして、時に属して更新し、凡そ制詔命令誡勅の文、日に夥しくして、礼典庶政の議および事の機密に関わるもの、咸なこれに属す。車、屢び臨幸を賜い、七人、恒に早朝し、退けば即ち閣に趨りて職事を治む。七人より出る者なく、士奇これに与る。(51)

とあるように、初めは「代言」を職とするとされたものの、それは時期とともに変化して、「制詔命令誡勅の文」から「礼典庶政の議」、そして「機密に関わる事」に与るようになったという。(52) このような状態は、当時の官僚体制か

らして本来認められるものではなかったはずである。それがここにいうように可能となったのは、あくまでも皇帝身辺の範囲内のことで、外部からの介入が困難であったこともあるが、それ以上に、六部尚書をはじめとする外廷官僚群がこれに積極的に異を唱えず、黙認する姿勢をとったからといえよう。当時の六部官僚は永楽新体制下で抜擢を受けたものであり、その中心であった吏部尚書蹇義と戸部尚書夏原吉は特に信任が厚く、逆にこれがために、ことさらに帝の所業に反対できる立場になかったのである。そしてこれまで指摘してきた蹇義の、現状をまず是認して対応しようという政治姿勢が、これに影響したことも認めなければならない。吏部尚書という百官を統率する立場にある蹇義が容認するならば、この近侍の存在と彼らの位置づけの上昇に是正をかけるものは、もはやいなかったといってよいだろう。

外廷に蹇義と夏原吉の両尚書、側近に近侍を控える永楽初期の体制が転機を迎えるのは、その北巡によってであった。この東宮監国時の人材配置についても、楊士奇は先の文に続けて、端的に言い表している。

永楽七年、車駕、将に北京に𨊠し、皇太子に命じて監国せしむ。簡びて文臣四人をとどめて、輔導せしむ。その両人は内閣より出で、士奇これに与る。……未だ幾くならずして、四人の者、その半ばは事ありて去り、始終、在りて侍すは両人、士奇これに与る。(53)

ここに「内閣より出る」とは近侍のことで、楊士奇と黄淮、「文臣四人」の残る二人は蹇義と兵部尚書金忠を指す。うち黄淮は永楽一二年の東宮輔導官の北京召喚時に下獄し、その釈放は洪熙帝の即位を待たねばならなかったし、金忠は一三年四月に死亡する。この結果が楊士奇と蹇義の「両人」が「始終、在りて侍す」ことになったのである。

ここに蹇夏両尚書と近侍が二分されたわけであるが、このような措置は東宮監国に必要であったからとだけみるべきではない。すなわち、内面的には、外廷官僚と近侍を彼ら内部で拮抗的相互牽制状態に置くことによって、帝権の安定を意図し、外面的には、北京も南京もあくまでも尚書＝外廷官僚を政策遂行の前面に立てて、その裏にある近侍の存在を極力遮蔽しようとする目的があったのである。このことは、先にみたような北京からの南京への牽制の動きに明確に現れるし、さらに『明史』の蹇義・夏原吉両者の伝に、当時の両京の政務は蹇夏両尚書によって処理され、この二人ですべてが成り立っていたかのような印象を与える記事があることに象徴的にみることができる。(54) 永楽帝の南京不在の期間が長くなるほどに、北京に主導権が移行していったことはすでに指摘したが、これは近侍相互の関係にも及んだ。いま南京に残った楊士奇と、北巡に扈従した楊栄・金幼孜とを比較すると、永楽即位の年にはともに侍講、五年の段階では楊栄が詹事府右庶士、他の二人は諭徳とほぼ差がない状態であったのが、翰林学士となるのは、楊栄と金幼孜が一四年四月であるのに、楊士奇は一年近く遅れ、さらに前二者は一八年に文淵閣大学士となるのに、楊士奇は永楽間に大学士となることはなかったのである。

永楽期に北京の楊栄・金幼孜が楊士奇より一頭地を抜いたことは明らかであるが、永楽帝の死に直面しての彼らの行動は速やかであった。楊士奇の手になる楊栄の「墓誌銘」は、北征中の対話とともに、その前後のことを次のように記録する。

一日、上、従容として帳殿に坐し、公二人に諭して曰く、東宮監国久しく、政務に熟す。これ帰れば悉く付すに天下の事を以てし、吾、惟だ莫年に優游せん、と。二公、共に対えて曰く、皇太子、孝友にして仁厚、天下、心を属す。允に陛下の付託に称わん、と。上、悦ぶ。師、楡木川に次るに、上、不予、既にして上賓す。およそ沐浴・襲奠・飯含・棺斂一切の礼は悉く二公に出、衆、遂に公を推して、先に馳せ帰りて報ぜしむ。既に至りて尚書蹇公等と同に喪礼を議す。遂に即位の礼を議し、仁宗皇帝、位を嗣ぐ。(55)

永楽帝に生前の政権譲渡の意向があったというのについては、議論の余地があろう。ただ、ここでみるべきは、楊栄が当座の処置を済ませるといち早く帰京して遺命を伝え、喪礼から即位に至るまでの主導権で、楊士奇・蹇義に譲るところがなかったことである。ただ洪熙帝（仁宗朱高熾）の即位によって、かつての東宮輔導官が優遇されることは当然で、三公三孤が新設されるや、まず永楽以来の功臣張輔に太師、蹇義に少保が[56]、さらに続けて蹇義に少傅、楊士奇に少保が与えられた時に、楊栄と金幼孜はそれぞれ太子少傅と太子少保と差がつけられている[57]。しかし、だからといってそれが確定的なものであったとはいえない。なぜなら蹇義が少保となった時、楊栄は太常寺卿、金幼孜は戸部右侍郎、楊士奇は礼部左侍郎、黄淮は通政使と、名目的とはいえともに正三品官とされ、さらに楊士奇が華蓋殿大学士、黄淮が武英殿大学士となるように[58]、近侍の扱いはなにより平均的なものであった。このような近侍同士の平衡化現象について興味深いのは、「縄愆糾繆印」の賜与についてである。これについて『仁宗実録』は、

少傅兼吏部尚書蹇義・少保兼華蓋殿大学士楊士奇・太子少傅兼謹身殿大学士楊栄・太子少保兼武英殿大学士金幼孜に銀図書各一を賜う。その文に曰く、縄愆糾繆、と。なお諭して曰く、卿等は皆、国家の旧臣、先帝に祗事して二十余年、また朕に春宮に事え、練達老成なり。……およそ政事に関わりありて、或いは群臣これを言いて、朕いまだ従わず、或いは卿等これを言いて、朕、従わざるあらば、悉くこの印を用いて密疏以聞せよ。それ再三これを言うを憚るなかれ[59]。

と、永楽以来の旧臣と認めて、密疏のための印章を、蹇義・楊士奇・楊栄・金幼孜に与えたとする。しかしここに至るまでに次のような経過があったことが、楊士奇の「賜印章記」[60]によって明らかになる。すなわち、洪熙帝が蹇義・楊士奇に「縄愆糾謬印」を与えて数日後に、夏原吉にもこれを下賜しようとしたのに対して、楊士奇は「臣と楊栄・金幼孜は実に職任を同じくす。今、賜の二人に及ばず。幸うらくは、天恩はこれを均しくせんことを」と主張し、結果的には楊栄・金幼孜にも同様の処置がなされたというのである。ここには楊士奇に、近侍内部での平衡関係が乱れ

ることへの配慮があったことがみえる。これは皇帝の側近にあって政策決定に参与しながらも、官制上に明確な位置づけを持たないものとして、あくまでも一定の数をもって自らの存在を確実なものにしなければならないという、近侍の立場からとられた行動であったということができる。結果的に夏原吉への賜与は、蹇義が少師となるのに合わせて少保となった二カ月後にまで遅れることになるが[61]、この時に蹇義から積極的な働きかけがあった形跡はなく、近侍間の相互扶助精神との好対照をみることになる。このような蹇義の、現状をともすれば容認していく政治姿勢は、地位の上昇、さらに政治への発言力を確保しようと目論む近侍にとって、まことに好都合で利用価値があったことを忘れてはならない。

洪熙帝の即位から五カ月後、長陵造営を理由に楊栄が工部尚書に[62]、さらに平衡化そのままに、黄淮・楊士奇・金幼孜がそれぞれ戸部・兵部・礼部の尚書職を与えられ[63]、ついに外官の最高官職の名号を受けるまでになった。これはあくまで名目的なものとはいえ[64]、その意味は小さくはないが、それ以上に注目すべきことがある。

そのひとつは、『仁宗実録』に、楊士奇が密疏を行ったのに対して洪熙帝が、

卿の奏するところを覧るに、朕を導くに仁を以てし、朕を助くるに徳を以てし、朕の唐虞の君たるを欲す。……誠に忠良股肱の臣なり。朕、朝夕慮る、卿等、朕の宸極に尊居するを以て、譴責あるを畏れ、あえて進言せざるを。今、奏するところを覧て、朕、甚だ忻喜し、衷を慰むるに足れり。但だ望むらくは、卿、始終一の如く、知りて言わざるなく、以て朕の委託の意に副わんことを[65]。

と答えたと記載されていることである。密疏の内容は明らかではないが、返答から類推するに政治関係の直言であったと思われ、本来ならば内向きに処理されるべきものが、『実録』の記事として残されていることに変化をみなければならない。さらにもう一点は、弘文閣の開設である。その設置の際に、洪熙帝が、

卿等、各の職務あり。朕、別に学行端謹の老儒数人を得て、日に燕間に侍し顧問に備えんと欲す。[66]

といっていることである。本来は楊士奇等の近侍に期待したことを新たに別枠で再設定しようということは、裏返せば近侍が「各の職務ある」状態、それは尚書職等ではなく、まさに機密に関わる政治的位置づけを持っていたことを公言したに等しい。この二例は、従来は皇帝側近として、外界から遮蔽されるべき存在であった近侍が、一般的に認知され、それが表面化してきたことを教えてくれる。

四　吏部尚書退任に向けて

遷都の意向を表明し[67]、東宮時代の輔導官蹇義・楊士奇への印の賜与など[68]、南京への傾斜を強めた洪熙帝であったが、即位より一年足らずで死亡し、宣徳帝の時代を迎える。[士奇「墓誌銘」]は「宣宗皇帝、位を嗣ぎ、一切の政議、公、数人に属すは仁宗の初めの如し」[69]とし、『明史列伝』は「宣宗即位、義・原吉を召してこれを嘉労す」[70]と、特に蹇義と夏原吉の二人を強調する。宣徳帝がこの両者に信頼感を持っていたことは、戸部尚書陳山の「冀わくは、(蹇夏)両人、賛ぜんことを。上、必ずや行わん」[71]という言葉にも窺え、また『宣宗実録』が帝と蹇義・夏原吉の密接な関係を随所に記載することにも現れる。これに対して近侍に関する記事は極端に少なくなるが、そこには洪熙期に近侍の存在を公的に扱う傾向が出たことへの反省があり、新政権発足時においては原点に帰って、近侍はあくまで近侍として扱うという、宣徳帝の意向があったとみるべきだろう。すなわち、ここに政治運営の主体が外廷官僚にあるかのようにみえるのは、あくまでも表面的な事象に過ぎず、実際上では近侍の勢力拡大は弱まっていなかったのである。漢王高煦への親征、また宣徳三年の約一カ月の巡辺行に、蹇夏両尚書とともに、近侍として楊栄・楊士奇が扈従したことはその一端を示すが、それ以上に安南への対応に関わる動きに、これは如実に現れる。

安南の経営は永楽五年の平定から始まったが、遠隔地であることもあって困難をともなった。それは宣徳期に入っても変わらず、ついに黎利の要請によって陳王の嫡孫である暠を立てて、冊封体制に切り替えることになった。『宣宗実録』はこのことを宣徳二年一〇月末から一一月にかけて記述し、ここでは宣徳帝の意向に対して「群臣」が「陛下の心は祖宗の心なり。かつ、兵を偃せて民を息んじるは、上、天の心に合す。これに与えるが便なり」と賛意を表し、決定されたとするが[72]、事態はそれほど単純ではなかった。この時の経過を詳しく伝える楊士奇『聖諭録』によれば次のようである[73]。黎利からの要請を受けた宣徳帝がまず張輔に諮ると、彼は「これ従うべからず。……まさに益す兵を発して、この賊を誅するのみ」と意見を述べ、続いて問われた蹇義と夏原吉も「これに与えるに名なく、徒らに弱きを天下に示す」としてこれに反対した。その後に帝が楊栄・楊士奇に三人の意見を示して、「爾両人とこれを決す」意向を伝えると、楊栄は「発兵の説、必ず従うべからず。その請に因りてこれに与えるにしかず。禍を旋して福となすべし」と答え、楊士奇もこれに同調し、帝は「汝両人の言、まさに吾が意に合す」として、ここに使者の派遣を決定した。さらに使者の人選においては、蹇義がその地の言語に通じるのを理由に伏伯安を推薦すると、今度は夏原吉がこれに反対し、楊士奇も「伏、穢行ありて学識なし。これを遣わせば必ずや国を辱しむ」とし、蹇義の提案は却下された、という。国家の大事であった安南の処置を巡っての功臣張輔と外廷官僚の代表ともいうべき吏部・戸部両尚書の意見は、楊栄・楊士奇の近侍によっていとも簡単に覆され、さらに派遣する使者の人選においての蹇義の提案も彼らに一蹴されているのである。ここに当時の政策決定の実態を窺うことは容易で、近侍の存在の大きさを認識し、さらに蹇義は吏部尚書でありながら、人材の評価と選抜という、最も本幹に関わるところでさえも、発言力を持ちえない状況に置かれていたことを確認することになる。

近侍はまさに後代の内閣と呼ばれるに相応しいまでに成長し、吏部尚書は官制のうえでは最高官職でありながら、実際的な重要政策の決定においてはこれを凌ぐ存在を戴くことになった。当時、蹇義が少師で、楊士奇の少傅、楊栄の太子少傅と比して上位に位置づけられてはいるものの、この三公三孤について常に蹇義が先行する形で授与されたのは近侍に授与するに際しての抵抗を排除するための環境整備であったことをみるとき、その差は意味を持つものではなくなってくる。このような近侍優位の状況が整いつつあるなかで宣徳帝の巡辺が挙行され、その帰還を機に蹇義の吏部尚書からの実質的退任が決定された。時に宣徳三年一〇月のことであった[74]。

また巡辺に従い、すでにして還る。公の年老を以て、煩わせるに有司の務を以てするを欲せず。勅を賜いて曰く、卿、祖宗に事えて効を積み、誠に勤む。朕、嗣統以来もっとも賛輔に資し、夙夜在念して、始終を善くせんと図る。蓋うに、卿の春秋高きを以てなお劇司を典らしむるは、優老待賢の礼の当たるところにあらず。況んや師保の重きは寅亮を職となし、庶政に煩わせず。すなわち倚毘に副いて吏部の務を輟め、朝夕、朕の左右に在りて、相いともに至理を討論し、共に邦家を寧ずべし。それ精神を専らに思慮を審らかにし、益す嘉猷を致し、もって老成に眷倚するの意に称わんことを[75]。

ここに蹇義の永楽即位の年からの吏部尚書の時代は終わりを告げる。

おわりに

蹇義を評して［士奇「墓志銘」］は、

公の人となり、沈深にして質実、和厚にして簡静、内に孝友の行あり。君に事えて誠あり、人を処して量あり。

払逆するところなく、いまだ嘗て軽がるしく渉りて一語として物を傷けず。法を議するに至りては、また苟くも包含を為さずして、必ずや中正に帰す。(76)

さらに続けて、

魯粛簡の忠実にして欺かず、李文正の人を傷つけ物を害せず、張忠定の玩好を飾らず、傅献簡の人を遇するに誠を以てし、范忠文の城府を設けざるは、公、蓋し兼ねてこれあり。(77)

という。これによれば、蹇義その人は、なにより誠実で、他人と争い傷つけることもなく、対人関係きわめてよく、中正を旨としたということになる。同時代に、東宮監国をも含めて官僚人生の大半をともに過ごした楊士奇の、それも墓志銘における評価である故に、いささか割り引いてみる必要はあるだろうが、おおむねこのような人物であったと考えてよい。これはそのまま彼の政治姿勢、すなわち現状をまずは是認し、その枠内で平穏裡に事柄を処理しようとするところに現れているからである。ただ、このような性向は逆にみれば、自己をも含めて周辺の混乱を回避すること、そのため自己主張は極力抑えることに通じ、彼がすぐれて調整型の人物であったことを意味する。次のような例もある。永楽帝の求めに応じて、信任厚かった頃の解縉が蹇義を「その資は厚重なるも、而れどもうちに定見なし」と評し、これを書き残したものをのちに目にした洪熙帝が「人は率ね縉を狂士と謂うも、縉、狂士にあらず。さきに論ずるところ皆、定見なり」としたというし、(78)さらに、

義、原吉に視べてもっとも重厚、郡守を慎択し、考察は明恕にして、号して職に称うとなす。然れども敢えて専断せず、顧問を承るごとに、両端を持して、人主をして自ら択ばしむ。楊士奇、帝前に義を詰りて曰く、何ぞ過ぎて慮るや、と。義、応えて曰く、鹵莽、後憂となるを恐れるのみ、と。帝、笑いて曰く、二卿の言、皆、是なり、と。(79)

という。これらによれば、蹇義は単に調整型の域を越えて、自己抑制と慎重さのあまりに両論併記で決裁を避ける傾向があったことになる。これは政策決定に携わる官僚への評価としては問題の多いところではある。しかしながら、「定見なし」「両端を持す」「過ぎて慮る」と評されても、あえて自己を主張しないことで直接的に現状に混乱を起こさないことにこそ、蹇義は自らの存在価値を見出していたとみるべきではないだろうか。蹇義は楊栄から非難を受けた折に、これは思惑によるものではなく、大臣たるものはこのようであって当然で、今後に彼を謗るものがあっても慎重に対処するようにと、宣徳帝に対してかえって楊栄を弁護する言辞を並べたというが(80)、これなど蹇義そのものといえる逸話なのである。

官僚がその地位にある時、「〜としてなにをなすか」が問われることが多いが、逆に「〜である」ことに意味を持つこともありうる。蹇義はまさにその典型的存在といえるであろう。永楽政権の成立時、官界に不安感が渦巻くなかでの吏部尚書への抜擢、そこに求められたのはなにより安定であったし、その後に永楽帝の北巡が開始されると北京官僚群と南京官僚群との競合関係、洪熙帝が即位すると永楽扈従者と東宮輔導官との微妙な関係と、蹇義の眼前で展開される事態は、いずれかに傾く強引な処置ではなく、たくみな調整によってこそ推移するものであった。その意味では、蹇義が吏部尚書であったことの意味は大きい。

さらに、近侍の問題である。正規の官僚体制からいえば、翰林官に過ぎない彼らが政治に関与することは、もとより認められるものではないし、それに最も厳しく制御をかけるべきなのは六部尚書、なかでも吏部尚書であるべきである。それが実際には、政治運営の主体はあくまでも外廷官僚、とくに蹇義・夏原吉の両尚書にあると装われるなかで、近侍は着々と翰林院ないし詹事府官としての地位を上昇させ、それにつれて政治への発言力を高め、さらには名目的とはいえ尚書等の地位を得ていった。このような動きに蹇義が敢然と異を唱えた形跡は皆無で、逆に唯々諾々と永楽帝の意向に従ったとさえいえる。洪煕帝のもとで三公三孤が置かれるにおよんで、常に蹇義が最も高い地位を与えられ、それにつれて近侍にも師傅の職が与えられ、これをして彼らがより発言力を高めたのをみれば、いかに彼の存在が近侍の成長に与かって力があったかが分かろう。蹇義が吏部尚書であったこと、さらにすぐれて現実を容認し、混乱を回避しようとする調整型の人物であったことが、ここでは最大限に生かされているのである。明朝内閣制の形成について、従来は本論でいう近侍に主点が置かれ、彼らの地位、さらに言動を軸に検討されてきたが、ここにみるようなそれを許した周囲の状況にも目を向けなければならない。そうしてこそ、官制上では認められない存在が、内閣として政治運営の主導権を行使しうるまでになったことが理解できるのである。

蹇義が吏部尚書であったのは三〇年を越える。しかし、実質的には永楽北巡時の一時期は減算しなければならないし、また時代が進み近侍の勢力が大きくなるにつれて、吏部尚書ではあるものの、外廷官僚の最高職としての存在感は減少していったというべきである。宣徳三年一〇月に名目は残して実質的に蹇義の退任が決定されたのは、もはや近侍を遮蔽する存在を必要としなくなったからであった。後任に左侍郎であった郭璡の昇格が議論されるが、その際に楊士奇が「吏部尚書、才学ともに優れる者にあらざれば、以てこれに当たるに足らず」[81]とし、また「宜しく大臣の経術に通じ今古を知る者を妙択すべし」[82]と、それに反対し、彼以外に人材を求めるよう進言したという。結果的には、半年後に郭璡が尚書に就任することになるが[83]、ここに後代の内閣による吏部尚書をはじめとする官僚人事への巧みな介入の原点を認めなければならない。その意味でいえば、この尚書交代はただに蹇義の長きにわたる吏部尚書時代の終焉ではなく、近侍がまさに内閣と呼ばれるに相応しいまでに位置づけを与えられた象徴的事象であったのである。「璡、六卿に長たるといえども、然れども望軽く、また政は内閣に帰す」[84]との徐乾学の言葉は、まさに正鵠を射たものといえる。

最後に尚書退任後の蹇義であるが、「忠厚寛弘」の銀印、また邸宅を賜与されるなど厚遇を受け、正統帝即位の五日後に死亡した。享年七三歳、謚は忠定、吏部尚書の名号はもとのままに、特進光禄大夫・太師を贈られ、故郷である四川巴県に葬られた[85]。臨終に際して正統帝に残した最後の言葉が「惟だ洪武の成憲を敬守し、始終渝えざるのみ[86]」とあるのは、ただに祖訓の遵守をいうのではなく、宰相の出現を厳しく禁じた洪武帝の意向を想起するなかで、近侍の成長を容認し、それに利用された自身への反省が込められていたとみるのは、穿ち過ぎではないだろう。

注

（1）『続蔵書』巻八「蹇義伝」。
公孝友質実、和厚簡静、処人有量、未嘗一語傷物。歴事六朝凡五十年、貴而能謙、富而能約。上前所言、未嘗退以語人、在吏部、尤慎択郡守、考察明恕、不苛不縦。公子英・荃皆尚宝司丞。長陵即位之歳、至成化帝丁亥、凡六十六年、吏部尚書四人。公及郭公両王公、而何公協佐者不与焉。自後至正徳終五十四年、凡吏十八人、而尹公最久十四年。

（2）楊栄「故栄禄大夫少師兼吏部尚書贈特進光禄大夫太師謚忠定蹇公神道碑銘」（『文敏集』巻一八）。
起自魏科、寓跡鳳池、擢弐天官、銓衡攸司。紀元永楽、為天官卿、継兼宮僚、荐荷寵栄。洪熙更化、倚注尤厚、進秩三孤、厥績斯茂、及宣徳、寵優旧臣、不煩以政、左右日親。嘉謀嘉猷、夙夕入告、務底裨益。

（3）『皇明名臣言行録新編』巻三「蹇義　忠定公（尹直撰賛）」。
文皇御極、簡任旧臣洵美。忠定沈静温醇、日備顧対、時出咨詢。掌銓輔儲、惟慎惟寅。歴事四聖凡三十春、所履坦坦、寵眷無倫。我懐先哲唐室玄齢。

（4）各書の「蹇義伝」の所載は次の通り。『明史列伝』巻二六・『続蔵書』巻八・『明分省人物考』巻一〇八・『明史』巻一四九、列伝三七。

（5）〔士奇「墓志銘」〕。

蹇氏世家重慶之巴県。宋以来多顕仕、自公高曾而下、始隠居不出。曾祖継祖妣至氏、祖均寿妣雍氏、考源斌妣胡氏、継羅氏。以公貴贈曾祖祖考、皆栄禄大夫少師吏部尚書、曾祖妣祖妣妣皆夫人。

なお、［士奇「墓志銘」］は『国朝献徴録』巻二四、『明文衡』巻八六に採録されているが、全般的に誤字・脱字が多く利用に適さない。ただ、右掲史料の「曾祖継祖妣至氏」について『明文衡』が「牟氏」とするのは、［栄「神道碑銘」］の表記と合致し、にわかに誤字とは断じえない。

（6）［士奇「墓志銘」］。

公諱義、字宜之。生而岐嶷、長端重、不好弄而嗜学弗懈。始従里社師。中書左丞殷哲時為郡守。一見異之、引充郡学弟子員、語其師曰、是児将来遠到、非吾所及、当成就之。而公不煩程督、日益有進。

（7）［士奇「墓志銘」］。

洪武甲子中四川郷試、明年中礼部会試、廷試賜同進士出身。擢中書舎人、授徴仕郎、見重太祖高皇帝。毎前奏事率称旨、而数見奨賚。

（8）賜名については［栄「神道碑銘」］が詳しい。

初名瑢、字宜之。聞継母喪、請守制。太祖高皇帝因問曰、得。非蹇叔之後乎。公叩首不敢対。帝嘉其篤実、因更名曰義、御書義字賜之。

なお蹇叔については『史記』巻五「秦本紀」に記事がみえる。穆公に招かれた蹇叔は鄭への遠征に反対しながらも、いざ実行に移される時にはこれに従い、将として派遣されるその子西乞術を泣きながら送った。その結果は秦軍の大敗で、捕虜となってのちに帰還した際に、穆公は蹇叔の意見を聞かなかったことを悔やんだという。ここで蹇叔が持ち出されたのは姓が同じだからであるが、それだけではないだろう。ここでは蹇叔の先見性と洞察力、さらに君主への直言と妥協的忠義への評価がまずあり、そのような誇ってもよい歴史的存在を祖先に持つことを指摘されながらも、ことさらに誇らない謙虚さが認められ、その総合的な結果が「義」の賜名となったとみるべきだろう。

（9）［士奇「墓志銘」］。

満三載、吏部奏当調、特命終九載。朝夕左右、凡機密文字、必以付公、而小心敬慎、久而愈篤。

(10)［士奇「墓志銘」］。

建文中、陞吏部右侍郎、授嘉議大夫。

なお［士奇「墓志銘」］［栄「神道碑銘」］はともに建文期の記事を極力簡略化して記述する。これは両者が永楽帝に近侍する立場にあったことによる。ただ、『明史』は「恵帝既即位。推太祖意、超擢吏部右侍郎」とし、『続蔵書』は「建文即位、知太祖欲用、超陞公吏部右侍郎」と、この抜擢は洪武帝の意向を受けたものであったとする。

(11)『明史』「蹇義伝」。

恵帝既即位、推太祖意、超擢吏部右侍郎。是時斉泰・黄子澄当国、外興大師、内改制度。義無所建明、国子博士王紳遺書責之、義不能答。

(12)［士奇「墓志銘」］は「太宗文皇帝入正大統。転左侍郎、数月、陞吏部尚書、授資善大夫」、［栄「神道碑銘」］は「太宗文皇帝入正大統。転左侍郎、陞尚書」と事実指摘にとどめるのに対して、『明史』は「燕師入、迎付。遷左侍郎、数月、進尚書」さらに『明史列伝』は「燕師入、率先迎付」と蹇義が積極的に永楽政権に参加したとする。なお、夏原吉については「或執原吉以献、帝釈之。転左侍郎」（『明史』巻一四九、「夏原吉伝」）とあるように、永楽側に拘束されて後の政権参加であったという。

(13)『明史列伝』。

或言、原吉建文時用事、不可信。成祖曰、原吉忠義於太祖、以及建文。独不忠朕耶。

(14)［士奇「墓誌銘」］。

小人有譖公不忘建文者。

(15)『太宗実録』巻一一、洪武三五年八月丙寅。

上於宮中、得建文時群臣所上封事千余通。披覧一二、有干犯者。命翰林院侍読解縉等徧閲、関係軍馬銭糧数目、則留、余有干犯者、悉焚之。既而従容問解縉等曰、爾等宜皆有之。衆稽首未対。修撰李貫進曰、臣実無之。上曰、爾以独無為賢耶。食其禄則思任、其事当国家危急之際、在近侍独無一言可乎。朕非悪夫尽心於建文者、但悪導誘建文、壊祖法乱政経耳。爾等前日事彼、則忠於彼、今日事朕、当忠於朕。不必曲自遮蔽也。

永楽帝は即位した直後に洪武年号を復活させる。いまは『太宗実録』の記載に従う。

(16)［士奇「墓誌銘」］。

時、政令制度有非洪武之旧者。詔悉復之。公従容為上言、損益貴適時宜。間挙数事、陳説本末。文皇帝以公忠実、悉従其言。

(17)『明分省人物考』「蹇義伝」。

壬午、成祖入正大統。同夏原吉等皆被寵眷。首言建文中、凡中外大小衙門有創革、陞降官員額数有増減者及所更改文武散官并考満等例、並合遜復旧制。上曰如関軍民利害、可因時損益、既於利害無所関渉、何用更改。俱還改。復一日、上視朝、以建文多改旧制。顧侍臣嘆曰、如軍臣散官一事、前代沿襲已久。何関利害、亦欲改易。且陵土未乾、何忍紛紛為此。於是天顔愴然変色、既又曰、凡開創之主、其経歴多謀慮深。毎作一事、必籌度数日乃行、亦欲子孫世守之故。詩書所載、前王之善必曰、不愆不忘、率由旧章（『詩経』「大雅」）。於警戒後世、必曰、率乃祖攸行（『書経』「太甲上」）、曰、監於先王成憲（『書経』「説命下」）。此皆老成之言。後世軽佻諂諛之徒、立心不端、以其私智小見倒壊、導嗣君改易祖法。嗣君不明以為能、而寵任之、徇小人之邪謀、至於、国弊民叛、而喪其社稷者有之矣。豈可不以為戒。改義左侍郎、尋陞吏部尚書。時政令制度有非洪武之旧者、詔悉復之、公従容為上言。鑑成憲者、豈無因革反乱政者。自有経権損益貴適時宜、間挙数事、陳説本末。成祖以公忠実、悉従其言。（出典については筆者註）

(18)『太宗実録』巻一〇上、洪武三五年七月壬午朔。

建文以来、祖宗成法有更改者、仍復旧制。

(19)『太宗実録』巻一〇下、洪武三五年七月丙午。

以吏部言在京諸司闕官、召陝西布政司右参政戚存心・四川左参政孫伯堅・江西右参議戚遜・浙江右参議余彦誠・陝西按察使師逵・副使王平・僉事朱逢彦・浙江按察僉事袁復・襄陽府知府陳禎・杭州府知府虞謙及出使按察僉事馬京・前兵部侍郎盧淵、赴京。

（20）『太宗実録』巻一〇下、洪武三五年七月己酉。

陞戸科給事中梁成為本科都給事中、擢監生荘亶・何准・謝朝錫・傅善倶為試給事中。亶任兵科、准・朝錫倶刑科、善工科。擢神策衛知事羅文貴・陸悦・龍江右衛知事柴履及監生唐友成・陳夷・鍾永用・黄礼・楊善安・徐倹・王敏・張潜・呉誾・沈懋・胡亨・李敏為監察御史。

（21）『太宗実録』巻一一、洪武三五年八月壬戌。

改浙江按察僉事袁復為大理寺左寺丞、以江西右参議戚遜為右寺丞。時遜以罪当降、而兵部尚書茹瑺言其才可用、故有是命。

（22）『太宗実録』巻二三、永楽元年九月辛巳。

勅吏部臣曰、朕以藐躬嗣承大統、図惟求賢、以資治理。……其令内外諸司於群臣百姓之中、各挙所知。或堪重任、而沈滞下僚、或可剸繁、而優游散地、或抱道懐才、隠居田里、以名聞。毋媢嫉蔽賢、毋循私濫挙。

（23）［士奇「墓誌銘」］。

有除官不得善地、訴公不公者、上皆斥之。

（24）『太宗実録』から考満の記事をあげれば、以下の通り。府県学教授・塩課提挙司（巻一四、洪武三五年一一月甲辰）、欽天監官（巻一五、同年一二月丁巳）、太僕寺・太常寺等官（巻二一、永楽元年七月戊寅）。

（25）『太宗実録』巻三二、永楽二年六月己丑。

吏部尚書兼詹事府（詹事）蹇義等言。在京各衙門原有定額。近因事煩、額外添設、不無冗員。宜令各衙門、依定制、選留余、送部別用。在外大小衙門官亦有多設。宜令所隷上司厳行考覈。其罷軟不勝及老疾貪墨者、悉送赴部。今年所取進士、諸司無欠銓注。各王府教授伴読多欠、擬於第三甲内選用、仍令食進士八品之禄、第二甲第三甲擬量留七十員、分隷諸司観政、遇欠取用。余悉遣帰進学。凡冠帯挙人亦令帰進学、以待後科会試。諸司歴事監生、例応三月後授官。近因少欠、有一年未授者。而内府弁事監生、止是謄写奏本・査理文冊・積算数目、別無政務。比内官監奏准半歳授官、而歴事監生有政務者授官及遅。今後宜令有司、内府弁事監生月日満日、定例給賞。仍令回監進学、依次歴事出身。上皆従之。

なお、蹇義の上奏文は『経世文編』巻一四に二篇が所載されるが、ここに掲げたものはその一篇で「銓官事宜疏」と題される。

（26）［士奇「墓志銘」］はこの時の状態を次のように記録する。
七年、車駕巡守北京。命皇太子監国、中外庶務、惟諸王及遠夷有奏請、詣行在、余悉啓聞処分。公熟于典故、達於政体、孜孜無倦、不動声色、而事頼以済。賜誥、以其官秩封贈二代。

なお、蹇義とともに称される戸部尚書夏原吉は当時、北巡に扈従し、親征時には「太孫の北京に留守するを輔け、行在九卿の事を総べる」（『明史』「夏原吉伝」）と皇長孫（のちに皇太子、宣徳帝）を輔佐し、北京行在の庶務を統括した。永楽帝の信頼の高さは「時に旧臣の親用せられし者は、戸部尚書夏原吉と義、名を斉しくし、中外称して蹇夏という」（『明史』「蹇義伝」）とあることに確認される。また永楽九年九月にはそろって考満を迎え、顕彰を受けて復職再任を命じられている。（『太宗実録』巻一一九、己巳）

（27）『太宗実録』巻一五六、永楽一二年閏九月甲辰。
先是、上以皇太子所遣使迎車駕緩、且奏書失辞、曰此輔導者之不職。遂徴右春坊大学士兼翰林院侍読黄淮等。是日淮先至行在。六部都察院大理寺通政司交奏其罪、遂下獄。後二日左春坊左諭徳兼翰林院侍講楊士奇及司経局正字金問至。上曰、楊士奇姑宥之。朕未嘗識金問何以得侍東宮。命法司鞫之。已而召士奇至前、親問東宮事。士奇叩首言、殿下孝敬誠至。凡所稽違、皆臣等之罪。上悦而罷。於是、行在六部都察院大理寺通政司十三道監察御史交章奏士奇罪、不宜独宥。乃下錦衣衛、頌繋之。未幾、特宥復職。遂徴司経局洗馬楊溥・芮善相継下獄、皆以金問辞連之也。（「遂徴右春坊大学士」は原文では「在春坊大学士」となっているが、校勘記に従い改める）
この「解職赴京」のことは楊士奇「北京紀行録」（『東里続集』巻四八）に詳しい。それによれば、八月末に召喚の勅を受けた蹇義・楊士奇・黄淮・金問の四人は、九月四日に南京を出発したが、一七日、済寧を過ぎたあたりで勅が届き、蹇義は途中で引き返したことが分かる。なお「北京紀行録」は干支ではなく日数で記録するが、閏九月とすべきところを「閏十月」

と誤る。また日付は細かな点で『太宗実録』の記事と合致しないところがある。

(28)『太宗実録』巻八八、永楽七年二月丙子。
礼部議奏皇太子留守事宜。一、常朝於午門左門視事。……一、在京文武衙門、凡有内外軍機及王府切要事務、悉奏請処分。……一、凡遇万寿聖節・正旦・冬至、先期、皇太子率文武百官於文華殿前拝、進表文。……一、凡遇享太廟於社稷風雲雷雨山川之神、預期勅皇太子摂祭。……一、四夷来朝、循例宴之。……一、京衛軍士冬夏布絹及辺衛軍士冬衣綿花循例給賞。其有折賞物色、該部定擬、具啓施行。一、文選在京六部・都察院・翰林院・太医院・欽天監堂上官、尚宝司・通政司・大理寺・太常寺・光禄寺・鴻臚寺・国子監堂上官掌印官、六科給事中并在外布政司・王府長史有闕、吏部奏請擢用。其考満黜陟復職改用等項常選官員倶循例具啓銓注。……一、内外文武大小官員有犯所司具啓准問者、准問之。……一、法司問擬罪人合決死罪者、奏請待報。……上覧畢、悉従之。

(29) 前注(26)参照。

(30)『太宗実録』巻一八六、永楽一五年三月丁亥朔。
上将巡狩北京。命礼部定東宮留守事。一、常朝於文華殿視事、其左右侍衛及在京各衙門官員人等啓事、皆如常儀。其在外文武衙門合奏事、具奏待報而行。一、近侍官内使伝令旨処分事者、所司行之。仍具実奏聞。一、凡摂祭天地及享太廟・祭社稷風雲雷雨山川之神、如期。……一、内外文武大小官員倶従行在吏部・兵部奏請、銓選。……一、皇親及軍職王府護衛指揮長史等官、並各処土官有犯、倶奏請収問。其在京文職官有犯堂上官、奏聞待報、五品以下、具啓収問。在外文職官員有犯方面及四品以上官、所司奏聞収問、五品以下者、具啓問之。余従永楽七年巡狩所定事宜。

なお、これらの「留守事宜」及び北京遷都に関しては、近年、新宮学氏によって精力的な研究が進められている。「北京巡守与南京監国－永楽遷都的歴史奇跡－」(『北京師範大学学報』社会科学版一九九五年増刊、一九九六年)「初期明朝政権の建都問題について－洪武二十四年皇太子の陝西派遣をめぐって－」(『東方学』九四輯、一九九七年)「北京遷都研究序説(一)」(『山形大学史学論集』一九号、一九九九年)。

(31)『太宗実録』巻一九八、永楽一六年三月甲戌。

行在吏部言、各処布政司・按察司官多欠。上曰、布政司・按察司即古方岳之臣。方数千里之地民生吏治懸諸数人之手。得人、則民安而政理、不得人、則民不安政不理。其任匪軽。今廷臣中有賢能者、可選用之。

また『同』巻二〇七、同年一二月丁酉には、交阯布政司所属の府州県官の考満赴京の規定が行在吏部によって議せられている。なお当時、行在吏部に尚書は置かれていない。

（32）『太宗実録』巻二二九、永楽一八年九月己巳。

北京宮殿将成。行在欽点監言、明年正月初一日上吉、宜御新殿受朝。遂遣戸部尚書夏原吉齎勅、召皇太子。令道途従容而行、期十二月終至北京。原吉陛辞、賜鈔二百錠。

（33）『太宗実録』巻二三一、永楽一八年一一月乙亥。

遣官齎勅、召皇太孫。期十二月終、随皇太子至北京。

（34）『太宗実録』巻二三〇、永楽一八年一〇月丙辰に、途上での皇太子と楊士奇の対話が記録される。

是日、皇太子過滁州。登瑯琊山、指示楊士奇曰、此酔翁亭故址也。因歎欧陽脩立朝正言不易得。今人知愛其文、而知其忠者矣。

（35）［士奇「墓志銘」］は「皇太子に従いて北京に朝す」とし『明分省人物考』も同様であるが、［栄「神道碑銘」］のみが「（永楽）辛丑（正しくは庚子）、皇太子赴北京。留公輔導皇太孫。尋侍従至北京」と皇太孫と行動を共にしたことを記録する。ただし、皇太孫一行は途中で皇太子に追いつき、北京到着は両者揃ってのことになる。

『太宗実録』巻二三二、永楽一八年一二月己未。

皇太子及皇太孫至北京。

（36）『明史列伝』「蹇義伝」

十九年、三殿災。勅廷臣二十六人巡行天下。義及給事中馬俊分巡応天諸府、問軍民疾苦。黜陟文武長吏、尽法縄吏、人将不勝。斥太甚者数人、余多寛仮。条興革数十事、奏行之。還治部事如故。

史料文中にある「興革数十事」は、『太宗実録』には記載がないが、『経世文編』巻一四に所載される二篇のうちの一篇

「上言十事疏」がこれに当たると考えられる。

(37) [士奇「墓志銘」] は三殿火災のことには一切触れずに、

遂命公巡撫直隷応天等府州、問兵民休戚及文武吏之賢否、而升黜之。公謂国家多事之際、悉以法縄吏、人将不勝。特出其太甚者数人、余多見寛仮。而兵民利弊当建革者、具奏行之。

と、天下巡行のことのみを記録する。なお、[栄「神道碑銘」] にこの記事はない。

(38) 『太宗実録』巻二三六、永楽一八年四月癸丑。

勅吏部尚書兼詹事府詹事蹇義等二十六人、巡行天下、安撫軍民。……命義及給事中馬俊往直隷応天等府州。尚書金純・給事中万紹祖往四川。都御史王彰・給事中王励往河南。都御史劉観・給事中李瑒往陝西。副都御史虞謙・給事中許能往浙江。侍郎郭進・給事中章雲往江西。侍郎楊勉・給事中徐和往福建。侍郎郭敦・給事中陶衎往順天等府州。侍郎李昶・給事中劉渙往山東。太常寺少卿周訥・給事中劉蓋往湖広。大理寺丞郭瑄・給事中艾広往広東。大理寺丞孫時・給事中蕭奇往山西。通政司参議朱侃・給事中楊泰往広西。

(39) 『太宗実録』巻二四八、永楽二〇年九月丙寅。

下礼部尚書呂震・吏部尚書兼詹事府詹事蹇義錦衣衛、頌繋。蓋以鴻臚寺序班言、震之壻戸部主事張鶴朝参失儀、皇太子以震故、曲宥之、而義在側不言故也。

(40) [士奇「墓志銘」] [栄「神道碑銘」] はともにこのことに触れない。なお楊士奇も下獄したことをいうのは、『続蔵書』のみである。

(41) 永楽八年の親征帰還時は北京到着（七月壬午一七日）の八日前に、龍門にて兵部尚書金忠等が迎接し袍服を持参したのに対して、一二年の帰還時は北京到着（八月辛丑朔）の一一日前に興和にて少監が袍服を持参し、二日前に沙河に兵部尚書金忠等が迎接している。（『太宗実録』巻一〇六、永楽八年七月甲戌・庚辰、及び『同』巻一五三、永楽一二年七月庚寅・己亥）

(42) 前注（12）所掲の『太宗実録』参照。なお楊士奇「北京紀行録」には事態がより詳しい。

（閏九月）初二日、晴。食後、至文明門入城、赴鴻臚寺報名。初三日、晴。早入見。余奉恩旨釈免。公素（詹事府正字金問）送錦衣衛。是日午、上御棕殿、召臣士奇至榻前、天顔穆霽、聖訓諄懇。臣士奇恭謝稽首。時礼部尚書呂震・翰林学士胡広・侍講楊栄・金幼孜皆在。晩遂同退、余赴鴻臚寺報名、翰林諸公来会。初四日、晴。入謝恩。六部・都察院・大理寺・通政司・十三道監察御史交章劾奏、余宜正国典、不可以独宥。被収。十月廿五日、錦衣衛都指揮紀綱伝奉恩旨、釈免復職還南京。赴鴻臚寺報名。廿六日、晴。早謝恩。

なお、先に指摘したように「北京紀行録」は閏九月を「閏十月」と誤る。

（43）［士奇「墓志銘」］。

仁宗皇帝初嗣位、一切政議預者三四人、而公居首。

（44）明朝内閣制の成立について述べるものは、概説的な紹介を含めて数多い。邦文の代表的なものとしては、栗林宣夫「明初の内閣について」（『東洋史学論集』一号、一九五三年）、山本隆義「明代内閣制度の成立と発展」（『東方学』二一輯、一九六一年）、同「明代の内閣―特にその職掌と制度、及び閣臣の出自について」（『東洋史研究』二〇巻二号、一九六一年。『中国政治制度の研究―内閣制度の起源と発展―』東洋史研究叢刊一八、一九六八年、所収）。

（45）『太宗実録』巻三四、永楽二年九月庚申。

上御右順門、召翰林学士解縉・侍読黄淮・胡広・胡儼・侍講楊栄・楊士奇・金幼孜、諭之曰、朕即位以来、爾七人、朝夕相与共事、鮮離左右。朕嘉爾恭慎不懈、故在宮中亦屡言之。然恒情保初易、保終難。朕故常存於心、爾等亦宜謹終如始。庶幾君臣保全之美。縉等叩首言、陛下不以臣浅陋、過垂信任、致不勉励図報。上喜。皆賜五品公服。又曰、皇后数言欲召見爾七人命婦。其令即赴柔儀髪見。是日、縉等之妻入見中宮、訓労備至、皆賜五品冠服及鈔幣表裏。（「宜謹終如始」は原文では「宜謹終於始」となっているが、校勘記に従い改める）

（46）『太宗実録』巻三七、永楽二年一二月甲午。

上御奉天殿、文武群臣行賀礼、賜宴。賜六部尚書・侍郎金織文綺衣各一襲。特賜翰林学士解縉・侍読黄淮・胡広（本文脱落）・侍講楊栄・楊士奇・金幼孜衣与尚書同。縉等入謝。上曰、朕於卿等非偏厚。代言之司機密所寓。況卿六人旦夕在朕左右、勤労助益、不在尚書下。故於賜賚、必求称其事功、何拘品級。又曰、朕皇考初制、翰林長官品級与尚書同。卿

等但尽心職任。孔子曰、云君使臣以礼、臣事君以忠、君臣各尽其道耳。縉等稽首而退。（「勤労助益」は原文では「勤労勤益」となっているが、校勘記に従い改める）

（47）江錬「故少師工部尚書兼謹身殿大学士贈特進光禄大夫左柱国太師謚文敏楊公行実」（楊栄『文敏集付録』）。

明年（永楽二年）秋九月庚申、太宗皇帝顧之曰、朕即位以来、爾朝夕在左右、敬慎弗懈。然恒情保初易、保終難。朕固常思保全之道、爾亦宜益謹厥終。庶両尽其美。公対曰、陛下不以臣愚陋、特加委任、敢不勉図報称。太宗皇帝大悦、賜象笏幞頭公服。尋賜二品金織紵糸衣。公入謝且言、恩礼太過。太宗皇帝曰、卿在朕左右、機務所属、賛翼之功、不在尚書下。故特賜二品服、以示旌異、豈為過哉。……乙酉春正月至秋九月、時召公評議諸司事宜、以奏対称旨、賜二品金織紗羅衣及鈔幣。

（48）『太宗実録』巻七三、永楽五年一一月癸丑。

陞右春坊右庶子兼翰林院侍読胡広為翰林院学士兼左春坊大学士、庶子兼翰林院侍読黄淮為左春坊大学士仍兼侍読、右春坊右諭徳兼翰林院侍読楊栄為右春坊右庶子、翰林院侍講兼左春坊左中允楊士奇為左春坊左諭徳、翰林院侍講金幼孜為右春坊右諭徳。栄・士奇・幼孜皆仍兼侍講。翰林院侍講鄒緝兼左春坊左中允、修撰曾棨・林環皆陞侍講、修撰梁潜兼右春坊右賛善、陞翰林院検討沈度・庶吉士彭汝器・王直・余鼎・玉英・羅汝敬為修撰。仍命吏部臣曰、広等侍朕日久継今、考満勿改外任。

なお、山本「明代内閣制度の成立と発展」は、この外任に改めないことを一例として、「朝廷の直属にして私的な側近」と彼らを規定する。

（49）前注（44）、栗林「明初の内閣について」。

（50）王其榘『明代内閣制度史』（中華書局、一九八九年）は、丹念に内閣制度の形成過程を追うが、そのなかで永楽期の彼らはあくまでも翰林官としての「代言の司」であったとする。

（51）「御書閣頌」（『東里続集』巻四四）。

臣士奇自布衣被召、太宗皇帝入継大統、首擢翰林編修。初建内閣於奉天門内、簡任翰林之臣七人、其中所職代言、属時更新、凡制詔命令誡勅之文日夥、而礼典庶政之議及事之関機密者咸属焉。車屢賜臨幸、七人恒早朝、退即趨閣、治職事。莫乃出七人者、士奇与焉。……永楽七年、車駕将巛北京、命皇太子監国。簡留文臣四人輔導。其両人出内閣、士奇与焉。……未幾四人者、其半有事去、始終在侍両人、士奇与焉。……仁皇嘗指両人、諭群臣、此吾左右臂也。

（52）また、楊士奇「故少師工部尚書兼謹身殿大学士贈特進光禄大夫左柱国太師謚文敏楊公墓誌銘」（『東里続集』巻三六）には、近侍の政治への参与が次のように表現される。

明年（永楽二年）七人皆賜二品金織衣。且労之曰、天下事咸朕与若等同計、非若六卿之分理也。

（53）前注（51）参照。

（54）『明史』巻一四九「蹇義伝」。

帝巡北京、命輔皇太子監国。義熟典故、達治体、軍国事皆倚辦。……数奉命兼理他部事、職務塡委、処之裕如。

『明史』巻一四九「夏原吉伝」。

帝北巡、命兼摂行在礼部・兵部・都察院事。……八年、帝北征、輔太孫留守北京、総行在九卿事。……北達行在、南啓監国、京師粛然。

（55）「故少師工部尚書兼謹身殿大学士贈特進光禄大夫左柱国太師謚文敏楊公墓誌銘」（『東里続集』巻三六）。

一日上従容坐帳殿、諭公二人曰、東宮監国久、熟政務。此帰悉付以天下事、吾惟優游莫年。二公共対曰、皇太子孝友仁厚、天下属心。允称陛下付託。上悦。師次楡木川、上不予、既上賓。凡沐浴・襲奠・飯含・棺歛一切之礼、悉出二公、衆遂推公、先馳帰報。既至、同尚書蹇公等議喪礼。遂議即位礼、仁宗皇帝嗣位。

（56）『仁宗実録』巻一下、永楽二二年八月己未（乙未とあるは誤り）。

置太師・太傅・太保階正一品、少師・少傅・少保階従一品。上諭吏部尚書蹇義曰、此皇祖之制也。皇考聖明、天縦可不置此官。予歴事未広、不無望於傅保。卿等勉之。遂命義為少保仍兼吏部尚書。二俸倶給。義頓首曰、此非愚臣所克勝。惟犬馬之誠不敢不尽。加英国公張輔太師。二俸倶給。陞文淵閣大学士兼翰林院学士楊栄為太常寺卿。金幼孜為戸部右侍郎、倶仍兼前職。左春坊大学士楊士奇為礼部左侍郎兼華蓋殿大学士。陞前右春坊大学士兼翰林院侍読黄淮為通政使司通

政使兼武英殿大学士。栄・幼孜・士奇・淮倶掌内制、不預所陞職務。（「卿等勉之」は原文では「卿等免之」、「華蓋殿大学士」は原文では「華蓋大学士」となっているが、校勘記に従い改める）

（57）『仁宗実録』巻二下、永楽二二年九月丁酉。

進少保兼吏部尚書蹇義為少傅。礼部左侍郎兼華蓋殿大学士楊士奇為少保、倶兼職如故。太常寺卿兼文淵閣大学士兼翰林院学士楊栄為太子少傅、置謹身殿大学士、命兼之。戸部右侍郎兼文淵閣大学士兼翰林院学士金幼孜為太子少保兼武英殿大学士。（「華蓋殿大学士」は原文では「華蓋大学士」、「金幼孜」は原文では「金幼牧」となっているが、校勘記に従い改める）

（58）前注（56）参照。ここで「栄・幼孜・士奇・淮は倶に内制を掌り、陞るところの職務に預らず」とあり、王其榘氏はこれをして品級地位の上昇と俸給のための措置とし、彼らは翰林官で「代言の司」の域を出ないとみる根拠にする。ただ、このようにいうのは近侍はあくまでも近侍で、該当の職務を担当することはないと強調することで、実際に近侍が果たしていた政治的役割をカモフラージュする意図があってのことと理解すべきである。

（59）『仁宗実録』巻二下、永楽二二年九月戊戌。

賜少伝兼吏部尚書蹇義・少保兼華蓋殿大学士楊士奇・太子少傅兼謹身殿大学士楊栄・太子少保兼武英殿大学士金幼孜銀図書各一。其文曰、縄愆糾繆。仍諭曰、卿等皆国家旧臣、祇事先帝二十余年、又事朕於春宮、練達老成。今朕嗣位軍国之務、重須卿等協心賛輔。凡政事有関、或群臣言之、而朕未従、卿等言之、朕有不従、悉用此印、密疏以聞。其毋憚於再三言之。君臣之間、蓋誠相与、庶幾朝無闕政、民無失所、而朕与卿等皆不負祖宗付託之重。義等頓首受。（「嗣位軍国之務」は原文では「嗣伍軍国之務」、「重須卿等協心賛輔」は原文では「重頒卿等協心賛輔」、「祖宗付託之重」は原文では「祖宗付記之重」となっているが、校勘記に従い改める）

（60）「賜印章記」（『東里続集』巻五）。

仁宗皇帝賜印章二。其一範白金、広方寸、文曰縄愆糾謬。蓋臨御之初、召少傅臣蹇義・少保臣楊士奇、至思善門、諭之曰、卿二人、自吾監国時、相輔益甚厚、今不可以薄。但吾有過挙、如未得即見、可具述其故、以此封識進来。賜義与臣、各一章。且各賜小素掲帖百俾述所言。蓋求益於下切也。又召義与臣各賜象牙図書一。臣得楊貞一印、皆有璽書。蓋念其嘗効分寸之労也。宣宗皇帝賜方寸銀章二。……蓋仁宗初、賜臣二人縄愆糾謬章。後数日亦賜夏原吉、臣冒昧進曰、臣与楊栄・金幼孜実同職任。今賜不及二人。幸天恩均之。言且再三、遂賜栄・幼孜同一章。

(61)『仁宗実録』巻四下、永楽二二年一一月丙戌。
進少伝兼吏部尚書蹇義為少師。少保兼華蓋殿大学士楊士奇為少傅。倶兼職如故。太子少傅戸部尚書夏原吉為少保、仍兼原二職。太子少師礼部尚書呂震為太子太保、仍兼礼部尚書。太子賓客都察院左都御史劉観為太子少保、仍兼左都御史。

(62)『仁宗実録』巻五下、永楽二二年一二月甲寅。
工部尚書兼詹事府詹事呉中為太子少保兼工部尚書。倶給二俸。賜原吉縄愆糾謬図書。諭勉之、如蹇義等。

(63)『仁宗実録』巻六下、洪熙元年正月丙子。
加太子少傅兼謹身殿大学士楊栄工部尚書。

陞通政使司通政使兼武英殿大学士黄淮為少保戸部尚書、仍兼武英殿大学士。加少傅兼華蓋殿大学士楊士奇兵部尚書、太子少保兼武英殿大学士金幼孜礼部尚書。倶三俸並支。仍掌内制。

(64)『仁宗実録』巻六下、洪熙元年正月丁丑に、近侍が尚書俸を辞退するのに対して、黄淮・楊士奇はそれを許され、楊栄・金幼孜は許されない記事がみえる。
少傅兵部尚書兼華蓋殿大学士楊士奇、及少保戸部尚書兼武英殿大学士黄淮倶奏辞尚書一俸、従之。太子少傅工部尚書兼謹身殿大学士楊栄・太子少保礼部尚書兼武英殿大学士金幼孜亦各辞尚書一俸。……上曰、朕非有所私。所与三俸其勿固辞。

(65)『仁宗実録』巻四下、永楽二二年一一月丁酉。
少傅兼華蓋殿大学士楊士奇密疏言事。上嘉納之。御勅奨諭曰、覧卿所奏、導朕以仁、助朕以徳、欲朕為唐虞之君。惜俊良、共成王化、此金石之言。誠忠良股肱之臣也。朕朝夕慮卿等以朕尊居宸極、畏有譴責、不肯進言。今覧所奏、朕甚忻喜、足慰于衷。但望卿始終如一、知無不言、以副朕委託之意。共成王道之美、朕深感卿。特賚卿白米十石・綵幣二表・

宝鈔二千貫。実章眷待、非応故事。卿其領之。

（66）『仁宗実録』巻六上、洪熙元年正月己卯。

建弘文閣。先是、上諭大学士楊士奇等曰、卿等各有職務。朕欲別得学行端謹老儒数人、日侍燕間備顧問。可咨訪以聞。士奇等以翰林侍講王進・蘇州儒士陳継対。遂命吏部召継。至是、建弘文閣於思善門。

（67）『仁宗実録』巻八下、洪熙元年三月戊戌。

命諸司在北京者悉加行在二字。復建北京行部及後軍都督府。上時決意復都南京云。（「加行在二字」は原文では「加行二字」、「北京行部及後軍都督府」は原文では「北京刑部及後軍督督府」となっているが、「都督府」を除き、校勘記に従い改める）

（68）『仁宗実録』巻九上、洪熙元年四月甲辰。

勅南京太監王景弘曰、朕以来春還京。今遣官匠人等前来、爾即提督。

『仁宗実録』巻九下、洪熙元年四月甲寅。

上念旧労、賜少師兼吏部尚書蹇義勅曰、曩朕監国之時、卿以先朝旧臣、擢兼詹事、日侍左右。時肇建両京、政務方殷、随事籌画、適中惟難。卿以善翊君、以義殉国、労心焦思、不恤身家。載歴艱虞、未嘗有咨嗟之意。及朕嗣承大統、賛襄治理、用済斯民、喩朕於道、不懈益恭。二十余年、夷険一節、朕篤不忘。茲以己意、創製蹇忠貞印一枚賜。用蔵於家、伝之後世、俾爾子孫知前人顕栄於国者。良不易致、宜加保守。朕之子孫亦知卿弼予於艱、躰朕愛卿之心、以保爾子孫。庶幾上下相安、与国咸休。書曰、惟后非賢不乂、惟賢非后不食。自古君臣相遇難矣。往績惟茂永終是図、欽哉。勅少傅兵部尚書兼華蓋殿大学士楊士奇曰、往者国家肇建両京、政務殷。朕膺監国之命、卿以翰林親臣、兼職春坊、留侍左右、賛助庶務、敷答章奏、籌画之際、適中惟難。朕恒以為慮、尚頼卿一二臣僚、同心合徳、殉国忘身、屢歴艱虞、曾不易志。及朕嗣位以来、嘉謨嘉猷、入告于内期。予于治、以恵黎元、正固無二、簡在朕心。茲以己意創製楊貞一印一枚賜、卿用蔵於家、伝之後世、惟卿子孫、由是知卿克致顕栄不易、惟艱思保守之。惟朕之子孫亦由是知卿弼朕之功、以保全爾子孫、与国咸休、永世無斁。詩曰、無言不酬、無徳不報。又曰、靡不有初鮮克有終、尚克交修以成明良之誉。欽哉。

この「蹇忠貞印」については、楊栄「恭題仁廟勅蹇忠貞巻後」（『文敏集』巻一五）に詳しい。

今少師吏部尚書西蜀蹇公、当仁宗在東宮監国時、以尚書兼詹事之職、悉心輔導、知無不言、夙夜惕厲勤労、所職弗避険艱、始終弗渝。雖古之股肱心膂、以身係国家之重物、亦不過此。由是特蒙眷遇、倚注尤深。暨洪熙改元、益見親任。遂進公以三公三孤之位、賚錫駢蕃、恩寵隆盛。海内縉紳之士、莫不仰望以為誠曠古之奇逢、希世之知遇也。既而仁宗親降勅錫以忠貞図書、褒諭甚至。念及子孫保全、終始恩徳之厚、無以復加。自古君臣相与之為意、罕能及此。何其盛哉。公録此勅、装潢示臣栄、請言以識之。嗟夫鼎湖龍升、雖遺弓堕剣、臣子見之、莫不洒泣。而況聖意之所寓乎。謹頓首拝書。于後且以寓哀感之情於万一焉。公其宝蔵之。

（69）［士奇「墓誌銘」］

宣宗皇帝嗣位、一切政議属公数人、如仁宗之初。

（70）『明史列伝』「蹇義伝」。

宣宗即位、召義原吉嘉労之。

（71）『宣宗実録』巻二〇、宣徳元年八月庚寅。

駐蹕献県之単橋。戸部尚書陳山迎駕。山嘗侍講読、見上首言、漢趙二王実同心。宜乗今席巻之勢、移兵彰徳、趙王就禽、国家可永無虞。上不聴。山退詣尚書夏原吉・蹇義力言、冀両人賛、上必行。上終不聴。

（72）『宣宗実録』巻三二、宣徳二年一〇月癸未。

交阯賊黎利遣人進表及方物。……表曰、安南国先陳王臣暊三世嫡孫陳暠誠惶誠恐、稽首頓首、上言。曩被賊臣黎季犛父子簒弑国主、殺戮臣之一族殆尽。臣暠奔竄老撾、以延残息。今二十年、近者国人聞臣尚存、逼臣還国。……上覧之、以示文武群臣。且諭之曰、昔太祖皇帝初定天下、安南最先四裔朝貢。及賊臣簒弑其主、毒害国人、太宗文皇帝発兵誅之。固求陳氏之後、立之。求之不得。乃郡県其地。後我皇考毎念陳氏無後、形諸慨嘆。数年以来、一方不靖、屢勤王師。朕豈楽於用兵哉。今既陳氏有後矣。其所言与之便乎。抑不与之便乎。群臣皆曰、陛下之心祖宗之心也。且偃兵息民、上合天心。与之便。

『宣宗実録』巻三三、宣徳二年一一月乙酉朔。

命行在礼部左侍郎李琦・工部右侍郎羅汝敬為正使、通政司右通政黄驥・鴻臚寺卿徐永達為副使、齎詔撫諭安南。

（73）『聖諭録』下（『東里別集』巻二）。

宣徳二年十月、黎利遣人進前安南陳王三王嫡孫暠表、乞立為陳氏後、其辞懇惻。上覧之、密示英国公張輔。輔対曰、此不可従。将士労苦数年、然後得之。此表出黎利之譎、当益発兵、誅此賊耳。輔退、乃召尚書蹇義・夏原吉示之。且諭二人曰、何以処之。二人対曰、挙以与之無名。徒示弱於天下。二人退。遂召楊栄及臣士奇、出表示之、且諭以三人所対曰、今日与爾両人決之。栄対曰、永楽中、費数万人命、得此、至今。労者未息、困者未蘇。発兵之説、必不可従。不若因其請而与之、可旋禍為福。上顧問臣云何。対曰、栄言当従。……上曰、汝両人言正合吾意。

宣徳二年十月二十七日、上将赦交阯、命群臣挙奉使者。僉挙上聞已定。明旦、尚書蹇義欲易以伏伯安、衆莫敢異之。士奇私与夏原吉曰、此無籍小人、用之必辱朝廷。公当榻前力主張、蓋時上多主夏言、既而有旨。召衆、皆入。蹇遂奏用伏。上顧問、夏対曰、不可用。蹇曰、伏善言語、非衆所及。臣士奇曰、伏有穢行、而無学識。遣之、必辱国。遂不用。又数日、臣士奇独対、上曰、朕旁詢伏伯安之行、乃貪淫無恥人。蹇何為欲用之。対曰、蹇不過取其能言、然言不当理。雖蛮夷之邦、不能行。且恣其所行、必為蛮夷所鄙。上曰、蹇挙固非衆、何以。皆黙不言。対曰、非比蹇也。蓋亦重其能言。上曰、蹇不尤夏与爾否。対曰、蹇平日和厚無人己心。況於国事。孰敢偏任己見。上喜曰、君子和而不同。是已向因爾言伏之力、故決不用之。朕已知爾心。継今但一志為国、毋憚違衆。士奇叩首言謹遵聖諭。

（74）『宣宗実録』巻四七、宣徳三年一〇月乙酉。

上謂群臣曰、古者師傅之職、論道経邦、寅亮燮理、不煩以有司之政。今少師蹇義・少傅楊士奇・少保夏原吉・太子少傅楊栄、皆先帝簡畀遺朕者。而年俱高、令兼有司之務、非所以礼之。於是、賜勅諭義・士奇・原吉・栄曰、卿等祇事祖宗多歴年、所忠謨讜議、積効勤誠。朕嗣統以来、尤資賛輔、夙夜在念、図善始終。蓋以卿春秋高、尚典繁劇。優老待賢礼、非攸当。況師保之重、寅亮為職、不煩庶政。乃副倚毘、可輟所務、朝夕在朕左右、相与討論至理、共寧邦家。職名俸禄悉如旧。卿其専精神、審思慮、益致嘉猷、用称朕眷注老成之意。欽哉。

（75）［士奇「墓誌銘」］。
復従巡辺、既還。以公年老、不欲煩以有司之務。賜勅曰、卿事祖宗積効勤誠。朕嗣統以来、尤資賛輔、夙夜在念、図善始終。蓋以卿春秋高、尚典劇司、優老待賢礼非攸当。況師保之重、寅亮為職、不煩庶政。乃副倚毘、可輟吏部之務、朝夕在朕左右、相与討論至理、共寧邦家。其専精神、審思慮、益致嘉猷、用称眷倚老成之意。

（76）［士奇「墓誌銘」］。
公為人沈深質実、和厚簡静、内有孝友之行。事君有誠、処人有量。無所払逆、未嘗軽渉一語傷物。至於議法、亦不苟為包含、必帰中正。

（77）［士奇「墓誌銘」］。
士奇嘗窃論之。魯粛簡（原文「簡粛」は誤り）之忠実不欺、李文正之不傷人害物、張忠定之不飾玩好、傅献簡之遇人以誠、范忠文之不設城府、公蓋兼有之矣。

楊士奇による蹇義に対する宋人五人への比定は、蹇義の長子英の蔵修処に寄せた「承訓記」（『東里続集』巻四）にもみえる。観於公之躬行者乎、其敦厚周慎、表裏一致。歴任三十年、謹謹守法、未嘗縦越。蓋其忠実不欺、得之魯粛簡（原文「簡粛」は誤り）、不為傷人害物、得之李文正、至於張忠定之不飭玩好、傅献簡之遇人以誠、范忠文之不設城府、則公兼而有之也。公之躬行如此。

なおここに比定された人物について『宋史』の各伝に基づいて一言しておくと、魯宗道、字は貫之、謚は粛簡、真宗に忠実で偽りを述べないことが評価された。李昉、字は明遠、謚は文正、和厚で思いやり深く、どのような人にも和顔温語で接したという。張詠、字は復之、謚は忠定、剛方自任で任侠心に富み、階層に関わらずに人を遇した。傅堯兪、字は欽之、謚は献簡、伝に「遇人不設城府、人自不忍欺」とあり、范鎮、字は景仁、謚は忠文、伝に「遇人必以誠」とあるように、楊士奇はこれをとり違えている。なお『明史』はこれをそのままに引用する。

義為人、質直孝友、善処僚友間、未嘗一語傷物。士奇常言、張詠之不飾玩好、傅堯兪之遇人以誠、范景仁之不設城府、義兼有之。

（78）楊士奇「前朝列大夫交阯布政司右参議解公墓碣銘」（『東里文集』巻一七）。
太宗嘗与論群臣、御筆書蹇義等十人名、命各疏于下。十人者皆上所信任政事之臣、亦多於公善、而具以実対。於義曰、其資厚重、而中無定見。於夏原吉曰、有徳有量、而不遠小人。於劉儁曰、雖有才幹、不知顧義。於鄭賜曰、可為君子、頗短於才。於李至剛曰、誕而付勢、雖才不端。……既奏上、以授仁宗曰、李至剛 朕洞燭之矣。余徐験之。……後十余年、仁宗出其所奏十人者、示士奇、且諭之曰、人率謂縉狂士、縉非狂士、向所論皆定見也。

（79）『明史列伝』「蹇義伝」。
義視原吉尤重厚、慎択郡守、考察明恕、号為称職。然不敢専断、毎承顧問、持両端、使人主自択。楊士奇於帝前詰義曰、何過慮。義応曰、恐鹵莽為後憂耳。帝笑曰、二卿言皆是。

（80）『続蔵書』巻八「蹇義伝」。
東楊或詆公、語聞上。上不直東楊。公頓首言、栄無他、大臣宜如此。即左右有譏栄者、願陛下慎察。上笑曰、吾不信、偶言及耳。

（81）『続蔵書』巻一五「郭璡伝」。
尚書蹇義輟部事。宣宗欲璡為尚書。大学士楊士奇以為、吏部尚書非才学倶優者、不足以当之。乃不果用。未幾、璡九年秩満、卒陞尚書、典選有方。

（82）『明史列伝』巻二六「郭璡伝」。
郭璡、字時用、初名進、新安人。永楽初、以太学生擢戸部主事、歴官吏部左右侍郎。仁宗即位、命兼詹事府少詹事、更名璡。宣宗初、掌行在詹事府。尚書蹇義老、輟部務、帝欲以璡代。璡厚重勤敏、然寡学術。楊士奇言、恐璡不足当之。宜妙択大臣通経術知今古者。帝乃止。踰年、卒為尚書。……璡雖長六卿、然望軽、又政帰内閣。自布政使至知府闕、聴京官五品以上薦挙、要職選擢、皆不関吏部。

（83）『宣宗実録』巻五三、宣徳四年四月丁亥。
陞行在吏部左侍郎兼少詹事郭璡為本部尚書、罷其兼職。

（84）前注（82）参照。

（85）［楊栄「神道碑銘」］。

庚戌（宣徳五年）春、両朝実録成。賜鞍馬白金文綺。時先朝旧臣、惟公為首、上深眷顧之。嘗賜銀図書、文曰忠厚寛弘。賜甲第于文明門之西北、落成之日、復賜宴器鈔幣。凡節日、遣中官宴賜于家。秩満賜宴礼部、降詔褒諭。及公誕辰賜廐馬鈔幣。今皇帝即位、賜賚特厚。公旧有心疾、至是復作、上屢遣中官及太医院名医往視之、賜羊酒及鈔、以慰勉之。明日疾劇、公泣謂太監范安曰、義起自布衣、荷列聖擢用、無所補報。今皇帝新承大統、又獲効忠、没有遺恨。第自今願率由太祖皇帝旧章、庶幾天下生民受福。復諭諸子孫、和順孝敬、恪遵法度。遂卒。実乙卯正月丁亥也。訃聞。上為悼念、命有司治喪葬、贈特進光禄大夫・太師、尚書如旧。謚忠定。……将以某年某月某日、祔葬郷先塋公之塋。以薨之歳某月日。墓在巴県某郷某原先塋。

なお、賜第については、楊士奇による宣徳七年十月既望記の「承恩堂記」（『東里続集』巻二）がある。

（86）［士奇「墓誌銘」］。

宣徳十年正月十有五日、少師吏部尚書蹇公薨於位。先四日、以疾聞、上遣太監范弘以医来視、賜鈔万緡。明日范太監以衆医偕来。又明日疾革、范復来問所欲言。対曰、陛下初嗣大宝、義独寡祐、不能効分寸裨益。然区区犬馬之誠、所望於聖明者、惟敬守洪武成憲、始終不渝耳。言已而絶。訃聞、上深悼歎、属時国有大事、悉停諸祀、特賜鈔万緡、勅工部治喪塋。贈公特進光禄大夫・太師、謚忠定。遣某官某賜祭。

第四章　成化期における吏部権限縮小論——吏部と内閣——

はじめに

明朝第八代皇帝、成化帝（憲宗朱見深）が即位したのは、天順八年正月のことである。洪武・永楽の創業期から、宣徳の守成期をへて、明朝の支配は揺るぎないものとなっていた。ただ、正統年間の宦官王振による擅権、その象徴的事件といえる土木の変と正統帝（英宗朱祁鎮）の拉致、景泰帝（景帝朱祁鈺）の即位、そして景泰八年における奪門の変による正統帝の復位（天順帝）と、成化帝即位に至るまでには、宦官による政治の壟断、皇帝交代にともなって起こる官僚の派閥化や保身主義など、後の明朝の悪弊の発露がみられる。国内にも国外にも、政権を根本的に揺るがすほどの勢力を持たず、王朝支配の安定を自覚して、それに安住しかねない時代は、ともすれば緊張感に欠け、大事がみえず小事に拘泥し、自己利益の拡大に陥る危険性を持つものである。成化帝の時代は、まさにこのような時代背景のなかで幕を開けたといっていいであろう。

成化帝は、内閣では李賢・彭時・陳文を、六部尚書および都御史についても全員を留任させるなど、天順帝時代をごく自然な形で継承し、ひとまずは安定的な政権交代を果たした。しかしその裏では、成化帝の仏教への傾倒、万貴妃問題、伝奉官、さらに皇荘など、国体を揺るがしかねない問題が存在していたことも事実である。ただこれらの問題が顕在化する前に成化帝政権が直面したのは、即位直後からの度重なる気候異変と、それを捉えての言官の活動であった。これらの気象異常とそれによって起こる災害について、当初はこれを天の警告と受けとめ、皇帝を筆頭に「修省自戒」すべきであることが説かれたが、それはしだいに「大臣」、すなわち政権中枢部に位置する高官への非難につながり、ついには内閣の商輅や礼部尚書姚夔への個人批判へと先鋭化していったのである。この高官の罷免を要求する一連の活動が収束されたのは、成化四年一〇月のことであった。そしてこれを転機とするかのように、言官の矛先は吏部に向けられることになる。考察の時期を迎え、それが言官に格好の話題を提供したともいえるが、その流れに乗る形で、監察御史戴用によって吏部権限縮小論が唱えられたのである。この提言は、成化帝の対応、それへの反論、そして最終的には吏部尚書李秉の辞職と、さまざまな波紋を広げることになる。本章では、戴用の上疏を足がかりに、成化帝治世初期の官界状況を含めて、吏部の権限について考察していくことにする。

一　戴用の上疏

成化四年一二月に提出された監察御史戴用の上疏は、「実行に励む」「考察を精しくす」「薦挙を公にす」「爵賞を均しくす」「盗賊を弭じる」「宿弊を革める」という六項によって構成されていた。『憲宗実録』（以下、本章においては『実録』と略称する）は、上疏を受けての成化帝の対応、さらに各該当官庁の議をまとめて記録する。[1] 以下、項目ごとに切り分けて論を進めていくことにする。

まず第一項の「実行に励む」[2] は、即位の一カ月後、天順八年二月に起こった明け方の大風で京師一帯が黄砂に覆われるという気象異常を捉えて、監察御史呂洪などが「天変を謹み、以て和気を召く」べきであるとしたの[3] を嚆矢として、それ以後に繰り返されてきた諫言・提言を受けとめ、学問修養に務め、かつ内閣、場合によっては六部尚書とともに政治の実効をあげるよう要望するもので、成化帝は「朕、自ら処置す」[4] と、通例と変わらぬ対応を示したに過ぎない。また第五項の京師の治安問題をいう「盗賊を弭じる」と、第六項の冬期の軍士への内帑金支給を滞りなく行うことを提言する「宿弊を革める」[5] については、「所司に付して、計議以聞せしむ」[6] とし、それぞれ戸部と三法司に、その対応と解決が付託された。[7] さて問題となるのは残る吏部に関する三項である。これらについては、吏部の人事権に関して具体的に踏み込んだ内容を持っていたことから、成化帝、そして吏部に注目すべき対応がみられ、他の三項とは異なった展開を示すことになるのである。

最初に「考察を精しくす」であるが、その内容は以下のようであった。

考察を精しくす。謂うに、朝廷の挙措は精しくせざるべからず。今、在内官員は、大臣に詔して考察せしむと雖も、ただ三五の老疾を黜して、以て故事に応ず。その在外なる者は、朝覲考察すと雖も、然れども、止だ上司の開報に憑り、賢否、多く公ならざるありて、故に黜せられし者、冤枉を累訴す。宜しく吏部・都察院に勅して、来朝せる各該上司に省令し、所属官員の賢否を従公開報し、黜退を斟酌せしむべし。仍お、各該巡撫等官に行し、隔別に体訪究治せしむれば、考察、当たりて、人心、服すに庶からん。(8)

ここで戴用が直接問題とするのは、二カ月前の一〇月に行われた内外の聴選官に対する考察(9)と、京官に対する考察(10)（後代の京察）であった。この時の考察については後述するが、各部の郎中を筆頭に三百名を越える者が致仕させられるという、厳しいものであった。この処分をめぐっては非難の声が官界に多くあがったが、そのなかでも戴用のいわんとするところは、他と比較して特徴的であった。すなわち、考察の内容に対する批判に加えて、上司の報告書をもとにしての吏部・都察院による考察という従来の方式に加えて、巡撫などに実地調査を行わせようというのである。これはたしかに、戴用が「考察、当たりて、人心、服すに庶からん」と自己評価を下すように、考察の妥当性を高め、処分に対する不満を和らげる効果が期待できるといえよう。しかし考察の当事者である吏部・都察院にとっては、とうてい容認できるものではなかった。考察がともすれば怨嗟の声を引き起こすのは、ことの性質上、あって当然であるし、それをして言官の批判を受けるのは避けられないことであろうが、この戴用の提言はそれに止まらずに、考察のシステムに変革を加え、吏部・都察院の下した評価を最終決定とはしないことを意味していた。それ故にこそ、成化帝が吏部にその対応を諮ると、吏部は敢然と反論を展開したのである。

吏部、議すに、考察の制は、旧例、朝覲官、本部の都察院堂上官に会するにより、各該上司の開報に拠りて、以て憑って黜退す。今、欲するに、すでに考過せし者をもって、復た巡撫等官に行して隔別詢訪せしめんとせば、則ち事体、一ならず、人に紛擾を起こさしむ。まさになお旧例に依りて考察すべし。内においては、果たして貪暴なる者あらば、科道官、実を指して、具名、劾奏するを許す[11]。

すなわち、吏部は従来の考察システムをあげたのちに、戴用の提案ではすでに評価の定まった者にさらに巡撫等の実地調査を加えることになり、そうすれば考察評価の統一性を損ない、かえって混乱を起こすことになりかねないとして、変革の必要性を認めず、さらに考察評価に漏れた者については、従来通りの科道官の劾奏で対応できるというのである。この吏部の主張は成化帝の認めるところとなり、この一件は混乱なく処理された。

次に、「薦挙を公にす」である。戴用の疏は以下のようである。

薦挙を公にす。謂うに、曩者、両京堂上及び方面正佐官、員缺あるに遇わば、吏部、例に依りて、在京各衙門の堂上官と会同して推挙するに、今、すなわち一にこれを吏部に帰す。然れども、人を知るの則哲、古より難しとなす。況や、存心、広狭にして、好悪、各の異なり、心にその非を知るも、而れども、口に敢えて言わざる者、多きにおいておや。宜しく吏部に勅して、正統年間の例に照らして、員缺あるに遇わば、なお内閣ならびに堂上官と会して推挙し、挙げて、その人にあらざるは連坐せしむれば、賢路、大いに開かれて、不才なる者、得て以て倖進せざるに庶からん[12]。（資料文中の「員欽」はポストを意味するもので、この場合に限り「欽」は「欠」とはしない）

ここで戴用が問題とするのは、両京の堂上官や布政司・按察司の長官と副官は、吏部が各衙門の堂上官に諮って推挙（会挙）していたものが、最近はすべて吏部のみで処理されているということである。そして戴用はそれへの対策として、正統年間の保挙の例をあげて、各衙門の堂上官のみならず内閣にも諮って人事を行うべきことを提案するのである。この一件に対しての成化帝の対応は、他と比較して際立ったものがあった。すなわち、これに関してのみ、

今後、両京四品以上の官は、吏部、缺を具し、朕、自ら簡除す。方面官は、正統間の例に照らして保挙す[13]。

と、京官の四品以上の官は皇帝自らが人事の決裁を行い（特簡）、布・按二司については正統年間の保挙制を復活するとしたのである。

ところで、明朝成立以来、京官四品以上の上級官の人事がいかに行われてきたかを明確にいうものはないが、皇帝の意向が全面に出て、それに吏部が参与する形態であったことは類推できる。吏部の参与といっても、その関わり方はその時代ごとの吏部ないし吏部尚書のあり方から差があり、一概には論じられないものの、総じてみれば特簡的色彩の強いものであったといえる。そこに会挙という、まず吏部を中心とする会議体が人材を推薦し、それを受けて皇帝が裁可する制度[14]が始まった時期については、管見の及ぶ限りにおいては、景泰年間にその萌芽ともいえる例[15]があったことがあげられる。それが成化帝即位以後には、尚書・都御史の人事が合議によって決定される例[16]、兵部侍郎の人事をめぐって会挙を当然視する動き[17]があるなど、上級官の人事に関しての大きな流れは、特簡から会挙・廷推に向かっていたといえる。それが証拠に弘治年間には、皇帝の中旨による人事に対して、「大臣の進用は宜しく廷推より出だすべし」[18]と廷推が当然であるかのような反論がなされるようになり、嘉靖年間では、「尚書の会推によらざるは、祖宗百余年いまだあらざるところなり」とまで言い切る例[19]があげられるようになるのである。ともあれ、ここにみる成化帝の意向のうちで、方面官の人事に保挙制を採用するという点については、あくまで戴用の提案に沿うものであった。だが、京官四品以上の官は特簡で人事を行うということに関しては、もとより戴用の提案になかったもので、かつ明朝全体にわたる特簡から会挙・廷推への流れに逆行しかねないものであった。このことは、この一件については吏部に意見をさしはさむ余地なく、成化帝によって決裁された点と合わせて、注目すべきであるといえる。

さて最後に「爵賞を均しくす」である。

爵賞を均しくす。各部の属官は資秩、相い等しきも、而れども陞授、同じからず。吏部主事の如きは、甫めて三載に及べば、すなわち員外郎、或いは署郎中に陞せられ、郎中いまだ考満に及ばずとも、在京堂上、或いは方面の正員に陞せられることあるに、而れども他部の官員、能くこれに及ぶもの鮮し。これ豈に吏部の属官の才行、果たして他部の属官より高きを以てなるや。特に、吏部、自らその衙門を重んじ、その属職を回護するの故に由りて、往往、驟遷するなり。爵賞、均しからざること、これより甚だしきとなすはなし。宜しく吏部に勅して、今後、郎中・員外郎に缺あらば、各部の主事・員外郎の陞調を許して、吏部主事・員外郎もまた別部に調陞し、久しく要地を擅にするを許さず。その郎中に陞すことあれば、務めて各部の堂上官、公同して推挙するに従わば、陞授、適均にして、人、警勧を知るに庶からん。(20)

戴用は、六部の郎中・員外郎・主事などの属官に本来は差がないはずであるのに、実際上は、人事面でともすれば吏部の属官が優遇されており、これは他の六部の属官に比して才能や評価すべき業績があるからではなく、吏部が身内びいきをして、優遇人事をしている結果にほかならない、という。そのため、吏部の員外郎・郎中に欠員が出た場合には、他の五部の主事・員外郎から横滑りさせるか、昇格させ（調陞）、逆に吏部の主事・員外郎は、他の五部に転出させることによって、吏部の閉鎖性を打破するべきだとする。さらに、郎中人事に際しては、各部の堂上官が協同して人材の推挙を行うという、会挙に近い形式をとるべきであると主張するのである。この一件は吏部に諮られたが、それに対して吏部は以下のような対応を示した。

爵賞の法、本部、奏准したるに、各部の属官は倶に本部に転陞し、而も六部、いまだかつて一ならずんばあらず。前にこの部属もまたかつて侍郎・都御史・通政・少卿・布政参政・参議等の官に推挙せられし者ありて、六部もまた、いまだかつて同じからずんばあらず。今、本部の属官を以て別部と更も相い調陞せしめんと欲するは、則ち例において碍あり、紛更して便ならず。その郎中に推挙するは、まさに今、欽依せる事理に遵いて、三品堂上官、保挙し、擢用せん。[21]

すなわち、これまで六部の属官の人事については、吏部が担当し裁可を受けてきたが、そこに差があったわけではなく、その転出先も各所にわたっており、またこれとて六部に差があるわけではない。これを戴用のいうように、部の属官と他の五部の属官を相互に入れ替えるようなことをすれば、かえってそれが障碍となり混乱のもとになると、真っ向から反論した。戴用の提案は、吏部内部で優遇人事が行われていることを前提に、吏部と他の五部のみを対象にして対応策を提示したものであった。だが、これは事実関係からしても反論の余地があり、かつこれを行うことは実際上の人事を硬直化しかねないともいえる。それ故に、吏部の反論にはおおいに分があり、成化帝もそれを認めざるをえなかった。ただ、郎中の人事については、三品以上の堂上官による保挙を採用することを、吏部は提案する。これは会挙に近い形式をとるよりも、候補者を推薦させて、それを受けて吏部が人選をするという保挙制の方に、より吏部の主導性が確保されるという狙いがあってのことである。ただ、ここでは正統年間の保挙制を「欽依の事理」とするが、「薦挙を公にす」において成化帝が提示したのは方面官の人事についてであったし、かつ正統年間に郎中が保挙の対象にされた例はない。すなわち、ここにみる吏部の対応は、成化帝の方面官人事における保挙制の提案を、この郎中人事にあえてとり込んだことになるのである。保挙制は権限の縮小につながる面から、吏部にとっては積極的に採用すべきものではない。それをあえてしたのは、保挙制そのものは否定せずに、開かれた郎中人事を演出することによって、戴用をはじめとする吏部への批判をそらそうとしたためであったと考えられる。

以上、戴用の疏における吏部に関する三項についてみてきたが、そこにはいくつかの注目すべき点があるといえる。まず、全体六項のなかにあって吏部関係がその半数を占めるが、それは数だけの問題ではなく、内容的にも特徴あるものであった。すなわち、「実行に励む」は、当時盛んであった言官による論調の流れに乗ったものであり、「盗賊を弭じる」と「宿弊を革める」の二項が、直面する単純な社会事象を指摘し、その対策を述べたに過ぎないのに対して、この三項は吏部に標的を定めて、批判的な現状指摘のうえに具体的提案を行うものであった。その根幹となっているのは、当時の官僚人事において吏部が大きな権限を持ち過ぎているという判断であり、そのため考察における巡撫等による実地調査の施行や、会挙さらに保挙制の採用などによって吏部の権限を分散し、その権限の縮小を図ろうとするものであった。そこには吏部に対する敵対的と称してもいいほどの意図があり、その意味では他の三項と余りに落差が大き過ぎるといわざるをえない。

次に、この戴用の疏に対する吏部の対応についても目を向けなければならない。吏部に諮られた「考察を精しくす」と「爵賞を均しくす」については、その正当性を主張しつつ反論を加えるものの、その一方で、郎中人事に関しては妥協的な姿勢をみせるなど、いささか不統一なところがあった点である。これは、当時の吏部にこのような対応をとらざるをえない内情があったことを窺わせる。最後に「薦挙を公にす」に対しての成化帝の対応である。「朕、自ら処置す」とした「実行に励む」以外の五項のうち、これ一件のみが該当部署に諮られることもなく、成化帝が即座に、それもその内容を踏み越えた意向を表明したのである。これは成化帝一個人の意向とみるべきではない。そこには、当時の内閣が戴用の上疏の論調と同様の、吏部権限の縮小を目論んでいたことを認めなければならない。事実、この成化帝の意向に敢然と反論し、かつ内閣の影を指摘するものが現れるである。

二　劉璧の反論

戴用の上奏から十日後、監察御史劉璧を代表者とする一通の疏状が提出された。[22]その主な内容は、京官四品以上の人事は皇帝による特簡で行うこと、方面官（布政司・按察司）については保挙制によるという、成化帝の意向に対する反論であった。まず、皇帝特簡に関する部分からみていくことにする。

今、陛下、廷臣を選任するに、すなわち己に独断せんと欲す。吏部、預るをえざれば、則ち台諫、敢えて言わず、万一、失あるも、誰ぞその咎を任わんか。また曰く、吏部の選挙、下僚末職と雖も、また具実奏聞して、上に裁処を請うに過ぎず。いまだかつて敢えて自ら専らにせず。苟しくも、或いは薦めてその人にあらざれば、士論、得て以てこれを攻め、台諫、得て以てこれを言い、朝廷、得て以てこれを罪し、その事を正して、その失を救うに庶幾し。祖宗列聖の立法、自ら簡除せざる所以は、正にこれを以てのみ。且つ、以うに堯舜の世も猶お四凶の悪あり。当今、百僚の中、豈に能く、人人、皆賢ならん。陛下、万里を明見すると曰うと雖も、果たして尽くその孰ぞ賢にして用うべきとなし、孰ぞ賢にあらずして用うべからざるとなすを知らんや。万一、いまだ尽くさざるあるを知らば、則ち必ずやこれを一二の近侍大臣に詢ぬ。然るに能くその果たして賄を受け、恩を市りて、挙げるところ用いるところにあらざることなきを保たんか。外に在りし者、以て専ら陛下に主るとなし、而してあえてその失を言わず。彼、自ら以て計を得たるとなして、方且に、夤縁して、弊を作し、官を売り爵を鬻ぎて至らざるところなければ、則ちその患をなすや大なり。且つ、君上の職は臣下と同じからず。君はその綱を総べて、臣はその煩を任い、君はその逸を享けて、臣はその労を分つ。もし、在京四品以上の官、陛下、悉く自ら簡除せば、ただに聖体のまさに慮るところを労煩するのみならず、すなわち万乗の尊を以て、有司の事を行わしむることとなからんや。臣等、窃に以為らく、これ、陛下の本意より出るにあらず。それ必ずや国体を恤えず、ひとえに身謀をなす人ありて、陛下の専に仮りて、以て天下の口を塞ぎ、朝廷の権を窃みて、以て一己の姦を済さんと欲するのみ。[23]

京官四品以上の人事を皇帝独断で行うというが、それでは吏部が関与しないことになる。そうなれば都察院・給事中などの科道官も批判を控えることになり、万一、人事に失敗があっても、皇帝を責めるわけにはいかないから、責任の所在が明らかでなくなる、と特簡人事の無批判的性格と、そこにひそむ危険性を指摘する。そして、そもそも吏部の執行する人事権というのは、吏部の一存ですべてを決定するわけではなく、必ず皇帝に案として提出して、その決裁を受けるのであって、吏部の専権はありえない。もしそのようなことがあれば世論が起こり、それを受けて言官が弾劾し、最終的には吏部官僚がその罪を問われることになり、そこにはチェック機能が用意されていることを説く。総じてこの二点は、人事官庁としてなぜ吏部が存在するのか、ないしその存在価値という基本的な指摘を行うとともに、吏部の人事権には独断専行を許さない制度的保障があることをあげたうえで、あえて歴代先帝が特簡を行わなかったとして、成化帝が特簡を強行しようとすることに反対するのである。続けて劉璧は、人事の難しさ、皇帝の皇帝たる所以に論を及ぼす。すなわち、官僚の賢否を見極めることは至難であり、それ以上に、皇帝がすべての官僚を把握することはできず、いきおい近侍の官に相談を持ちかけざるをえなくなる。とすればそこには、この近侍の官が賄賂を受けとるなどして、適切な人事が行われない可能性を生む。さらにそれは外部からみれば、すべて皇帝の所業ということになり、それをよいことに不公正が横行することになりかねない、と特簡を行うことによって不正が生まれる危険性をあげる。さらに君臣の別、位置づけ、役割の違いを述べて、皇帝自らが広く人事に携わることは好ましくないとする。そして、そもそもこの提案は成化帝の本心から出たものではなく、裏で策謀する存在がいることを指摘して、特簡反対論を終えるのである。

劉璧のいうところは、皇帝と人事権との関わり、そして吏部の存在理由を明確にすることによって、あえて特簡を行う必要のないことを主張するものである。だが、この劉璧の上疏を単なる制度問題を論議するだけのものとみるべきではない。その主眼は、特簡を持ち出して吏部の人事権を奪おうとする存在、すなわち内閣に対する批判にあったことは疑いないところである。

次に、保挙制採用への反論である。

また曰く、今、吏部の官は、すなわち成周の冢宰、陛下にありてその人に慎重に、委任してこれに責成す、と。保挙の設くるがごときは、蓋し一時権宜の術にして、経久常行の利にあらず。向きにこれを挙げしめて、悉くその人を得れば、猶お政、多門に出るの患あるを恐る。苟しくも或いは嘱を受け私を徇えて、各のその親厚するところを挙げ、以てその党与を分植すれば、則ち請託の風、益す長じ、賄賂の門、大いに開かれ、その弊、ほとんど言うに勝えざるべきものあり。彼の節義を尚びて廉退を崇ぶ者、陛下、安くんぞ得てこれを用いんか。また曰く、陛下、天下の賢を妙選して、以て吏部の職を司らしむ、と。彼、必ずや天下の公議を顧み、以て陛下の任に副わん。もし両京大僚及び方面に缺あれば、先に吏部に由り、或いは内閣に会し、或いは多官計議し、径自に堪任の人を推挙して以聞し、陛下は然る後に、従りてこれを裁決すれば、則ち独断の名なく、而も成功の利を享く。また、間ま保挙を行いて、以て兼聡の明を収め、仍お連坐の法を厳しくして、以て挙主の偏を防がしめん。もし吏部に居りし者、私を徇えて法を曲げ、その任に称わざれば、則ち必ずその罰を重くして、その人を黜ければ、可なり。(24)

保挙制はあくまでも機に応じて一時的に行うべきもので、恒常的に行うべきものではない。まして官僚人事を統括する吏部があるかぎり、保挙によって人材を吸いあげると、人事のルートが複線化して好ましくなく、また私的関係による不正のもとにもなる、とその負の側面を強調する。そして吏部には相応の人材が成化帝自身の手によって配置され、職務を執行しているのだから、京官の上級官（ここでは四品以上を意味する）や方面官に欠員が出れば、なによりまず吏部に委ね、場合によっては内閣との合議で、ないしは会推（会挙）によって、また吏部自身が人選をしてそれを皇帝が裁可すればよい、と主張する。こうしたあくまで吏部を主軸にした人事体制を本幹に据えたうえで、連坐法をともなう保挙を時期に応じて行えばよく、吏部に不正があれば処罰、ないし罷免もできることを指摘する。

以上が劉璧の反論であるが、特簡ならびに保挙の、制度としての問題点を指摘するとともに、その根源的意図は吏部権限の擁護に、それを裏返せば吏部権限を縮小しようとする内閣の策謀を阻止することにあったといえる。ほぼ同時期に吏科都給事中沈珤等によってもこの一件に関しての上奏があったという[25]。その内容はいま明らかでないが、のちの展開からみるかぎり、劉璧の論調と大筋で変わるところはなかったようである。ともあれ、ここには戴用の上奏を受けて、吏部に反論の余地を与えないままに表明された成化帝の意向に、真っ向から反対を唱える吏部擁護派とでもいうべき存在があったことを確認することができる。ただ、これに対する成化帝の対応は厳しく、事態は劉璧等の意想外の方向に進むことになる。

上、曰く、特旨もて大臣を擢げると、大臣、方面を保挙するは、皆、祖宗の旧規なり。吏部、永楽以後の勅旨もて在京堂上官を除授し、ならびに宣徳・正統間の方面等官を保挙せるの事例を具疏し、明白奏聞すべし、と。すでにして吏部、悉く聖諭の如くこれを上る[26]。

成化帝は特簡、そして保挙は「祖宗の旧規」であるとし、その確認を吏部に求め、これに対して吏部は「悉く聖諭の如」しと、全面的にこれを認めざるをえなかったのである。先に指摘したように、そもそも上級官の人事に会挙がとり入れられたのは、時代をさかのぼることそれほど古くなく、ましてや永楽年間から特簡が行われた事実を求めれば、当然その例はあったといわねばならない。また同様に、宣徳・正統年間の方面官の保挙についても、否定できるものではない。それどころか、先の戴用の上疏に対する意向表明で、すでに成化帝自身が明言しているのである。しかしながら考えてみるに、劉璧が指摘したことは、特簡、保挙に前例があるかどうかの問題ではなく、いまこの時期にこれを行うことが果たして賢明な策であるかということであった。それを成化帝はまったくその議論に乗らずに、「祖宗の旧規」の一言で処理し、吏部もそれを認めることになってしまったのである。

ここにはあくまでも特簡と保挙を行おうとする決意が、成化帝を前面に押し立てる内閣にあったことを窺わせるものがある。それ故にこそ、この吏部の従順な対応を受けるとさらに、

詔す。以うに、前事すでに祖宗の旧規あり。璧等、顧みて敢えて私を徇え、公に背きて、妄言沮止せんとす。その間、必ずやこれを主る者あらん。自ら陳状すべし。違わば倶に論ずるに法を以てす。[27]

と、劉璧ら吏部擁護派の背後で糸を引く存在を指摘し、事情説明を求めたのである。まさに事態は、特簡や保挙を行うべきかどうかということではなく、当時の官界における対立の図式を浮かび上がらせるに至った。このような強硬な成化帝の対応に直面し、一方では擁護しようとした吏部そのものにも支援が期待できなくなった劉璧等は、もはや全面的に撤退するしかなかった。疏状を上呈してからわずか八日後に、劉璧等は自らの非を認めて謝罪し、これに対して成化帝は処分を猶予し、「停俸三月」の処置ですませた。[28]

ここに戴用の疏に始まる吏部批判と、それに応じて出てきた特簡と保挙の問題は、成化帝の意向通りに一件落着したといえる。しかしながら、そこには検討すべき課題が残されているといえよう。前節で指摘した戴用の疏にまつわる問題、一貫して特簡と保挙を採用しようとする成化帝の姿勢、劉璧を代表とする擁護派の出現にもかかわらずに吏部がみせる弱腰な対応などである。これらの問題は、吏部を中心に当時の官界状況をみることによって、初めて明らかにできるであろう。

三　吏部を中心とした官界状況

成化帝が即位した時の吏部尚書は王翺、左侍郎は崔恭、右侍郎は尹旻、ともに先朝の旧臣であった。特に尚書王翺は景泰四年以来、長らくその地位にあり、自身が直隷北京の出身であったこともあり、ともすれば北人優遇の傾向があったといわれるが、全般的には清貧をもって聞こえ、その人事は外部の介入を許さず、また私情を挟まなかったという。特に、内閣首輔李賢の信頼が厚かったことは、その吏部尚書としての地位を安定的なものにしていたといえる。(29)ただ余りに長い尚書の在任は、ともすれば擅権とみられ、批判の対象となりかねない。成化帝即位の直後、天順八年三月に起こった戸部尚書年富との確執は、まさにその現れであった。

戸部尚書年富、奏して致仕を乞うも、許されず。時に、富、陝西の辺儲、供給、繁重にして、務むるは人を得るに在るを以て、左布政使孫毓を黜して、右布政使楊璿・左参政婁良・西安府知府余子俊を進めんと欲す。吏部尚書王翺、因りて言うに、富、己が職を侵す。かつ注擬を擅にす。まさに理に下すべし、と。上、毓に命じて致仕せしめ、而して富は問わず。富、覆奏するに、人の賢と不肖は、吏部一二人の周知するところにあらず。必ず須らく広く衆論を延き、博く群議を採りて、公論に合するに庶し。臣、賢を進めるは国のためなるに、怒を吏部に触れる。況んや衰老にして、智識、昏愚なり。乞うらくは田里に放帰せんことを、と。上、素より富を重んず。諭して曰く、朕、すでに卿の本心を知れり。この小故に因って退くを求むるなかれ。(30)

戸部尚書年富による陝西布政司に関する人事への提案を、王翺は吏部への介入と受けとったのである。吏部尚書としては当然のことといえるが、ここにみる年富の「人の賢と不肖は吏部一二人の周知するところにあらず」という発言は、人事を統括する吏部に対する不満の表明以外なにものでもなかった。この一件は、年富の提案通りに陝西布政使孫毓を致仕させ、また年富自身は不問に付し、その辞職は認めないという処置でひとまずは落着した。しかしこれが先駆けとなって、吏部の人事に関してさまざまな動きが出ることになったのである。

まずこの直後に、

吏部に詔し、内閣・六部・都察院の諸司と会して、方面官を覈さしむ。河南左布政使侯臣等十三人を黜す。

と、吏部に対して内閣・六部・都察院とともに、布政司・按察司の現任官への調査を行うよう指示がなされ、その結果として一〇名を越える布政使が免職になり、その後任を含めて数件の人事が行われた(31)。さらに給事中金紳の提言から、吏部が先の内閣・六部・都察院に通政司・大理寺を加えた三品以上の堂上官とともに、人材を推挙したうえで人事を行うと、これを受けた成化帝は、

吏部に詔し、今後、方面官の缺、多ければ、官と会して議し、缺、少なければ、本部、自ら挙用を行わしむ。

と、方面官の人事については、時期を同じくして処理する員缺が多い場合には内閣等と協同して行うよう、指示するに至った(32)。まさに年富の主張が認められた形となり、その結果、員缺数によるとはいえ、方面官の人事を吏部のみで行うことが否定されたのである。またほどなくして年富が王翺への怨みから疽を発して死亡すると、王翺を誹るものが多かったという(33)。

この方面官人事を巡る一連の動きは、吏部および尚書王翺への信頼感を阻喪させるものであったといえる。これをより強いものとしたのが、成化元年四月の武官の履歴管理の監督を担当する、兵部侍郎ならびに僉都御史の人事に関わる事態であった。

兵部尚書王竑等、言う。武選の貼黄を清理するは、例として本部ならびに都察院堂上官各一員を用いて提督せし

む。今、会官して翰林院修撰岳正の侍郎に堪任し、礼科給事中張寧の僉都御史に堪任するを挙げて、旨を請いて簡用せんとす。内批に、会官推挙、私情に徇うこと多く、公道に従わず。止だ令して、侍郎王復、部事を妨げずして、右副都御史林聡と同に清黄せしむ。今より内外の官を欠くは、必ずしも会保せず。岳正・張寧は外任に陞す、とあり。(34)

すなわち、当時ようやく定着しつつあった会挙によって人事が行われようとしたのが、内批によって拒否され、会挙そのものも禁止されたのである。この会挙は先に述べたように、吏部を中心とした堂上官の合議によって人事を行うものである。それが否定されたのであるから、本来ならば異議を唱えるべきところであるにもかかわらず、吏部はいかなる反応も示さなかった。ただ、これは内批とはいうものの、実際は内閣首輔李賢の意向であったようで、(35)それが当時すでに八二歳になっていた吏部尚書王翺に正面切って反対することを躊躇させたのかも知れない。だがそれとは対照的に、兵部尚書王竑はこれに強く抗議し、ついには辞職することになるのである。この王竑の辞職は波紋を広げ、これ以後、その復任を要請する動きが頻発したという。(36)

ここにみる吏部の対応は、吏部としての責任を全うするものではなかったといえる。それは成化二年正月における考察の処理に際しても現れることになった。すなわち、方面官ならびに直隷の府州県官に対する考察で一七〇八名を列挙したものの、(37)その後任人事については、成化帝から次のような指示を受けることになるのである。

上、吏部の臣に諭して曰く、今、布政・按察の二司、欠員数多なり。六部・通政司・大理寺三品以上の堂上官をして、各の知るところの二三員を挙げしめ、中外を限らず、各の才行、実跡を具し、ならびに二司の正佐に堪うるを注して吏部に移文せしむ。仍お内閣と会同し、公に従いて職事を定与せよ。日後に贓に坐すれば、挙主を連坐せしむ。以後、仍お旧例に照らして推挙せよ、と。ここにおいて、礼部尚書姚夔等、各の知るところの広東按察司副使等官陳濂等五十二人の布政使等の官に堪任するを挙ぐ。大学士李賢等と会同し、職任を定擬す。[38]前回の方面官人事において出された指示をより具体的にしたものであるが、実際、これは保挙制の採用そのものであった。それにもまして保挙は、各堂上官から推挙された人材を吏部が統括し、その人事を行うのを通例とするのに、ここではそれを内閣と協同して行うようというのである。これ以後はまた吏部による人事を認めるとはいえ、年富と王翺の確執から端を発した方面官人事に関わる動きは、ここに保挙制の採用、本来吏部の執行すべき人事への内閣の介入と、確実に吏部権限を侵食する過程をたどってきたといえる。にもかかわらず、吏部に抵抗の動きはなかったのである。そこではこれが内閣首輔李賢の主導でなされ、また尚書王翺がたびたびの辞職要求ののちに、成化元年六月以来「朔望朝参」と、実質的には休職状態にあったことも原因した[39]であろう。このような状況に転機をもたらしたのは、李賢の死亡と王翺の辞職であった。

成化二年一二月に李賢が死亡すると、[40]翌年七月には王翺の辞職も認められた。[41]李賢の後任には劉定之が選任され、[42]さらに奪門の変において革職されていた商輅が内閣に復帰し、[43]実質的に内閣を代表することになった。一方、吏部尚書については、ほぼ半年後の一二月に左都御史であった李秉が就任した。[44]ここに内閣と吏部の主宰者がともに入れ替わるのだが、吏部尚書の後任人事に関しては、一考しておかなければならない。当時の吏部体制は、左侍郎に崔恭、右侍郎に尹旻と、成化帝即位時と変わるところはなかった。崔恭は天順四年に右副都御史から右侍郎に、そして五年に左侍郎に転じて、ここまでの侍郎歴は七年であり、尹旻は天順七年に右侍郎に就任し、侍郎歴は四年になろうとしていた。特に崔恭は、李賢と王翺の推薦を受けて抜擢され、王翺の信頼は厚かったというから、[45]後任の尚書に最も近い位置にいたといえる。それが王翺辞職後そうならなかったのは、李賢が死亡して内閣の陣容が変わったこともあったであろう。だが、崔恭は、吏部左侍郎崔恭を正二品の俸に陞す。秩、満九載を以てなり[46]。

とあるように、この年の九月に正三品官としての考満を迎えていながら、俸禄のみが正二品にあげられて、そのまま左侍郎に留任させられるのである。これにはその直前に起こった延綏巡撫を巡っての人事も関係していたと考えられる。すでにこの一件に先立って、陝西巡撫項忠を召還するに際して、吏部が後任候補をあげる（部推）と、それを成化帝は認めず、内批による人事が行われ、言官がこれを弾劾する事件があったが[47]、この延綏巡撫については、言官の批判が吏部に向かうことになった。すなわち、欠員となっていた延綏巡撫に、吏部と兵部が都給事中黄甄・監察御史魏瀚の二人の名をあげて、そのうち一人の選択採用を願い出ると、十三道御史はこの二人を不適格として弾劾し、責任の追及を受けて吏部侍郎崔恭が謝罪することになったのである[48]。このような事態は、吏部にとって、そして尚書不在の故にその筆頭格であった崔恭にとっては、失点につながり、尚書陞任への障害となったことは確実である。

ともあれ、吏部尚書不在の状態がほぼ半年にわたったのは、崔恭の昇任が認められなかったためもあろうが、それ以上に当時、この地位を巡って水面下で熾烈な争いがあったことを窺わせる。それに決着をつけたのが李秉の就任であったが、それとて提督軍務左都御史として北辺で数々の業績をあげていたなかで、一〇月に召還命令を受けながら[49]、後事対策を理由にその地に止まり、再度の要請を受けてようやく帰還したうえでのことである[50]。これは李秉の側に吏部尚書への抜擢に対して躊躇させるものがあったことを表す。吏部尚書としての李秉をとり巻く状況には、当初から厳しいものがあったのである。事実、吏部の内部でさえ、

左侍郎崔恭、久しく次なるを以て、まさに尚書を得べきも、秉、これを得る。頗る平らかならず。右侍郎尹旻、嘗って李秉に学び、李秉、初めその言を用いるも、すでにしてこれを疎ず[51]。

といわれるように、左右侍郎との反目が生じ、彼らの支持をとりつけられない状態に陥るのである。

内部に対立問題を抱えてはいたが、吏部尚書としての李秉は、吏部の権限を着実に執行していった。それは就任後の巡撫を巡っての人事に明らかとなる。成化四年三月の広東巡撫・広西巡撫の増設を提督軍務両広兼巡撫左副都御史の韓雍が願い出た際に、吏部が兵部とともに候補者を推挙すると、それは問題なく認められた[52]。また、四月の遼東巡撫の人事では、吏部のあげた太僕寺卿鄭寧と大理寺左寺丞田景暘を、成化帝は遼東の重要性から堂上官級の人材に差し替えるように要請し、改めて吏部が候補者をあげると、そのなかから工部左侍郎彭誼を選任した[53]。そして直後に宣府巡撫の必要性が言官によって説かれると、成化帝は会挙を行うように命じ[54]、その結果を受けて、先に遼東巡撫の候補となった鄭寧を選任したのである[55]。これを王翺が尚書であった時代の方面官の人事を巡る一連の動きや、尚書不在時期の同じ巡撫人事に対しての処理と比較すれば、その違いは明白なものがあるといえる。

これらの例にみるように、李秉は少なくとも人事権の執行という側面では、主導権をとり戻しつつあったが、なにより内閣に介入の糸口を与えなかったことが、それを可能にしたといえるであろう。ただ、李賢の例にみられるように、内閣は人事に発言力を確保しようとする傾向を持つものである。それは商輅を中心とした内閣も、変わるところはなかった。にもかかわらず、内閣がこのような吏部の動きになんら手を打たなかったことについては、内閣の側に事情があったからである。成化帝の即位直後から続いた気候異変を捉えて、言官がたびたび「修省自戒」を求めたことは先に触れたが、これは時期をおって先鋭化していたのである。そこでは言路はいかにあるべきかという問題とともに、成化帝および政権中枢部への批判が展開された。特に成化四年になると政府高官への個人批判の動きをみせ始め、礼部尚書姚夔や戸部尚書馬昂の罷免要求が頻出し、それはついに内閣商輅にまで及んでいたのである[56]。すなわち、この時期の内閣はその対応に追われ、もはや吏部の人事権への介入を画策する余裕などなかったのである。

このような吏部にとって有利に働いてきた状況は、やがて一変することになった。まず九月の末に、言官による商輅等への罷免要求が一転して収束したのである。[57] これは厳しい批判にさらされていた商輅に余裕を与えることになった。そしてその一方では、吏部によって「修徳弭災」を標榜しての考察が行われた。考察がその評価を巡って言官の格好の攻撃対象となり、吏部批判につながることは通例みられるところであるが、当時にあっては、商輅等の罷免要求に偏っていたものが収束された直後であったこともあって、この考察は言官の注視をあびることとなった。まず考察に先立って、吏部は監生に対する考選について新たな基準を提示した。これは、当時国子監に官職に就けぬままにいる監生が多く滞留し、またその質が問題となっていたことへの対応であった。その内容は、考選にあたっての評価基準を、「年貌精壮」「文理平順」「行移通暁」「写字端正」と定め、このうち二項以上を満たさないものは、監生の資格はそのままに帰郷させようというものであった。[58] その結果を詳しく記す史料はないが、処分者は数百人に及んだといわれ、これがために吏部の処置を怨み、非難するものがあったという。[59] そしてこの二日後には考満を迎えての人事考課で三百名を越える処分が行われ、[60] さらに八日後には京官に対する考察で、「年老衰憊」で職任に堪えないもの一二名、「操行不謹」なるもの一名が処分された。[61] この一連の吏部のとった処置に対する反発は大きかった。まず吏科給事中毛志が、

かつ戸部郎中辺永の如きは、六十有五を以て黜せらるるも、而れども年、永を過ぎ、素行、端しからざるも、兵部員外郎蕭継の如き者はなお工部郎中にとどまり、鍾成、疾あるを以て黜せらるるも、而れども久病、曠職にして、清誉、聞こえるなき、本部郎中彭盛が如き者もなお在り。それ、公論において何如。……仍お、吏部に勅して、都察院と会同し、再び公同考覈を行わしむれば、事体、一に帰し、賢否、昭明し、士風、丕振して、災眚、消えるべきに庶幾からん。[62]

と提言し、続けて監察御史康永韶と沈珤が同じく処分内容を具体的に批判したうえで、考察をやり直すよう求める上

奏を行った。これらに対して成化帝は、考察を再度行うことは認めなかったとはいえ、吏部に処分すべくしてしなかったようなものについては、それぞれの考満を待って処理するよう命じたのである。(63)

このように、考察を契機に吏部への批判が高まるなかで、その流れに乗って出されたのが戴用の疏状であった。たしかに戴用の疏状は、ここにみた考察と言官による批判を視野に入れて、先に控える方面官を中心とする朝覲考察に対する提言をその一項としつつ、全体的には吏部の権限縮小をいうものであった。これは言官の批判から解放され、李賢に範をとって吏部権限への介入を意図していた内閣商輅の意向に合致するものであったといえる。それがあってこそ、成化帝の上疏の内容を踏み越えた対応が出てきたのである。とするならばこの戴用の上疏の吏部に関する部分は、劉璧の指摘を待つまでもなく、商輅の指示に従ってなされたものであるとするのが妥当であろう。そしてこのように考えて、初めて戴用の上疏に内容的な落差があるのも理解できるのである。これと同じことは劉璧についてもいえる。先に戴用の疏状への対応で吏部内部で統一性を欠き、さらに劉璧を支援する姿勢を示さなかったことを指摘したが、これは当時の吏部の内情を反映したものであったのである。吏部尚書李秉の存在を快く思わない崔恭・尹旻の両侍郎にとって、一連の吏部批判は李秉の責任追及の好機と捉えられていた。すなわち当時の吏部は一体感を喪失していたのである。成化帝による特簡と保挙制採用の提案に対して、吏部尚書李秉が正面切って反論できなかったのはまさにこれが原因であり、成化帝の指摘にあるように、劉璧の反論はその代弁であったとみることができる。

さて、言官からの考察批判、それを利用しての内閣からの牽制を受けながらも、李秉はその政治姿勢を転換しなかった。直後に行われた成化五年正月の朝覲考察において出された処分も厳しいもので、(64)これは、

会ま朝覲考察に、（李）秉の斥退せる者、衆し。また大臣の郷故、多く、衆怨、交集す。(65)

といわれるように、ますます李秉への批判を高めることになった。そしてこのような状況は反李秉派にとっては、李

秉その人を排斥する好機と捉えられた。

大理卿王槩また（李）秉を去りて、その位に代わらんと欲す。すなわち（彭）華と謀りて、同郷の給事中蕭彦荘を嗾かし、秉の十二罪を劾せしむ。かつ言うに、その陰かに年深の御史と結びて、已に付して以て権を攬す、と。帝、怒りて、廷議に下す。（崔）恭・（尹）旻すなわち言う、吾ら両人、諫めるも聴かず、と。刑部尚書陸瑜等二人の意に付会して奏をなす。帝、秉の私に徇い法を変えて、任使に負くを以て、秉の太子少保を落して、致仕せしむ。[66]

すなわち、大理卿で吏部尚書の地位を狙う王槩、ならびに内閣彭時の族弟である翰林院侍読彭華の指図を受けた給事中蕭彦荘による弾劾と、吏部の両侍郎もそれを支持するなかで、李秉は罷免に近い形で吏部尚書を辞職させられることになった。ここに商輅を中心とする内閣と吏部尚書李秉による、吏部の権限を巡っての対立は、内閣側の勝利をもって終わりを告げたのである。

おわりに

吏部尚書は「百官の長」といわれ、六部尚書のなかでもひときわ高い地位を占めるが、これは吏部が官僚の人事を統括することによる。この吏部の人事に関しては、『明史』「選挙志」に記載があるものの、それはあくまでも大枠の規程に過ぎないし、さらにその方法や権限の幅も、時期をおって変遷し、決して一定したものではなかった。また人事を統括するといっても、すべてが吏部の一存で決定されるわけではなく、最終的には皇帝の裁可を受けるものであった。そこに内閣制が成熟してくると、問題はますます複雑になっていった。内閣はあくまでも皇帝の顧問的存在であって、それに対する明確な権限の規定はない。しかしながら内閣がその立場を利用して大きな権限を持ち、それを行使したこともまた事実である。人事権を握ることが、官僚世界を統御するにおいて重要なものであることはいうまでもない。だとするならば、内閣が吏部の人事権に可能な限り介入しようとするのも、また当然のことであった。

その手法としてはさまざまのものが考えられる。皇帝権力を全面に押し立てて、皇帝自身が人事を行う特簡、ないしは吏部の人事案を認めない、内批を含めての上裁による拒否、また特定の官職に限っては吏部が主宰するとはいえ、堂上官の合議による決定とそれへの介入などである。さらに直接介入することにはならないが、広く人材を集めるという大義名分のもと、保挙制を採用することによって吏部権限を縮小化する試みもある。そしてそれ以上に簡単なのは、吏部そのものを内閣の指揮下に置き傀儡化することであったし、それに従わない場合には、あらゆる機会を利用して意に沿わない尚書等を排斥することであった。本章でとりあげた成化帝治世初期の動きは、李賢による王翺の傀儡化、その後に吏部が李秉のもとで主導権を回復し始めると、考察とそれを巡って展開される吏部批判の風潮を利用しての特簡と保挙制による吏部権限縮小化の試み、それでもかなわぬとみての李秉の排斥と、まさに内閣による吏部の人事権への介入の手法が、余すところなく出ているといってよい。そして戴用の疏状と劉璧の反論は、正当化を装いながら介入を果たそうとする内閣の論理と、あくまでも権限を確保しようとする吏部側の正論を、それぞれ具体的に伝えるものであった。

最後に李秉の辞職とその後についてみることによって、本章でとりあげた一連の動きの意味を確認しておきたい。まず李秉を弾劾した蕭彦荘は、戴用と劉璧と同じく言官であった。六科給事中と監察御史がその品秩に比してその存在感を重くするのは、言官としての立場による。言官は本来、国家利益のために活動するものであり、そのために言路は開かれていなければならず、その発言には特段の保障が与えられるべきだとされる。だがここにみられるのは、ともすれば権力者の意向を受けての代弁者の姿である。さらに戴用と蕭彦荘は商輅・王槩・彭時とならぶ南人で、劉璧は李秉と同じく北人であったことをみれば、そこには北人と南人の対立という図式がみえてくることになる。つぎに李秉辞職後の吏部尚書人事では、商輅が姚夔を、彭時が王槩を就任させようと画策し、結果的には李秉排斥に対する北人の反発を恐れたこともあって、崔恭が起用されることになった。[67] これは内閣主導の人事以外のなにものでもない。そして五カ月後に崔恭が丁憂で位を去ると姚夔が、その死亡後は尹旻が吏部尚書に就任したが、これらも内閣の意向に従って行われた人事であった。まさに内閣による吏部の傀儡化といえるが、さらにこれより「吏部、必ず先に内閣に謀りて後に定む。……吏部、内閣と相い党付すること多し」[68] という雷礼の言葉のように、上級官の人事では、常に内閣の意向が反映されるようになったのである。その意味でいえば、李秉の辞職は人事権を巡る吏部と内閣の関係におけるひとつの画期となったということができるのである。

注

（1）『実録』巻六一、成化四年一二月庚子。
『実録』本条は、「雲南道監察御史戴用言六事」として「一、励実行」「二、精考察」「三、公薦挙」「四、均爵賞」「五、弭盗賊」「六、革宿弊」の各項の内容を掲載し、最後に「疏入」とし、それに続けて「上曰、所言有理。……」と成化帝の意向をあげ、さらに「於是」として、成化帝に対応を付託された各官庁の意見を記述し、「上倶従之」として記事を終える。各項目の原文史料については、該当個所ごとにあげることにする。

（2）『実録』巻六一、成化四年一二月庚子。
一、励実行。謂邇者妖星示変。陛下聴言納諫、日御経筵。可謂憂且勤矣。然天道難知、禍福倚伏、不可不益図治理。伏望於聴講之時、義有疑難、少垂辦析、語渉治乱、深思体認、及令講官日采古今故事或祖宗宝訓数条進講、以広聴明講。

畢復留内閣大臣、出諸司章奏、商確可否、如有重難事機、兼召該部堂上官参議、則励精有実、天意可回。（「或祖宗宝訓」は原文では「故祖宗宝訓」となっているが、校勘記に従い改める）

（3）『実録』巻二、天順八年二月乙巳。
吏部臣奏。監察御史呂洪等建言、謹天変以召和気。欲将大臣不職者黜退、而選正人、以充其位、謹具両京堂上官職名、以聞。上曰、両京堂上官且不動。各宜修省以謹天威。

（4）『実録』巻六一、成化四年二月庚子。
……疏入。上曰、所言有理。励実行、朕自処置。今後両京四品以上官、吏部具缺、朕自簡除、方面官、照正統間例保挙。余付所司計議以聞。

（5）『実録』巻六一、成化四年二月庚子。
五、弭盗賊。古昔人民所以輯睦而無虞者、以其隣里有相保之意也。今、京城内外軍民襍居、有夜被強盗、将一家綑縛、或尽殺死劫財、而全無顧忌、隣人佯若不知。此非首善之地所宜然也。乞勅法司行該巡捕官員、令将京城内外軍民之人、毎十家編為一甲、聯書姓名、互知丁業、如一家被盗、九家倶出截捉。違者治以罪、則人皆懼、而盗賊可息。（「行該巡捕官員」は原文では「勅法司行仰巡捕官員」となっているが、校勘記に従い改める）
六、革宿弊。出内帑以贍軍者、此帝王盛徳事。今、京衛軍士歳給冬衣布花鈔錠。乃内帑所儲而守庫官員毎遇軍士関領、需索科送、否則不得関領、以致軍士衣不及時、甚則掲借出息、物帰債主、而軍士終不得用。宜勅該部行仰該差給事中御史等官、親詣該庫、帯領委官、依次関領、及時給散、則軍受実恵、而宿弊可除。

（6）前注（4）参照。

（7）『実録』巻六一、成化四年二月庚子。
戸部議、軍士関領布花皆有此弊。請如其言、行移各処倉庫、悉著為令。

三法司議、京城軍民不係一方之人。往来不常、遷徙不一。今編定為甲、聯書姓名、不無時常編換。甚為煩擾。況有欽定榜例、不為不重。合再行申明、敢有故違者治以重罪。上倶従之。

（8）『実録』巻六一、成化四年一二月庚子。
精考察。謂朝廷挙措不可不精。今在内官員雖詔大臣考察、但黜三五老疾、以応故事。其在外者、雖朝覲考察、然止憑上司開報、賢否多有不公、故黜者累訴冤枉。宜勅吏部・都察院省令来朝各該上司、従公開報所属官員賢否、斟酌黜退。仍行各該巡撫等官、隔別体訪究治、庶考察当而人心服。（「朝廷挙措」は原文では「朝廷挙錯」となっているが、校勘記に従い改める）

（9）後注（58）参照。

（10）後注（59）参照。

（11）『実録』巻六一、成化四年一二月庚子。
吏部議、考察之制、旧例朝覲官、従本部会都察院堂上官、揔各該上司開報、以憑黜退。今欲将已考過者、復行巡撫等官隔別詢訪、則事体不一、起人紛擾。合仍依旧例考察。於内果有貪暴者、許科道官指実、具名劾奏。……上倶従之。

（12）『実録』巻六一、成化四年一二月庚子。
公薦挙。謂曩者両京堂上及方面正佐官遇有員缺、吏部依例、会同在京各衙門堂上官推挙、今乃一帰之吏部。然知人則哲、従古為難。況存心広狭好悪各異、心知其非而口不敢言者多矣。宜勅吏部、照正統年間例、遇有員缺、仍会内閣并堂上官推挙、挙非其人者連坐、庶賢路大開、而不才者不得以倖進。（「心知其非」の「非」、「遇有員缺」の「缺」は本文では原欠、校勘記に従い補う）

（13）前注（4）参照。

（14）このような人事の方式は、「会同推挙」「会官推挙」の省略形として「会挙」「会推」、「廷議推挙」「廷議推陞」の省略形として「廷推」と呼ばれる。これらが同じ意味をもって使われる例もあるが、一方で時代によって用法が異なることもあり、また対象とする官職、会議の構成員など、必ずしも同じものといえないところがある。ここでは「会挙」としておくが、必要に応じて「廷推」も使用することにする。

（15）『明史』巻一六八「江淵伝」に、

会兵部尚書于謙以病在告、詔推一人協理部事、淵心欲得之。（陳）循等佯推淵、而密令商輅草奏、示以石兵江工四字。淵在傍不知也。比詔下、調工部尚書石璞於兵部、而以淵代璞。淵大失望。

とある。『明会要』巻五八「選挙二」「廷推」は、これを最も古い例としてあげている。これは景泰年間という特殊な事情下での、内閣による兵部尚書の人事をめぐっての例で、必ずしも今いうところの吏部を中心としたものではない。ただ、堂上官の人事が合議によってなされた一例とみることはできるであろう。

（16）『明史』巻一七七「王竑伝」に、

憲宗即位。給事中蕭斌・御史呂洪等、共薦竑及宣府巡撫李秉堪大用。下廷議、尚書王竑・大学士李賢請従其言。帝曰、古人君夢卜求賢。今独不能従輿論所与乎。即召竑為兵部尚書、秉為左都御史。命下、朝野相慶。

と、科道官の推挙を受けてとはいえ、廷議で人事が決定される例がみえる。このことはまた、『実録』巻八、天順八年八月辛卯に詳しい。

（17）『実録』巻一六、成化元年四月庚寅の条に、武官の履歴管理の監督を担当する兵部侍郎の人事において、会挙を行った例がみえる。

清理武選貼黄、例用本部并都察院堂上官各一員提督。今会官挙翰林院修撰岳正堪任侍郎、礼科給事中張寧堪任僉都御史。

この一件については後述する。（なお、文中「僉都御史」は原文では「都御史」となっている。「僉」を補ったことについては後注（34）を参照）

（18）『明史』巻一八五「徐恪伝」に、弘治五年のこととして、次のようにある。

中旨改南京工部侍郎。恪上疏曰。大臣進用宜出廷推、未聞有伝奉得者。

（19）『春明夢余録』巻三四「吏部」「推陞」に、次のようにある。

嘉靖中、礼部尚書汪俊請告。上径取南兵部侍郎席書、補其缺。吏部尚書喬宇固争、以為尚書不由会推、祖宗百余年所未有。請収回成命、令俊与書各守職如故。人韙之。

（20）『実録』巻六一、成化四年一二月庚子。

均爵賞。各部属官資秩相等、而陞授不同。如吏部主事、甫及三載、輒陞員外郎或署郎中、郎中未及考満、有陞在京堂上或方面正員、而他部官員鮮能及此。是豈以吏部属官之才行果高于他部之属官。特由吏部自重其衙門、回護其属職故、往往驟遷。爵賞不均、莫此為甚。宜勅吏部、今後郎中・員外郎有缺、許於各部主事・員外郎陞調、而吏部主事・員外郎亦調陞別部、不許久擅要地。其郎中有陞、務従各部堂上官公同推挙、庶陞授適均、人知警勧。(「各部属官」の「部」は本文では原欠、校勘記によって補う。「許於各部主事・員外郎陞調」は原文では「員外中」となっているが、校勘記に従い改める)

(21)『実録』巻六一、成化四年二月庚子。
吏部議、……爵賞之法、本部奏准、各部属官倶於本部転陞、而六部未嘗不一。前此部属亦嘗有推挙侍郎・都御史・通政・少卿・布政参政・参議等官者、而六部亦未嘗不同。今欲以本部属官与別部更相調陞、則於例有碍、紛更不便。其推挙郎中、合遵今欽依事理、三品堂上官保挙擢用。(「本部属官与別部」の「部」は本文では原欠。校勘記は指摘しないが、補うべきだと考える)
なお、ここにあげられている六部属官の陞任先については疑問が残る。正統年間以来の例をあげて官職ごと陞任径路を明らかにする、胡文煥『官級由陞』を参照しても、六部属官の筆頭である郎中の陞任先については、布政司左右参政・右通政を最高位としてあげるが、侍郎・都御史の記述はない。ただ、行論上に支障がないので、ここでは『実録』原文のままとする。

(22)『実録』巻六一、成化四年二月庚戌。
『実録』本条は、
監察御史劉璧等奏、比監察御史戴用等陳薦挙之事。聖諭謂、自今両京四品以上官、吏部具缺、朕自簡任、方面官、照正統間例保挙。臣等有以知陛下求賢図治之盛心、即古帝王旁求俊秀、立賢無方之心也。然于此、猶切有疑焉。何則堯舜之聖、尚以知人為難。故必明目達聰、以天下之聡明為聡明。
としたうえで、皇帝特簡と方面官人事での保挙制採用に対する反論を掲載し、続けて、
会吏科給事中沈珤等亦以為言。

と、同様の意見が出されたことを示唆したうえで、成化帝の反論ならびに吏部の対応を合わせて記述する。

（23）『実録』巻六一、成化四年一二月庚戌。

今陛下選任廷臣、乃欲独断于己。吏部不得預、則台諫不敢言、万一有失、誰任其咎。又曰、吏部之選挙、雖下僚末職、亦不過具実奏聞、上請裁処。未嘗敢自専。苟或薦非其人、士論得以攻之、台諫得以言之、朝廷得以罪之、庶幾正其事、而救其失。祖宗列聖之立法、所以不自簡除、正以此耳。且以堯舜之世猶有四凶之悪。当今百僚之中、豈能人人皆賢。陛下雖曰明見万里、果尽知其孰為賢而可用、孰為非賢而不可用耶。万一知有未尽、則必詢諸一二近侍大臣。然能保其果無受賄市恩、而所挙非所用乎。在外者以為専主于陛下、而不敢言其失。彼自以為得計、方且夤縁作弊、売官鬻爵無所不至、則其為患也大矣。且君上之職与臣下不同。君総其綱、而臣任其煩、君享其逸、而臣分其労。若使在京四品以上官、陛下悉自簡除、非惟労煩聖体之所当慮、無乃以万乗之尊而行有司之事乎。臣等窃以為、此非出於陛下之本意。其必有不恤国体、偏為身謀之人、欲仮陛下之専、以塞天下之口、窃朝廷之権、以済一己之姦耳。

（24）『実録』巻六一、成化四年一二月庚戌。

又曰、今吏部之官、即成周之冢宰、在陛下慎重其人、委任而責成之。若保挙之設、蓋一時権宜之術、而非経久常行之利。向使挙之、悉得其人、猶恐有政出多門之患。苟或受嘱徇私、各挙其所親厚、以分植其党与、則請託之風益長、賄賂之門大開、其弊殆有不可勝言者矣。彼尚節義、而崇廉退者、陛下安得而用之哉。又曰、陛下妙選天下之賢、以司吏部之職。彼必顧天下之公議、以副陛下之任。使両京大僚及方面有缺、先由吏部、或会内閣、或多官計議、径自推挙堪任之人以聞、陛下然後従而裁決之、則無独断之名、而享成功之利。又令間行保挙、以収兼聡之明、仍厳連坐之法、以防挙主之偏。若居吏部者徇私曲法、弗称其任、則必重其罰而黜其人可也。（「保挙之設」は原文では「保挙之説」、「両京大僚及方面有缺」は原文では「有鈌」となっているが、校勘記に従い改める）

（25）前注（22）参照。

（26）『実録』巻六一、成化四年一二月庚戌。

上曰、特旨擢大臣与大臣保挙方面、皆祖宗旧規。吏部可具疏永楽以後勅旨除授在京堂上官、并宣徳・正統間保挙方面等官事例、明白奏聞。已而吏部悉如聖諭上之。

(27)『実録』巻六一、成化四年一二月庚戌。

詔。以前事既有祖宗旧規。璧等顧敢徇私背公、妄言沮止。其間必有主之者。可自陳状。違者倶論以法。

(28)『実録』巻六二、成化五年正月戊午。

六科給事中・十三道官具本認罪、上宥之。先是、給事中沈珤等及監察御史劉璧等陳言公薦挙事。奉旨、命吏部考永楽以後勅旨除授、并宣徳以後保官事例、来聞。既而吏部覆奏。上責珤等、令回話。於是、珤等言。臣等伏覩綸音、措躬無地。仰惟皇上徳同克舜、納諫如流。邇因修徳弭災、爰命臣等勉于修職。臣等感激、思欲仰副聖心、少露犬馬之誠。乃以公薦挙事、会本具奏、実出衆情。今皇上欲遵祖宗簡賢任官旧規、挙而行之。蓋所以図治理也。但宸衷淵黙、非凡庸所能仰測。況学識膚浅、昧於典故、輒陳迂言、冒瀆聖聴。臣等不勝戦慄、待罪之至。上曰、爾等故違祖宗旧制、欺誑朝廷。本当逮問、但既引罪、姑宥之。仍各停俸三月。

(29)『明史』巻一七七「王翺伝」。

景泰三年、召還掌院事。……明年、召入為吏部尚書。初何文淵協王直掌銓多私、為言官攻去。翺代、一循成憲。天順改元、直致仕、翺始専部事。石亨欲去翺、翺乞休。已得請、李賢力争乃留。及賢為亨所逐、亦以翺言留、両人相得歓甚。帝毎用人必咨賢、賢以推翺。以是、翺得行其志。

(30)『実録』巻二二、天順八年三月庚申。

戸部尚書年富奏乞致仕、不許。時富以陝西辺儲供給繁重、務在得人、欲黜左布政使孫毓、而進右布政使楊璿・左参政婁良・西安府知府余子俊。吏部尚書王翺因言、富侵己職。且擅注擬。当下于理。上命毓致仕、而不問富。富覆奏、人之賢不肖、非吏部一二人所周知。必須広延衆論、博採群議、庶合公論。臣進賢為国、触怒吏部。況衰老智識昏愚。乞放帰田里。上素重富、諭曰、朕已知卿本心。勿因此小故求退。（「朕已知卿本心」の「知」は本文では原欠、校勘記によって補う）

(31)『実録』巻二二、天順八年三月癸酉。

詔吏部、会内閣・六部・都察院諸司、覈方面官。黜河南左布政使侯臣等十三人。以江西右布政使王恕為河南左布政使、江西按察司副使章絵為河南右布政使、徳安府知府周鐸為広西右参政、兵部郎中張雄為福建右参議、御史戸淳為福建左参議、戸部郎中高諒・工部員外郎沈祥為四川右参議、礼部員外郎陶銓為陝西右参議、礼科給事中王予為湖広右参議、湖広僉事劉敷為貴州副使、工科給事中黄暉為広西僉事、刑部主事劉子粛為福建僉事、大理寺右評事陳孟晟為雲南僉事。

（32）『実録』巻四、天順八年四月己丑。

陞徽州府知府孫遇為江西布政司右布政使、刑部郎中欧陽熙為河南按察司副使、監察御史顔正為四川僉事、裴斐湖広僉事、刑科給事中夏時山東僉事、大理評事翟政山西僉事、翰林院検討兼国子監助教劉晏止陝西僉事提督学校。従給事中金紳言、吏部会内閣・各部・都察院・通政司・大理寺三品以上官推挙、得遇等擬職、以聞。上皆可之。仍詔吏部、今後方面官缺多、会官議、缺少、本部自行挙用。

（33）『実録』同、乙巳の条に、戸部尚書年富の死亡記事があり、その経歴が記され、王翶との確執のことに続いて次のようにある。

……因求退、不允。忿翶専恣、疽発而卒。年七十。……聞者深惜之、而咎翶之専愎云。

（34）『実録』巻一六、成化元年四月庚寅。

兵部尚書王竑等言。清理武選貼黄、例用本部并都察院堂上官各一員提督。今会官挙翰林院修撰岳正堪任侍郎、礼科給事中張寧堪任僉都御史、請旨簡用。内批、会官推挙、多徇私情、不従公道。止令侍郎王復不妨部事、同右副都御史林聡清黄。自今内外欠官、不必会保。岳正・張寧陞外任。（「堪任僉都御史」の「僉」は本文では原欠。校勘記もこれを指摘しない。ただ同様の記録を残す『国榷』巻三四では「僉都御史」とする。給事中から都御史への転任はありえないので、ここでは『国榷』に従って補う。また「同右副都御史林聡」の「右副」は本文では原欠。校勘記もこれを指摘しない。ただ『明史』巻一七七「林聡伝」によれば、右都御史になるのは成化二年のことで、ここは右副都御史が正しい）

（35）『国榷』巻三四では同様の記事をあげて、その最後に、

蓋李賢託歴練、外之。

と記し、さらに馬晋允の、

李文達賢相也。其立朝、興利去弊、竭志尽誠、多可嘉者。独其斥張寧、沮葉盛、不救王徽・王渕、不用岳正、遂使直道不合于時、正士不究其用。君子譏焉。

という評言を加える。また『明史』巻一七七「王竑伝」には次のようにある。

清理武選貼黄欠官、竑偕諸大臣挙修撰岳正・都給事中張寧。為李賢所沮。竟出二人於外、并免会挙例。竑憤然曰、吾尚可居此邪。即引疾求退。帝方嚮用竑、優詔慰留、日遣医視疾、竑請益切。九月命致仕去。竑為尚書一年、謝病者四月、人以未竟其用為惜。既去、中外薦章百十上、並報寝。

(36) 前注(35)、『明史』「王竑伝」参照。

(37) 『実録』巻二五、成化二年正月壬子。

吏部奏黜浙江等十三布政司・按察司・南北直隷府州県官来朝、并在任官一千七百八員。……上命老疾者致仕、罷輭無為及素行不謹者冠帯閒住、貪暴者除名為民。

(38) 『実録』巻二五、成化二年正月己巳。

上諭吏部臣曰。今布政・按察二司欠員数多。令六部・通政司・大理寺三品以上堂上官、各挙所知二三員、不限中外、各具才行実跡并注堪二司正佐移文。吏部仍会同内閣、従公定与職事。日後坐贓、連坐挙主。以後仍照旧例推挙。於是、礼部尚書姚夔等各挙所知広東按察司副使等官陳濂等五十二人堪任布政使等官。会同大学士李賢等、定擬職任。

(39) 『実録』巻一八、成化元年六月乙未。

太子太保兼吏部尚書王翺懇乞休致。有旨、卿年老、固当優閒。但此重任、非卿不可。宜為朕勉留任事。自今朔望朝参。

(40) 『実録』巻三七、成化二年一二月甲寅。

少保吏部尚書兼華蓋殿大学士李賢卒。……年五十九。上震悼輟朝一日。賜葬祭如例。贈特進光禄大夫左柱国太師、諡文達。

(41) 『実録』巻四四、成化三年七月壬午。

太子太保吏部尚書王翺寝疾余五月。乞退間養病。詞甚懇切。上曰、卿歴事累朝、為国老成。朕方倚任。豈宜辞去。但今病篤、姑勉従所請。時翺八十有四歳矣。

(42)『実録』巻三七、成化二年一二月丙辰。
命太常寺少卿兼翰林院侍読学士劉定之於内閣参預機務。定之辞、上以其練達老成、不許。

(43)『実録』巻四〇、成化三年三月戊辰。
復商輅為兵部左侍郎兼翰林院学士、内閣参預機務。天順初、輅為石亨所誣、除名、屏居郷里者十年。至是復起用用之。輅具疏辞免。上曰、先敵已知卿枉。朕今擢用卿、可勉力効用。不准辞。

(44)『実録』巻四九、成化三年一二月辛丑。
以都察院左都御史李秉為吏部尚書。

(45)『明史』巻一五九「崔恭伝」。
吏部欠右侍郎。李賢・王翺挙恭、遂召用。置勧懲簿、有聞皆識之。翺甚倚恭、転左。

(46)『実録』巻四六、成化三年九月丙寅。
陞吏部左侍郎崔恭正二品俸。以秩満九載。

(47)『実録』巻四四、成化三年七月戊辰。
陞監察御史章瑾為右僉都御史巡撫陝西。先是、召項忠還京、命吏部挙可代忠者。吏部以河南左布政使楊璿・陝西左布政使張鑾名聞。内批用瑾。……於是、六科給事中沈珤等言……伏望、皇帝将章瑾降黜、或間住、另選名望素著才行老成之人、以代巡撫。彰国法予奪之公、示小人奔競之戒、庶得人心痛快、物議止息。

(48)『実録』巻四五、成化三年八月庚戌。
黜都給事中黄甄・左給事中董振・右給事中紀欽・給事中王秉・彝侯・御史魏瀚・滕霄・曹英・姚綬于外任。時巡撫巡撫都御史欠員。吏兵二部以（都給事中黄）甄・（御史魏）瀚二人名上、請旨点用一人。十三道御史聯署劾甄行止不端、瀚浮浅姦貪、難居重職。上曰二人既不堪任、各官如何濫挙。主之者誰。其具実回奏。於是、吏部侍郎崔恭等上章認罪。

(49) 『実録』巻四七、成化三年一〇月壬戌。
提督軍務左都御史李秉・靖虜将軍総兵官武靖伯趙輔等奏。征勦建州虜寇、已将左哨官軍之捷具奏。其右哨、于九月二十九日歴宋産八李歛赤馬木冬李古納等寨、与賊大戦三十余。……若遽班師、恐其余党復起。請移文秉輔会議、分立為経久之計、然後班師。上曰、虜寇既殄滅。其勅輔等将辺務処置得宜、然後班師還京。

(50) 『実録』巻四九、成化三年一二月辛丑。
以都察院左御史李秉為吏部尚書。

(51) 『明史』巻一七七「李秉伝」。
左侍郎崔恭以久次、当得尚書、秉得之。頗不平。右侍郎尹旻嘗学於李秉、李秉初用其言、既而疎之。

(52) 『実録』巻五二、成化四年三月戊子。
復命提督両広軍務兼巡撫左副都御史韓雍専一総督軍務。以広東左布政使陳濂為都察院右御史、巡撫広東、福建按察使張鵬為左僉都御史、巡撫広西。以雍奏両広地方広闊、軍民事繁、一人不能遍歴。乞各増文職大臣一員、分理巡撫。仍命文武重臣各一員、専在両広接界梧州府駐箚、提督軍務、総制軍馬。兵部覆奏。上以為宜如所請。於是、命雍専一提督軍務。其巡撫官、兵部会同吏部、推挙堪任者以聞。於是、尚書李秉・白圭合奏濂・鵬堪任。故用之。

(53) 『実録』巻五三、成化四年三月戊申。
工部左侍郎彭誼為右副都御史巡撫遼東。時巡撫都御史張岐坐不法当逮問。詔挙堪巡撫者二人。吏部挙太僕寺卿鄭寧・大理寺左寺丞田景暘。上曰、遼東巡撫官自王翶後、累見更換、甚不便。可於在廷大臣中挙二人。於是、吏部復挙誼及刑部左侍郎曾翬。詔用誼。

(54) 『実録』巻五三、成化四年三月癸丑。
兵科給事中陳鶴言三事。……乞於大同・宣府、仍各設都御史一員、各自巡撫。……事下兵部議、謂宜命所司参酌挙行。上従之。命会官推挙堪巡撫宣府者、以聞。

(55) 『実録』巻五三、成化四年三月丁巳。

以太僕寺卿鄭寧為都察院左僉都御史巡撫宣府地方。

（56）商輅への批判は辛辣を極め、例えば監察御史胡深等のように「売国の奸にして、実に皇上の罪人なり」と痛罵するものさえあった。

『実録』巻五八、成化四年九月庚午。

監察御史胡深等六人言。邇者天出彗星、昭示鑒戒。……如兵部左侍郎兼翰林院学士商輅、乃先帝親擢、恩倖無比。当皇上正位、青宮郕邸密謀廃立、彼以内閣大臣、略一言正救、方且自図富貴、徇其邪謀。是乃売国之奸、実皇上之罪人也。

（57）この言官の活動経過について簡単に説明を加えておきたい。初期には、気候異変を受けての成化帝や政権中枢部への「修省自戒」の要求であったものが、言路の確保を巡っての対立、政府高官への名指し批判、そして罷免要求、という段階をへてきた。この間、政権中枢部と言官の対立は厳しさをましたが、「言路を開く」という大義名分から、直接厳しい措置がとられることは少なかった。しかしこれは逆に、言官の活動を個人を標的にただその罷免を要求するという、いささか偏頗なものにし、ついには弾劾の疏状を皇帝に直接手渡すという一部の言官の異常な行動になって現れる。これはさしもの言官の内部にも反発を呼び、最終的には孤立化した一部の言官が処罰されることになった。先鋭の度を増すごとに、これら言官の行動は同調者を失っていたといえる。だからこそ、この処分を契機に商輅等への罷免要求の動きは一挙に収まることになったのである。

（58）『実録』巻五九、成化四年一〇月丁酉。

太子太保吏部尚書李秉等奏。近雖両奉詔旨、国子監生有不能出仕、願告回家者、与冠帯閒住。奈何監生之中甘於恬退者少。本部記名聴選者、見有八千余名、而逐年各衙門送来者、尤多於毎年所選之数、以致積滞数多、賢否淆混。其間衰老者鋭気已消、庸懦者素志不立、加以待選年久、度日艱難、一旦授以府州県官、不免漁猟于民以為家計。欲有司得人、而民受其福難矣。茲欲将該選監生考選。年貌精壮、文理平順、行移通暁、写字端正四事、倶可取者、居優等選用、或三事、或二事可取者、量才授任。其三事倶無可取而年貌衰老者、以詔書例、令冠帯閒住、則任用得人、而不才不得倖進、選法疎通、而人心不至於壅滞矣。従之。

(59)『明史』「李秉伝」。
秉鋭意澄仕路、監生需次八千余人、請分別考核、黜庸劣者数百人。於是怨謗紛起。

(60)『実録』巻五九、成化四年一〇月己亥。(本文は「己卯」とするが明らかな誤りである)
吏部以修徳弭災、考察内外聴選官、為三等。主事楊紹等六十九人給陞授散官、致仕。郎中鐘成等二百六十五人致仕。

なお本文にある「聴選」は、『明史』「選挙志」に「初授者曰聴選」とあるように、一般には最初に官職を授けられる場合をいうが、ここでは意味が合わない。前後の関係から本文に記述したように解釈しておく。

(61)『実録』巻五九、成化四年一〇月丁未。
吏部以修徳弭災、考察京官。年貌衰憊、不堪任事、致仕者戸部郎中辺永等十二人、操行不謹、冠帯閒住者刑部郎中高閏一人。

(62)『実録』巻五九、成化四年一〇月癸丑。
吏科給事中毛志言。……且如戸部郎中辺永、以六十有五被黜、而年過於永、素行不端、如兵部員外郎蕭継者尚留工部郎中、鍾成以有疾被黜、而久病曠職、清誉無聞、如本部郎中彭盛者尚在。其於公論何如也。……仍勅吏部会同都察院、再行公同考覈、庶幾事体帰一、賢否昭明、士風丕振、災眚可消。(「其於公論何如也」の「其」は本文では原欠、校勘記によって補う。また「事体帰一」は原文では「事帰一体」となっているが、校勘記に従い改める)

(63)『実録』巻五九、成化四年一〇月甲寅。
監察御史康永韶等言。……臣等陳言、請考察庶官、荷蒙采納。不意、各官心懐顧忌、止将丁憂存家并各衛首領官、聊退数員、虚応故事。……乞勅吏部会同都察院、厳加復考。……吏科給事中沈珤等亦以為言。詔、既已会官考察、不可必覆考。有不当者、待考満日、吏部具実奏請処置。

(64)『実録』巻六二、成化五年正月戊辰。
吏部奏黜浙江等十三布政司・按察司并南北直隷府州県来朝并在任官。布政司参議鄧義等官二千五百六員、命老疾者致仕、罷輭無為及素行不謹者冠帯閒住、貪暴者為民。

（65）『明史』「李秉伝」。
会朝覲考察、秉斥退者衆。又多大臣郷故、衆怨交集。

（66）『明史』「李秉伝」。
大理卿王槩亦欲去秉代其位。乃与（彭）華謀、嗾同郷給事中蕭彦荘劾秉十二罪。且言其陰結年深御史、付己以攬権。帝怒、下廷議。（崔）恭・（尹）旻輒言、吾両人諫不聴。刑部尚書陸瑜等付会二人意為奏。帝以秉徇私変法、負任使、落秉太子少保、致仕。

なお蕭彦荘の弾劾および李秉の辞職については『実録』巻六二、成化五年正月丙子に詳しい。

（67）『国朝列卿記』巻二五「崔恭伝」。
五年（李）秉被劾。恭与（尹）旻対款承伏、而秉竟罷位。比人在科道比秉者、共訐内閣彭時欲引大理卿王槩、搆陥秉去。大学士商輅欲解彭・王之疑、遂急補恭吏部尚書。未幾丁母憂。

（68）『国朝列卿記』巻二五「尹旻伝」。
初国朝進退大臣、皆出宸断。天順間、陸用大臣、毎朝畢、宣吏部発玉音、除某人為某侍郎・尚書。成化間、始有吏部会官推挙之例。其権遂帰於内閣。毎遇欠、吏部必先謀於内閣而後定。稍出己意、必令再推、或諷使所私言官論劾。故吏部多与内閣相党付。

第五章　掣籤法と吏部尚書孫丕揚

はじめに

明朝の万暦年間、官僚の人事、すなわち銓選の一方式として掣籤法が施行されることになった。「掣籤」とは、読んで字の如く「籤を掣（抽）く」ことである。人の意の介入しない籤の偶然性に、官僚の人事を委ねようというのが、掣籤法の基本的な姿勢であった。

ところで明朝が、皇帝を上に戴き、その下で六部尚書を頂点とした官僚組織によって運営されていたことは、いまさら指摘するまでもない。ただ、その限りにおいていえば、官僚組織を根幹的に支える官僚の人事は、国家を運営するうえで重要な位置を占めるものといわねばならない。それは政策決定に深く参与する上級官僚に限ったことではない。中・下級官僚に対する人事といえども変わるところはないといえる。上級官僚とて官僚組織の階梯を登りつめたものにほかならず、またその下部組織に支えられることによって初めてその政治運営を可能としたのである。ここにこそ、単に官僚個人の問題にとどまらず、国家運営の観点からも、官僚の人事が重要視され、かつそれを統轄する吏部の尚書が他の尚書とは別格に扱われる所以があったといえよう。

吏部に正当な人事の執行が求められたことはいうまでもない。だが、人事の正当性ほど難しいものもまたない。人事にはその基準が必要であるが、官僚の出身・経歴のみに基づく、いわゆる年功序列をあまりに厳格に採用するならば官僚世界は硬直化して活気を失うし、かといって能力主義に傾けば官僚世界の秩序を乱し、一部を除いて多くの官僚の士気が沮喪されることにつながりかねない。まして能力の判定ともなれば、それ自身に困難さが伴うと同時に、まま私意の介入を許すことになり、その結果、人事への不信感と不満を生みだすもとともなるのである。

掣籤法はここに籤を持ち込もうというのである。たしかにその偶然性をほかならぬ「天意」とみなすことによって、人事にまつわる問題を一部なりとも解消することにはなろう。だが吏部が吏部であるのは、困難な人事を、またそれが困難であるからこそ、あくまで自己の責任において官僚の資格や能力を酌量し、それに相応しい官職ならびに員缺（ポスト）を割り当てるところにあるはずである。それを籤に委ねることは、責任の放棄につながることになりはしまいか。事実、その非をいうものは多い。当時すでに「銓部を譏りて籤部となす」と、銓選を掌る吏部を、その音の近似性もあって籤部と揶揄するむきもあったし[1]、万暦末年の顧大韶は韓愈の「毛穎伝」に倣い、筆ならぬ籤を擬人化した「竹籤伝」を著し、その効用を説いたというが、顧炎武はこれを「憤世滑稽の言」と評するのである[2]。しかし掣籤法への批判はこれにとどまるものではなかった。籤そのものではなく、吏部ないしは銓選の本来からして、掣籤法はあるべき姿ではないとするのがそれである。以下、その代表的なものとして于慎行『筆麈』の文をあげておこう。

関中の太宰孫公丕揚、清謹の品なり。……また内人の請托、以て従違しがたきを患い、外官を大選するに、立てて掣籤の法を為る。一時、宮中、相い伝え、以て至公となし、下、小民閭巷に逮ぶまで、翕然として称誦するも、而れどもその体にあらざるを知らざるなり。古人、除吏条格を見て、却けて視ず、以て一吏にて足れりとなす。奈何ぞ、衡鑑の地、自ら一吏の職に処りて、成を乗るところなきや。また以て陋なり。人才の長短に至りては、各の宜しくするところあり、員格の高下に、各の便なるところあり、地方の煩簡に、各の合するところあり、道里の遠近に、各の準ずるところあり。而るに探丸の智を以て挈瓶の守となす。是れ鏡を掩いて以て索照すべく、衡を折りて以て懸決すべきや。古より以来、この法を聞かず。(3)


掣籤法が批判されるのは、また自明のことであったともいえる。それにもかかわらず掣籤法は施行され、清朝にも継承されたのである。そこにはそれなりの理由がなければならない。掣籤法についてはすでに張栄林氏に論考があるが、(4)本章では、掣籤法が施行されるに至った原因の解明に主点を置き、合わせてその歴史的意味を明らかにしていきたい。

一　掣籤法とその施行

『明史』「選挙志三」は、選人の法として銓選の概略を述べたのちに、掣籤法について次のようにいう。

その初め拈鬮法を用い、万暦の間に至りて、変じて掣籤となす。二十九年、文選司員外郎倪斯恵、条して銓政十八事を上る。その一に曰く、掣籤を議す、と。尚書李戴、擬して行わんとするに、可と報ぜらる。孫丕揚、踵してこれを行う。のちその失を議る者あると雖も、終明の世、復た更めざるなり。[5]
すなわち掣籤法は従来の拈鬮法に代えて、万暦二九年に吏部の銓選担当部署である文選司の員外郎倪斯恵が上疏し、尚書の李戴がその施行をはかって裁可されたものであり、のち孫丕揚が継承して行った、というのである。これは『明史稿』の記事と全く変わるところなく、王鴻緒の記述をそのまま採用したものであるとみなすことができる。
対して、同じく『明史』の「孫丕揚伝」では、
二十二年、吏部尚書に拝せらる。丕揚、挺勁不撓にして、百僚、敢えて私を以て干す者なきも、独り中貴の請謁に患う。すなわち創りて掣籤法となし、大選・急選はことごとくその人の自ら掣くを聴し、請寄、容るところなからしむ。[6]
とする。これは『万暦邸鈔』二二年八月の、
吏部尚書孫丕揚、選法を更定す。およそ急選・大選は、ともに該員缺、内府において親自抽籤し、衆に対して註缺せんとす。奏上して、可と報ぜらる。[7]
とも一致するものであり、その創始は孫丕揚に係り、時期も万暦二二年のことであるとする。『東林列伝』「孫丕揚伝」をはじめとして、これに従うものは多い。[8]
ここにみたように掣籤法の施行とその創始者については二説あるが、ひとまずこの両説を検証しておきたい。『欽定続文献通考』は後説をとり、『明史』「選挙志」を批判するが、それは次のように展開される。[9] 先に引用した「孫丕揚伝」に続けて、『明史』「李戴伝」に、
在外府佐及び州県正佐の官、則ちことごとく掣簽（籤）法を用う。部権、日に軽く、戴、事を視るに、謹みて新令を守り、罪なきを幸うのみ。[10]

と、李戴はその尚書時代に、すでに存在していた掣籤法を墨守し、そのことで銓選に関わることによって罹る非難から身を守りえたとあること、また『神宗実録』（以下、本章においては『実録』と略称する）の二三年五月に、

吏部孫丕揚、選法に掣籤を用い、頗る無私と称せらる。[11]

と、明言されていることをあげて、掣籤法が李戴ではなく孫丕揚に始まることは疑いのないものとしている。そして『実録』の二九年の七月に、

吏部尚書李戴、銓政を陳言す。一に職掌を明らかにす。……一に推陞を議す。……一に資俸を酌る。……掣籤を議す、考試を議す、凡十八事。文選司員外郎倪斯恵の条上するところなり。報ぜず。[12]

と、『明史』が典拠とする倪斯恵の手になる上疏を李戴が提出したものの、それが「不報」の扱いを受けたことを指摘し、『明史』「選挙志」が「擬して行わんとするに、可と報ぜらる」とするのは「また失考に属す」と断じている。この『欽定続文献通考』があげる例と類似するものは他にもある。その創始が孫丕揚に係ることをいう同時代人の証言としては、『古今治平略』に、

二十六年に至りて、科臣曹大咸、奏すらく、尚書孫丕揚、掣籤の法を創立するに、人、その公に服す、と。[13]

とあるのがその一例である。また、李戴の上疏は『万暦疏鈔』に収められており、[14]それによれば第一七項に「議掣籤」として確かに掣籤法について論じてはいるものの、その内容をみれば、それがあくまでも現行の掣籤法に対する改革案であることが明らかである。

いま『欽定続文献通考』を中心に『明史』「選挙志」の記述の誤りをみてきたが、これに加えて、この記述には不自然な点があるといえよう。ひとつは李戴と孫丕揚の吏部尚書就任の時期である。すなわち李戴が尚書に就任したのは万暦二六年であるのに対し、孫丕揚が吏部尚書であったのは二二年から二四年にかけてであって、[15]孫丕揚が李戴の

創始した掣籤法を「踵してこれを行う」ことなど、そもそもありえないのである。またひとつは、掣籤法の施行に続けて何の脈絡なく孫丕揚の名を出し、それを継承したことを付け加えている点である。一般に制度の創始についてはその時期を、時にはその創始者をあげるにとどめるのを通例とする。ましてや掣籤法は一時期の中断(16)を除いて、清代においても施行されており、累代の尚書のなかで特に孫丕揚のみをとりたててあげる理由はないといえる。ここは『明史稿』の「選挙志」を記述する際に、従来あった孫丕揚創始説を多分に意識し、それにあえて異説を唱えようとしながらも、十分な検証をしなかったために記述に誤りを生み、結果として「孫丕揚伝」と齟齬をきたしたにほかならず、『明史』もそれを無批判に採用した、と考えるのが妥当であろう。

以上みたことから『明史』「選挙志」の誤りはもはや明らかであるが、かたや万暦二二年に孫丕揚によって初めて施行されたものであるとする後説は、孫丕揚尚書時代の吏部の題奏「選官抽籤註缺、以示至公」によっても確認できる。

　万暦二二年八月内、吏部、題して、選官員缺の改註抽籤、請うらくは東闕において註定し、以て至公を明らかにせんが事の為にす。題称す。……近く該部、急選の法に中り、臣、すでに抽籤に改作せば、人心、翕然として公と称す。独り大選の事、挙動はともに内府に在り、臣等、敢えて事に先んじて入告せずんばあらず。聖旨を奉じたるに、この奏するところ夙弊を釐革し、且つ酌処、宜しきを得たり。深く選法に裨くるものあり、公を秉りて事に任ぜらるるに足れり。都て擬に依りて行え。これを欽めよ、とあり(17)。

すなわち、孫丕揚は二二年八月に、掣籤法を大選において採用しようとして裁可を得たのである。ただ細かにいうならば、これをもって掣籤法の創始とすべきではないかもしれない。この記事に合わせみるように、掣籤法は正式に裁可を得る以前の段階で、すでに急選に際して試行されていたのである。大選と急選については後述するが、ともあれここに掣籤法が遅くとも同年七月には施行されていたと結論付けることができよう。

それでは掣籤法とはいかなるものであろうか。まず、その適用範囲からみておこう。前掲『明史』「孫丕揚伝」に「すなわち創りて掣籤法となし、大選・急選はことごとくその人の自ら掣くを聴し、請寄、容るところなからしむ」とあるように、その対象とするのは大選・急選に該当する官僚であった。大選とは、初めて官位を授けられる者（聴選）及び職務内容に対する評価に基づいて昇進・降格が決定される者に対して、偶数月に行われるものであり、急選とは、上記に該当しない転任及び休職からの復帰者（丁憂起復・候補など）を対象に、奇数月に行われる人事である。ただ、六部尚書以下すべての官僚がこれに含まれるわけではない。明朝の昇任人事はおよそ特簡・会推（また廷推）・部推（部選）そして「由吏部」と表現されるものとに分けられる。このうち特簡は皇帝の特命人事で、内閣大学士・吏部尚書に適用されることがあり、また特殊なものとして進士第一甲三名は伝統的にこれによった。会推は大小九卿三品ないし五品以上の官に、時として科道官が加わり会同合議によって行われるもので、六部尚書・侍郎及び通政使・大理卿・都御史・国子監祭酒などがその対象となる。対して部推は吏部主導のもとに出された複数の候補者のうちから選任されるもので、太常卿以下の京官正官がこれに当る。これら三項に含まれないうちの府・州・県の正官および佐官、そして六部郎中以下の京官属員が常選官と呼ばれ、「吏部に由る」、すなわち吏部の裁量に委ねられたのであり、ここにみる大選・急選はあくまでもこれを対象とするものであったと理解すべきである[18]。とするならば、掣籤法が適用されるのは高級官僚を除く中堅以下の層に限られたものであったといえよう。ただ、この対象となる中堅以下の官僚層は全官僚群の大多数を占めることを考えるとき、その銓政全般に及ぼす影響の決して小さなものではないことが理解できるのである。

さて、掣籤法の方式であるが、それを述べるについては、従来の銓選の法をみておかねばならない。『明史』「選挙志」は拈鬮法が用いられていたとするが、その実際はいま明らかではない。ただ『西園聞見録』に、成化時代の吏部尚書李裕の記事として次のようにある。

　李冢宰裕、大選ごとに先んずること二日、後堂に一木榻を設け、皇天鑑之の四字を上書す。公と二侍郎、傍らに坐し、文選司官、前に立つ。缺員と選人を以て、一一、資格の可否を第し、手牘に註し、謹みてこれを緘して、期に至りて引奏す。塡榜、更に舛錯なく、而して庶官また人を得たりと称せらる。[19]

これは、尚書と侍郎の臨席のもとで文選司の官が「缺員」（また員缺。すなわちポスト）と「選人」（選考対象の人物）をそれぞれ資格の可否を検討して割り当てていくという、当時の銓選の法を具体的に示すものであるといえる。ところで「拈鬮」とは、『説文解字』の段氏注によれば「蔵鉤」の意とする。[20] それに従えば、隠された鉤を捜し出す遊戯のように、ポストに人を、また人にポストを引き当てることと理解でき、ここにみた例が拈鬮法そのものである可能性が高い。

　ともあれ従来の銓選の法は以上のようであったが、掣籤法はこの文選司の官によってなされる、選人と員缺に対する検討と決定の一部を「籤」に委ねようとしたものであった。前掲の吏部題奏「選官抽籤註缺、以示至公」の本論部分はこの間の事情に詳しく、また掣籤法の具体像を明らかにするものである。長くなるが引用のうえで、検討を加えることにする。

　大選の法、双月に遇うごとに、天下の欠官を査し、旨を請いて塡補す。故事、写榜の時、迫れば、期に先んじて缺を擬す。それ缺、預じめ議して過ち寡なきを以て、行うべきに在るがごとし。ただ人、名を知るを以て情をとどむ。事、改むべきに属し、員缺に易えて抽籤の法をなすにしかず。計において善となす。宜しく本部、先に籤筒を置き、応選の缺を各籤に書し、成命の「某人、某官を授く」を奉じるを候ちて、缺を擬して出榜するを容すべし。これその目なり。まさに各官を引きて、東闕に在りて、名を唱えて抽籤せしめて、即ちにこれを定むべし。なかに酌処すべき者あり。授官の地に遠近あり。まさに分ちて北五省・中五省・南五省となし、以て分けてこれに派かつべし。南北の缺に多少あり。まさに定めて中籤となし、互いに南に用い、また北に用いて、以てこれを調停すべし。諸缺のなかに煩簡あり。まさに分ちて甲第州県・科貢才能となし、以てこれを剤量すべし。然る後、具榜張掛すれば、豈に光明正大の永規にあらざらんや。ただ応選の官、動もすれば数百に至る。員缺に易えて抽籤となさば、計るに、尽日にあらざれば允旨を奉ずるあたわず。午前に則ち抽籤して懸榜すれば、当日に能く辦ず。もし午後に旨を奉ずれば、籤榜の諸務、勢い次日に移さざるをえず。また預じめ綸音を請い、臣等、方めて敢えて暁諭を出示して、刻日に挙行するものなり。(21)

そのいうところは次のようである。従来は事前に吏部が各選人ごとに就任すべき官職を決定し、その配当員缺を割り振っていたが、これは過ちを少なくするということにおいてはよいが、その段階で、ともすれば私情がからみかねないものである。これを改めるには抽（掣）籤法に過ぎるものはない。その方式は、吏部があらかじめ員缺（ポスト。この場合は任地）が書かれた籤の入った筒を用意し、前もって（知府なら知府などの）官職就任の命を受けた選人に東闕において抽籤させ、即座に決定する。ただすべてを画一的に処理するのではなく、地理の遠近を考慮して全国を北・中・南に三区分し、(22)また州県の統治に当たっての難易度や選人の出身資格・才能を斟酌する。これこそ光明正大の永規である、という。すなわちここに、掣籤法とは、対象は大選・急選に該当するうちの府・州・県の正官および佐官であり、その任地が掣籤に付された、というものであったことが明らかとなるのである。これはまた吏部の立場に立っていえば、選人の就任すべき官職の決定、ならびに選人とその任地の適格性への再検討のみにかろうじて吏部としての存在価値を確保していたということになろう。

以上、掣籤法の施行とその方式について述べてきたが、そもそもなぜこのような方法を採用するに至ったのであろうか。前掲の吏部題奏では、員缺を配当するに際して、「名を知るを以て情をとどむ」と私情が入ることを理由とするが、人事に私情が入るのは避けられぬことでもあり、それ故にこそ人事の担当者はあくまでも「公」の立場を貫くことを理想として追い求めるべきであって、それを籤という偶然性の高いものに逃避しようとするのは、決してあるべき姿ではない。ましてや掣籤法を施行することによって、吏部固有の人事裁量権を一部とはいえ放棄することになるのである。ここではやはり掣籤法の施行に至らざるをえなかった、より大きな理由があったと考えるべきであろう。このことについては、節を改めて述べることとする。

二　外官の請託行為

『東林列伝』「孫丕揚伝」は、

明年（二二年）秋、陳有年、罷む。遂に吏部尚書に改めらる。これより先、大選の外官、競いて請托をなす。丕揚、創りて掣籤の法をなす。[23]

と、掣籤法施行の理由のひとつとして、大選における外官の請託行為があったことを指摘する。これはまた「権貴の請託」「内人の請託」とも表現されるように、大選の人事に係る外官が宦官を含む要路の人物に請託を行い、自己利益をはかったことであると理解できる。先にみた「名を知るを以て情をとどむ」とは、このような請託行為によって生ずる圧力で人事が左右されかねないことを認めつつも、それを直截的にいうことはならず、あえてこのような表現によったものとみることもできよう。ところで外官による人事にまつわる請託行為は、なにも大選に限ったことではない。人事考課制度のひとつである考察において、それはより大規模に展開され、なかば社会問題化していたのである。いましばらく考察制度について述べたのち、外官による請託行為についてみることにしたい。

明代、官僚の人事考課には考満と考察の二法があった。『明史』「選挙志」によれば次のようである。考満は官僚個人の在職期間を目安に三年ごとに考課を行うもので、三年目を初考、六年を再考、九年を通考と呼び、その評価は上中下の三等、すなわち「称職」・「平常」・「不称職」に分けられる。一方、考察はほぼ全官僚に対して時期を同じくして一斉に行われる人事考課であり、そこで「貪」「酷」「浮躁」「不及」「老」「病」「罷」「不謹」の八項目のいずれかに該当すれば、「致仕」（辞職）、「降調」（降格）、「閒住」（休職）、「為民」（官籍剥奪）の処分を受けることになる。考察にはまた京官を対象とする京察と外官を対象とする外察とがあった。京察の周期は、当初は一定していなかったが、弘治以後は六年に一度行われ、四品以上は口頭による「自陳」、五品以下は「具冊奏請」と書面によるなど、その方法に異なりはあるものの、あくまで自己申請によった。対して外察は、洪武二年に「三年一考課」とあるように、早くから三年に一度（辰・戌・丑・未の歳）行われることが定められ、一部を除き外官はみな自ら中央に赴き、最終的に撫按によってまとめられた報告をもとにした吏部と都察院の評定を受ける。なお外官が中央に赴くことを朝覲といい、そのため外察はまた朝覲考察とも呼ばれる(24)。

ところで考満と考察は当初にあっては一体で明確な区別がなかったとみえるが、のち分化して「二者、相い輔けて行わる」というように両者が並行して行われるようになり、それにつれて互いの相違も明確なものとなっていったようである。実施時期の設定基準が、考満では官僚個人に置かれ、考察では国家規定の周期によったことは先に指摘したところであるが、なにより注目すべき点はその評価に関してである。すなわち、考満はその対象となる官僚すべてに対して、職務遂行能力の判定を行い、要請された範囲内で職責を果したとする「平常」を中心に、それを越える業績をあげた「称職」、逆に及ばなかった「不称職」と三等の評価を与えるもので、その意味では純粋な職務執行能力の査定といえるものであったが、考察はあくまでその職任への不適格性のみを問題とし、上記八項目のいずれかに該当するとされれば、少なくとも降格、悪くすれば官籍剥奪の処分がくだされるという、きわめて摘発・断罪的色彩の濃いものであった。これを考課を受ける側の官僚個人の側に立ってみるならば、その差は一層大きなものとなろう。考満が官僚として避けて通れぬ、なによりこれを経過することによって経歴を積み重ね、昇任への道を切り開くのに不可欠な、いわば正の方向性の強いものであるのに対して、考察は全く逆で、ひとえに負の方向性のみが用意されているのであり、ここではひたすら八項目に該当せぬことを望まざるをえないものであった。自己申請に対して拾遺という科道官の弾劾を控えるとはいえ、あくまで自己の判断に頼りうる京察はまだしも、外察は州県から府、そして布政司・撫按と各段階で集約されつつ、最終的にはそれをもとに吏部と都察院によって評価が決定されるのであり、その対象となる外官にとって、これは不安と焦燥感を生むもととなった。朝覲に際して、自己の評価を事前に窺い知ろうとし、ひいては吏部・都察院を最後の砦として、あらゆる手立てを尽くすことによって自己保全をはかろうとするものが現れること、また当然といえよう。いうならば考察、特に外察は不正行為の温床となるべき可能性を内包していたのである。

さて、外察における不正行為は表面化はしないものの、早くから行われていたとみることができるが、それが明確な社会問題となったのは景泰期であった。

雲南道監察御史沈性、言う。往年、朝覲官、多く、公卿の門に往来し、形勢の塗に奔競するあり。賄賂、公に行われ、餽遺、輻奏して、公道、これよりして蝕れ、政令、これを以て壊れる。茲者、朝覲官、ともにすでに京に到る。乞うらくは、吏部に勅して、司府を厳束し、司府、州県を厳束せしめん。なお、巡城の官校をして緝訪せしめ、敢えて前弊に仍る者あらば、具聞、逮治すれば、苞苴の路、塞がり、奔競の風、息まるに庶幾からん。帝、その言を是とし、吏部に命じてこれを行わしむ。(25)

この記事にみる監察御史沈性の言葉から、当時にあっては朝覲の外官が賄賂・餽遺によって要路への請託行為を行い、それはもはや看過しえないものとなっていたことが明らかとなる。このような「奔競の風」は単に官界の風紀の乱れにとどまるものではない。外察を主宰する国家、特に外官の人事裁量権をもつ吏部にとっては権威の失墜につながり、またその存在価値を否定されかねないものであった。それ故この時も沈性の上言に即座に対応し、上級官庁による監視と直接のとり締りが決定されたのである。ただこれで外官による請託行為が完全に封じ込められたわけではなかった。これ以後、外察挙行に際して、必ずといっていいほど禁約が出されていることが、なによりそれを物語っていよう。いまここでは掣籤法施行直前、万暦二〇年の壬辰外察の例をとり、その実態をみておくことにしたい。

外察に関わる請託行為に対する禁約は、およそそれを目前とする前年末に出されるのを通例としたが、それが実効をともなわなかったことから、しだいに時期を早めて問題とされるようになった。これはまた外察における不正行為が、外察挙行時に単発的に行われるだけではなく、もはや恒常的なものとなっていたことを意味していよう。壬辰外察もその例に漏れない。早くも三月に南京吏科給事中朱維藩の条議に対する部覆として、朝覲の外官による金品を媒介とする請託とそれにともなう費用の不正捻出に対するとり締まりが宣言され、(26)四月には、評価書「考語」作成において一切の交際と請託を受けての情実人事が禁止された。(27)そして六月には再び「餽送」「請託」を禁止する布告がなされ、(28)一一月にようやく通例の禁約がだされた。(29)ところがこれらの時期を早めた度々の禁約も、さして効果をあげなかったことは、次の記事に明らかである。

吏科都給事中鍾羽正、交際、餽遺、濫觴ますます甚しとなし、乞うに大計に因りて、厳に禁絶を行わんとす。旨、有り。今後、閣部大臣、およそ公事はすべて朝房に会議し、私宅に接客し書を受くるを許さず。[30]請託を受ける側の閣部大臣に一切その機会をつくらせないよう禁例が出されたところに、当時、通例の禁約によってでは請託行為を未然に防ぐことが不可能となっていたことをみてとれよう。

孫丕揚が吏部尚書に就任するのはこれより二年後、万暦二二年八月であったが、その時も状況に変わりはなかった。人事にまつわる請託行為は、外察に止まらずにあらゆる場面で行われ、なかば恒常化していたのである。これは吏部にとって放置できない事態であった。いかに私心のない公正な人事を行おうとも、懐疑の目を向けられ、ひいては吏部に対する信頼感が阻喪されかねないという、吏部自身がその存在価値をかけた重大な局面を迎えていたのである。半年後に乙未の外察を控える新任の孫丕揚にとって、たとえそれが実効をともなわないとしても、通例に従い禁約を連発することで責めを塞ぐことも可能であったであろう。[31]だが、孫丕揚はそれにあきたらず、請託行為自身を無意味なものに帰し、吏部の公正さを標榜しうる、より抜本的な方策を講じようとしたのである。すでに試行的に行われ、「公正」との評価を得ていた掣籤法は、その目的に合致するものであった。

ここにみたように、当時の官界に瀰満する人事にまつわる請託の風潮が掣籤法施行のひとつの原因となった。だが、これで十分な説明がなされたとはいいがたい。請託行為を防ぐことはたしかに重要な課題ではあったが、それを孫丕揚が吏部自らの人事裁量権の一部を放棄するに近い方策によって果たそうとしたことについては、より大きな枠組でとらえなければ理解できるものではない。以下、当時の政治状況と吏部の立場をみることによって、それを明らかにしていきたい。

三　万暦期の政治状況と孫丕揚

万暦二二年五月、言官（兵科都給事中）逯中立は閣臣の会推にからみ処分された元吏部文選司郎中顧憲成を擁護する論を展開し、そのなかで当時の吏部に言及している。

それ用舎は、国家の大政なり。銓臣は、また用舎の人なり。邇来、相い継いで屏去せられて、その用を竟えず。孫鑨、去る。陳有年、門を杜して去らんことを求む。司官の空署、籍を削られて去る者、再に至り三に至る。今、顧憲成、また罪を以て去る。前者、将に竭きれば、これに後れるもの続かず、人才の凋謝するは、寒心となすべし。語に曰く、察察としてなすべからず、容容とせば後福、多し、と。臣、恐らくは、今にしてのち、王国光・楊巍が如き者にあらざれば、一日として太宰たるあたわず、と。[32]

吏部は国家の大政である人事を統轄する重要部署でありながら、近年では職を去るもの相い継ぎ、職務を全うしえないでいる。尚書の孫鑨は辞任し、いままた陳有年は家居して職を辞すことを求めているし、文選司以下四司の属官も自ら身をひき、処分を受けて職を去ることが度々起こっている。いま顧憲成もまた処分された。後任に人なく、有能な人材は生かされず、まことに憂慮すべき事態である。「細かなことにかかずらうべきではない。ゆったり和合すればいいことがある」というが、吏部尚書もそうであれというのならば、王国光や楊巍のようでなくしては、一日として吏部尚書として勤まらないではないか、と逯中立はいうのである。吏部がこのような状態に陥った原因はといえば、ひとえに内閣との対立にあった。内閣が吏部人事権への介入の度を強めるのは厳嵩に始まり、張居正でその極に達したが、[33]それは張居正の失脚を機に一挙に是正されたわけではなかったのである。内閣は張居正時代を先例として、あくまでも内閣優位体制を堅持しようとし、一方吏部は失った権限の回復をはかろうとする。張居正亡きあとの内閣には吏部の抵抗を押さえ込む力はもはやなく、両者の力関係は拮抗したものとならざるをえなかった。まさに遂中立のいうように、張居正時代の王国光や申時行時代の楊巍のような、内閣の意向を受けてその下位に甘んじる尚書を戴かない限り、吏部は内閣と厳しい対立関係に立つしかなかったのである。ここに人事権をめぐっての内閣と吏部の対立・抗争が、国是論・三王並封論とならぶ大きな政治問題となるに至ったのである。

張居正失脚後の吏部に説き及ぶものとしてはすでに小野和子氏に「東林党考（二）」[34]、城井隆志氏に「万暦二十年代の吏部と党争」[35]と題する論考があるが、ここではこれらを参考にしつつ、吏部と内閣の対立関係に主点をおいて掣籤法施行に至るまでの事態の経過をみていくことにしたい。

万暦一一年に吏部尚書となった楊巍が、申時行首輔時代の内閣の意を迎える人物であったことは、先にみた遂中立の指摘に明らかである。それ故にこそ、楊巍の時代には内閣との間に目立った対立は生じなかった。ただその任期の末年、のちの事態の推移からみて注目すべき事件があった。それは一八年正月の光禄少卿王汝訓による吏科都給事中陳与郊に対する弾劾が発端となった[36]。その論点は、会薦によらずして人を推挙して恩を売ってはならないという聖旨に背き、張九一を巡撫に推挙したこと、礼部尚書沈鯉を私怨から辞職に追いこんだこと、言官の呉時来等を私憤にかられて横撃させたこと、史孟麟を虚偽の罪状で非難したことの四項で、これに加え、楊巍自身がかって陳与郊を「小人」と呼んだこと、また言官がその職務を十全に果たせない状態にあることを指摘したうえで、吏部に公正な人事を求めるものであった。その主たる目的が、陳与郊への弾劾にあったことはいうまでもない。ところが楊巍が「小人」発言を否定して陳与郊を弁護し、逆に王汝訓を南京調用の処分に付したことから事態は一変し、楊巍の人事そのものに批判が集中することとなった。南京御史王麟趾・山東試御史王明に続いて同じく山東試御史であった万国欽は、楊巍の人事について数例をあげて、「種々の舛錯、枚挙すべからず」と論断するのである。[37] この陳与郊への弾劾から楊巍批判に至る過程で、万暦帝（神宗朱翊鈞）は「楊巍は銓を秉ること多年、科臣の陞転は年労・才力を酌量するに、如何ぞ、妄肆譏評せん」[38] という言葉に代表されるように、あくまでも楊巍弁護の姿勢を崩さなかった。当時、万暦帝と内閣とが必ずしも一体であったとはいえないが、申時行と楊巍の関係からして、ここでは内閣も同じ立場に立っていたとみてよいであろう。皇帝と内閣が吏部尚書を擁護することは、本来とりたてていうほどのことではないが、これを以後の状況と対比させるとき、この一連の動きは内閣と協調路線をとる楊巍の時代を象徴するものであったといえよう。だが、度重なる楊巍批判はまた、内閣の意を迎える吏部に対する世論の指弾でもあった。実際、楊巍はこの渦中に致仕せざるをえなくなり、吏部と内閣との関係は新たな段階を迎えることとなったのである。

楊巍辞任後、吏部尚書は宋纁・陸光祖・孫鑨・陳有年とめまぐるしく交代した。これが内閣との対立によってもたらされた事態であることは、いうまでもない。宋纁の時代はまさにその幕開けであり、それを表象するのは鄒元標調補に関わる問題であった。鄒元標は張居正の奪情批判、また万暦帝への諫言によって知られ、一時家居していたが、宋纁の吏部尚書就任の直前に吏部験封司の員外郎に補任されていた。[39] その際この人事は「留中」、すなわち延滞されたが、これはその鋭い政治批判の姿勢が神宗および内閣から警戒されたためであったと考えられる。そういった意味では、鄒元標の調補問題は吏部の提案する人事に、万暦帝・内閣側がどの程度まで恣意的に介入するかを検証する、格好の試金石であったとみることもできる。吏部文選司員外郎の欠員を理由に、鄒元標を調補する案が吏部から提出されたのは一八年一二月のことであった。同じ員外郎とはいえ験封司と文選司とでは大きな差があった。功臣の封爵・封贈を管轄する験封司に比して、実際に官僚の人事を扱う文選司では、その政治的重要性が全く異なるのである。万暦帝・内閣側からすればこの人事は認められるものではなく、「留中不報」として暗黙のうちに拒否したが、吏部があくまでも固執する態度に出るや、今度は「部署、人を欠くこと既に久し、宜しく即ちに另に題請を行え」と文選司員外郎の欠員補充は認めるが、鄒元標その人に問題のあることを明確にした。これは言官の格好の攻撃材料となったが、それも逆に万暦帝・内閣側を硬化させることになり、結局のところ鄒元標は南京刑部の広東司の署員外郎主事に左遷された(40)。鄒元標の問題はこれで解決したわけではなく、のちに持ち越されるが、この文選司員外郎への調補を契機に、吏部と内閣の対立の構図が浮び上がってきたといえよう。

陸光祖時代に入ると内閣の態度に変化がみられる。ことさらに吏部の存在を軽視する傾向を強めたのである。ひとつは閣臣会推問題であり、またひとつは正陪推問題であった。閣臣会推問題に関しては小野氏ならびに城井氏がすでに言及されているのでここでは詳述しないが、要するに、一九年九月に申時行が自己の後任人事を定例化していた会推によらず、密薦をもとにした皇帝の特簡によって決定しようとし、吏部がこれに抵抗したことをいう。陸光祖は名のあがっている趙志皐・張位個人ではなく、「徇私植党」のもととなる密薦の弊害と、衆議を集める会推の正統性を指摘するなど、主として形式を問題とするが、その真意は吏部の存在を主張することにあった(41)。その結果としては、特簡による閣臣の選任は事実上阻止できなかったものの、万暦帝からは「のちに例となさず」との言質をとったし、趙志皐は一旦は会推によらないことを理由に就任を辞退し、張位は「在籍調理」を申し出て実際の入閣は翌年四月にずれこむなど、吏部の存在を誇示するという側面では相応の成果をあげたといえる。しかし内閣の吏部軽視の傾向は鈍ることはなく、続けて正陪推問題を引き起こすことになった。先にみたように、吏部の銓選には太常卿以下の京官正官を対象とする部推とよばれるものがあったが、これは本命候補（正推）と対抗（陪推）が吏部によって提示され、おおむね正推が採用（点用）されるのを通例とした。ところが閣臣会推問題が一応の決着をみた直後から、吏部による正推はことごとく無視され、陪推が点用され始めたのである(42)。これは万暦帝の主導のもとに行われたとみえ、閣臣趙志皐でさえ「吏部の事権、行われず」[43]と評するほどのものであった。このような状況のなか、吏部が万国欽の人事を持ち出したことは[44]、事態をより悪化させることとなった。この人事は、万国欽が以前に中時行を弾劾して処分を受けた経歴を持つ人物であり、その復帰を吏部がはかるという点では、先にみた鄒元標問題と本質的に変わるところはなかった。にもかかわらず、万暦帝・内閣側の対応は吏部にとってより厳しいものとなったのである。すなわち、鄒元標問題では対象となる人物を含めて、あくまで吏部の人事が論点とされ、繰り返しこれを主張した当時の尚書宋纁も切責されるにとどまったが[45]、ここでは「欽降の諸臣を以て瀆請するは畏勢市恩なり」として、実際に人事を担当した文選司の官を直接処分する方針が打ち出されたのである。この処分案は、陸光祖の身を挺した弁護によっても撤回されなかった[46]。ここに万暦帝・内閣側がまさに一線を越えて、吏部そのものと直接対峙する決意を固めたことをみてとらねばならない。

陸光祖が二〇年三月に辞任したのち、吏部尚書には南京兵部尚書であった孫鑨が選任された。当時の内閣は一九年一〇月以来、王家屏のあとを受けて首輔を勤める趙志皐ただ一人で、四月にようやく張位が実質的に入閣するという状態であった。趙志皐と張位はともすれば万暦帝の意を迎える傾向が強かったが、それにもまして入閣時のこともあり、その吏部に対する姿勢には強硬なところがあった。その典型的な例が九卿類奏問題であった。これは当時内閣側から提示され東林派の官僚を中心に論争となった国是論の一部でもあり、会推における候補の推挙権を吏部に限らず、九卿にまで広げることによって吏部の権限を縮小しようとするものであった[47]。このいささか強引ともいえる案件は多くの反対を受けて実際に行われることはなかったが、ここにこそあらゆる手段を弄してでも、吏部に対する内閣優位の体制を築きあげようとする内閣の姿勢がみてとれよう。二一年正月、王錫爵が復任して首輔となったのちには、一部に妥協の動きがみられるものの、本質的にはこの傾向に変わるところはなかった。その公正さを評価される同年の京察[48]においては「専権結党」の名目を立てて孫鑨以下の吏部官僚が処罰され[49]、また部推における陪推者の点用も恒常化していたのである。これに対して、吏部の側もその抵抗の姿勢をゆるめることはなかった。孫鑨自身の政治姿勢もあるが、それ以上に、度重なる弾圧を受けてきた趙南星・顧憲成をはじめとする吏部官僚が、逆に頑な態度を崩さなかったからにほかならない。孫鑨のあと陳有年が吏部尚書に就任しても、この内閣と吏部との対立の構図に変わるところはなかったが、そのなかで事態をさらに先鋭化したのが再度起こった閣臣会推問題であった。

さきの閣臣会推問題で、神宗から以後の閣臣人事は必ず会推によるとの言質をとったことは大きく、さしもの万暦帝もこれを無視するわけにはいかなかった。閣臣の補充についてはすでに二〇年二月の段階で趙志皐によって要請されていたが[50]、万暦帝が会推を利用して吏部に有利な人事が行われることを警戒して認めず、さらにそののちに張位の入閣、特に王錫爵の復任があったため、一時的に棚上げされていた。だが二二年四月に王錫爵が退休を願い出て後任の補充を要請したことから、閣臣会推問題は再び政治課題として浮上し、万暦帝もそれを認めざるをえないこととなったのである。この会推では当初七人の名前があげられたが、万暦帝がそれを「徇私」とみなして、以前の会推推挙者をも加えて列挙することを求めたため[51]、最終的にはその数一七人に及んだ。万暦帝はこのなかから陳于陛と沈一貫を選任し、ここに閣臣会推問題は落着したかにみえたが、実際はそうではなく新たな問題を引き起こした。すなわち、閣臣候補の推挙に関わった顧憲成をはじめとする文選司官が、人選に妥当性を欠いたとしてその地位を追われたのである[52]。これに対して陳有年は抗議を繰り返し、ついには門を杜して出仕せず、ついには辞職を願い出るに至り[53]、また言官もこの措置への非難を強めた。しかし万暦帝・内閣側はあくまで強硬で、これらの抗議が聞き入れられることなく、逆に言官の処分が即座になされたのである。

『明史』「孫鑨伝」は、

吏部、宋纁及び陸光祖の政をなしてより、権は始めて部に帰り、孫鑨に至りて、守ること益す堅し。[54]

といい、あたかもこの時代に吏部がその権限の回復に成功したかのようにいうが、実際にはそうではなかった。内閣優位体制を堅持し、その強化を目論む内閣に対して、吏部は抵抗の姿勢を崩さず、時として内閣の攻勢を押し止めたことは事実として指摘できるが、それはあくまでも抵抗の段階にとどまり、吏部の権限回復にはほど遠いものであった。それ以上に、年を追い、問題が提議されるごとに事態は悪化の一途をたどり、内閣と吏部との関係は修復不可能な状態に陥っていったのである。

さて、孫丕揚が吏部尚書に就任したのは再度起こった閣臣会推問題の直後の二二年八月、まさに内閣と吏部の対立が固定化し、もはやそこに妥協の糸口を見出すことさえできない状況においてであった。孫丕揚は陝西西安府富平の人、嘉靖三五年の進士である。そののち行人・御史をへて右副都御史となったが、張居正と合わずに病を理由に休養、居正失脚後に応天府尹として復帰し、大理卿・戸部侍郎から南京右都御史を歴任し、病気休養をはさんで一九年に刑部尚書、二一年には左都御史となった。主として監察・執法がその経歴であったが、この間の厳格な政治姿勢で知られ、特に刑部尚書時代に宦官項龍の殺人事件に際して仮借なく処理したことは、万暦帝からも高く評価されたという。[55]孫丕揚はまた東林派の一員に数えられるが、それはこののち三七年に再度吏部尚書に就任し、三九年の辛亥京察において東林派を擁護したことからであり、当初から東林派的傾向をもっていたのではない。内閣と吏部の対立が激化し、それに抗議しての辞職・出仕拒否が頻発するなかにあって、とりたてて行動を起こすこともなく刑部尚書・左都御史という要職を務めあげたことにそれは現れている。この点から孫丕揚はあるべき姿を前提におく理念先行型ではなく、与えられた職務を全うすることに力を尽くす実務型官僚であったとみなすことができる。このことは内閣からすれば、これまでに表立った抵抗の前歴がない点、吏部からすれば、その厳格な職務遂行の姿勢が評価されることにつながり、

＜表１＞万暦時代（張居正失脚後）内閣・吏部関係

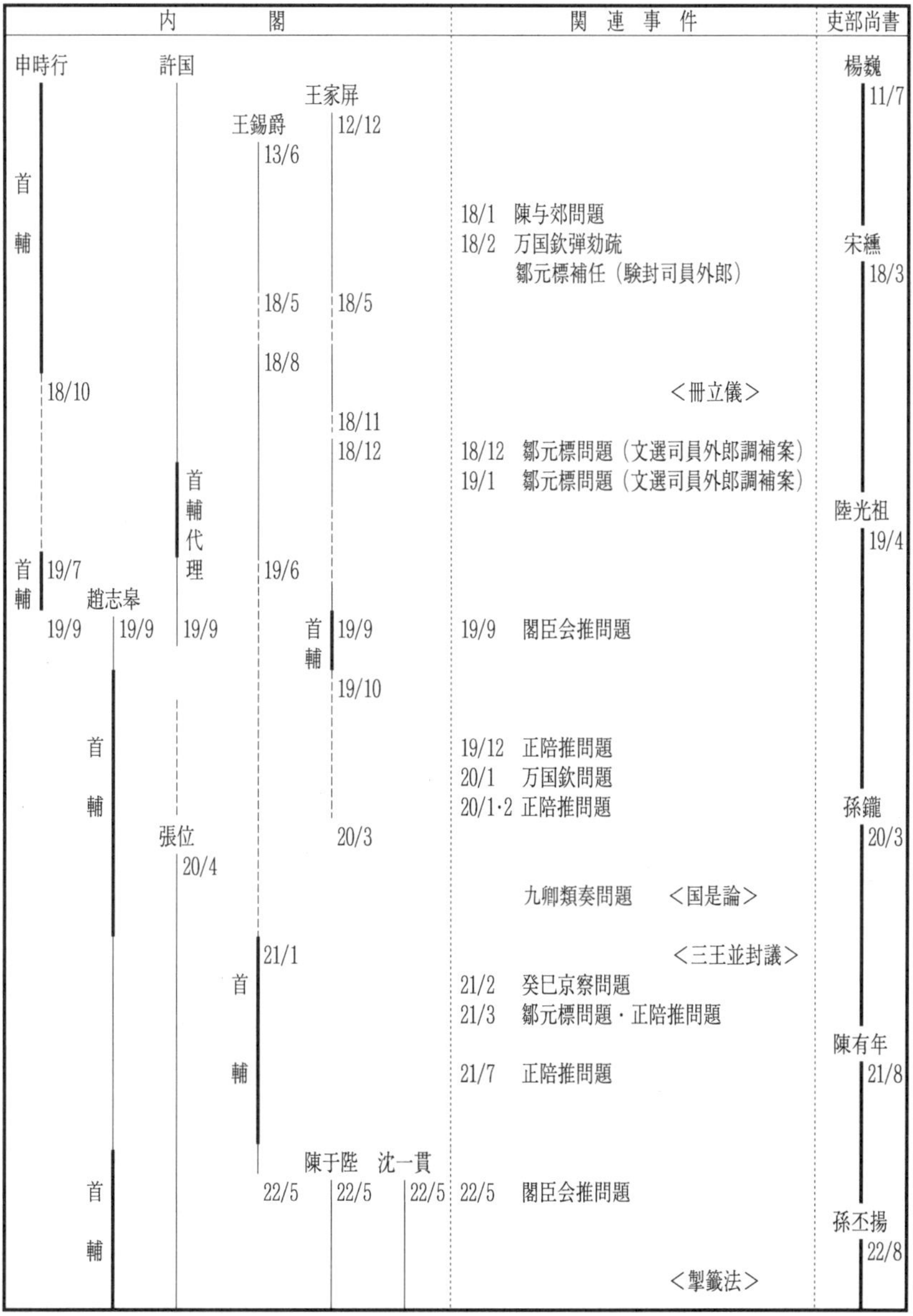
内　閣
関　連　事　件
吏部尚書
申時行
許国
楊巍
王家屏
11/7
王錫爵
12/12
13/6
首
18/1　陳与郊問題
輔
18/2　万国欽弾劾疏
宋纁
鄒元標補任（験封司員外郎）
18/3
18/5
18/5
18/8
18/10
＜冊立儀＞
18/11
18/12
18/12　鄒元標問題（文選司員外郎調補案）
首
19/1　鄒元標問題（文選司員外郎調補案）
輔
陸光祖
代
19/4
首
19/7
理
19/6
輔
趙志皐
19/9
19/9
19/9
首
19/9
19/9　閣臣会推問題
輔
19/10
首
19/12　正陪推問題
20/1　万国欽問題
輔
20/1·2 正陪推問題
孫鑨
張位
20/3
20/3
20/4
九卿類奏問題　＜国是論＞
21/1
＜三王並封議＞
首
21/2　癸巳京察問題
21/3　鄒元標問題・正陪推問題
陳有年
輔
21/7　正陪推問題
21/8
陳于陛
沈一貫
首
22/5
22/5
22/5
22/5　閣臣会推問題
孫丕揚
輔
22/8
＜掣籤法＞

それあってこそ厳しい政治状況下にありながら、その吏部尚書就任が混乱なく実現したといえよう。

吏部尚書となった孫丕揚にとって、内閣との対立は決して好ましいものではなかった。だがかといって、楊巍のように内閣の意向に従い協調路線をとることは、その政治姿勢からも、また抵抗を続けてきた吏部に対しても許されるものではなかったし、逆に従来のような強硬な抵抗路線ではすでに結果は明らかである。当時、吏部の銓選のうち会推と部推はもはや内閣との政争の具と化しており、吏部が独自の判断で裁量権を行使しえたのは、「由吏部」と表現される、主として外官に対する人事のみであった。その意味でいえば、この外官に対する人事を公正に運営することは、吏部の人事の正当性を示し、そのことによって世論を喚起して内閣との関係を有利に進めるための必須の条件であったといえる。しかし、そこには請託行為が蔓延していたのである。当時のような政治状況のもとでは、これは単なる官界の不正行為として処理されるだけではすまなかった。吏部の人事への信頼観を損なうだけではなく、対立する内閣から格好の攻撃材料にされる危険性をはらむものであった。すなわち、吏部にとっては請託行為を未然に防ぎ、人事の公正さを標榜することなくしては、その立場を堅持することができなかったのである。ここにこそ、孫丕揚が掣籤法を施行した最大の原因があったというべきであろう。沈徳符が、

吏部掣籤の法、邇年、孫富平太宰より始まり、古今、いまだあらざるところなり。孫、夙望を以て起ち、新建の張相（位）と、尋端、相い攻め、銓政の鼠穴、塞ぎ難く、張の持すところとなるを慮り、すなわちこの議を建て、ことごとくその責を枯竹に諉ねんとす(56)。

と指摘するのは、まさにこの間の事情を十分に理解したものであったといえるのである。

おわりに

掣籤法は、大選・急選の外官の人事において、その任地の選定を候補者本人による「籤引き」によって決定しようとするものであった。そもそも吏部の行うべき任地の選定を籤に委ねるということは、その権限の縮小を意味する。ましてそれが吏部尚書である孫丕揚によって提議されたことをみるとき、掣籤法の施行は、吏部自身による権限の放棄と受けとられかねないものであったといいうる。だが、それをあえてしたについては、そこに相応の原因があったとみるべきなのである。

孫丕揚が吏部尚書に就任した万暦二二年当時は、内閣と吏部の対立がもはや容易には解決しえない段階に入っていた。張居正時代の遺産としての内閣優位体制を、あくまでも維持しようとする内閣に対する吏部の抵抗は益々先鋭化し、これに言官の鋭い批判が集中したこともあり、事態は悪化の一途をたどっていた。これは吏部尚書の辞職、文選司を中心とした吏部官僚へのあいつぐ処分など、吏部だけの範囲に止まらず、他の部署にも影響を及ぼし、政府機能は麻痺しかねない状態に陥っていたのである。孫丕揚はその解決を模索し、結果的に採用したのが掣籤法であった。掣籤法を施行することによって、年来の外官による請託行為を未然に防ぎ、内閣による吏部攻撃を封じ込め、なおかつ吏部の人事が私意の介入なく公正に行われていることを顕示しようとしたのである。そうすれば自ずと吏部の執行する人事への信頼感はたかまり、吏部正統の世論が喚起されることとなり、ここに初めて吏部の立場を堅持しつつ内閣との対立を解消することができる。そのためには当時、吏部が唯一裁量権を確保していた外官の人事における一部の権限を、籤に委ねることになっても致し方ない、これが孫丕揚の真意であったといえるのである。

孫丕揚が吏部尚書に就任したのは万暦二二年八月であるが、同月の大選から早速掣籤法を施行したことになる。そこにはすでに急選において非公式に試行された例があって、「公正」の評価を得ていたとはいえ、就任と同時に掣籤法を正規の銓選方式として採用したことは、尚書就任にあたって孫丕揚自身に、内閣との対抗策として吏部自浄の意向があったことをうかがわせるものである。ただ、これはあまりに性急に過ぎたというべきであろう。内閣との対抗を意識するあまり、肝心の銓選全体への熟慮に欠け、掣籤法そのものについても当然起こりうる事態を想定して十分な検討を加えるという、制度改革における基本的作業を行わないままに、実行に移されたきらいがないではないのである。このような状況のもとで施行されることになった掣籤法が、その運用過程において、試行錯誤的様相を呈することになったのも、また当然であったといえよう。

先にあげた于慎行の言葉に「人才の長短に至りては、各の宜しくするところあり、員格の高下に、各の便なるところあり、地方の煩簡に、各の合するところあり、道里の遠近に、各の準ずるところあり」[57]とあるように、同じ官職の候補にあげられる者でも、その出身・資格そして能力は一律ではなく、その任地についても行政の難易度や地理の遠近に差があるのが現実である。吏部の本来の役割はこれらを勘案して人事を行うところにあったが、掣籤法はこれを籤に委ねようというのである。ただ人事に私情がからんでいないことを示すには便法であり、実際にその公正さを評価されようとも、現実の政治運営に支障をきたす結果に終わるならば、銓選方式としての掣籤法はその意味を滅失することになりかねない。ここに掣籤法は実際の運用面で種々の問題に直面し、その都度それに対応していく必要に迫られたのである。

施行当初の掣籤法には、同一官職に就任することがあらかじめ決められている選人がその員缺（任地）を籤によって引き当てるというごく大まかな枠組しかなかった。そこでは籤に付される員缺と選人はあくまでも一律に扱われ、またそれらが常に複数であることを前提としていたが、実際に運用していく場合にはそれですむものではないことが明らかとなっていった。すなわち、選人とその引き当てた員缺が現実の政治運営上で妥当性を欠いたものになることは十分に起こりえたし、それ以上に員缺が必ず複数であるとは限らなかったのである。選人数は員缺によって決定されるものであるから、員缺が単数ならば選人も単数となり、この場合は吏部の選任した人物がそのままその員缺を占めることになり、掣籤法の意にもとることになる。ここに、あくまで掣籤法を固守しようとする孫丕揚は、従来の任地のみならず官職をも籤引きの対象とする「両次抽（掣）籤の法」を採用したが(58)、それに実効があったかどうかはいま明らかではない。実際にこれらの問題がある程度解決されたのは、掣籤を行う以前の段階で調整が行われるようになってからであったと考えられる。その調整の内容は、孫丕揚より一代おいて吏部尚書となった李戴の万暦二九年当時の疏にみることができる(59)。まず掣籤に付されるのはあくまでも任地であったが、その地域区分はまず南北に分けられ、そのうち北はまた東北・西北に、南は東南・西南と二分され、員缺と選人との数的均衡をはかるために、南北それぞれのなかで員缺の融通（借缺）を行う。また選人に対しても出身や資格を考慮し、あらかじめそれぞれが引くべき籤を分けておく、というのである。すなわち、借缺によって員缺を複数に調整し、出身・資格を考慮することによって、妥当性の高い人事の実現をはかろうとしていたのである。

ここに明らかなように、現実の政治運営に支障をきたすことなく掣籤法を施行するためには、事前の調整がなにより必要であった。逆にいうならば、掣籤法は調整なくしてはたちゆかなかったのである。だが調整にも自ずから限界があったというべきであろう。そもそも偶然性に託そうとする掣籤と、吏部の判断に基づく調整とは本来相反するものであって、調整を行えば行うほどに、掣籤法の特徴である籤による要素が減少することになり、もし完全な調整がなされたならば、その段階で掣籤法そのものが否定されたに等しいことになる(60)。この点からすれば、掣籤法は常に問題を積み残しながら運用せざるをえないものであったといえる。かといって、これは掣籤法を廃止に追いやるほどの欠陥とはならなかった。それは籤を引く側の選人が自らの手で問題を解決したからである。引き当てた員缺を事情に応じて交換ないし売買するのをはじめ、賄賂によって希望の官職を引き当てることができるよう画策したり(坐籤)[61]、籤自体に細工をするよう依頼しておきそれを引き当てる(倣籤)[62]などの方法を用いることによって、選人の側の論理としての、妥当な員缺を手に入れたのである。このような行為は不正行為にほかならないが、これがまた掣籤法の運用を助けたことも否定できない。

掣籤法が孫丕揚の意図したように、内閣との対抗関係のなかで吏部に有利な結果を導き出したか、ということについては一概には論じられない。施行を願い出た時、万暦帝は「この奏するところ夙弊を釐革し、且つ酌処、宜しきを得たり。深く選法に裨くるものあり、公を秉りて事に任ぜらるるに足れり」[63]と掣籤法に対して好意的で高い評価を下している。ここでは吏部の人事が私意のない公正なものであることを示そうとした孫丕揚の目的が、ひとまずは達せられたといえる。だが、肝心の吏部権限の擁護・回復については、全くといっていいほど実際的効果を持たなかったのである。東林派と反東林派の対立があったとはいえ、内閣による吏部権限への侵食は、そののちも止まるところがなかったことが、それをなにより示していよう。

掣籤法は一時期を除き明朝の銓選方式として定着し、清朝にも沿用された[64]。その間、吏部ないしは銓選の本来あるべき姿でないことを理由に批判を受けたこと、また掣籤法そのものが解決しえぬ問題点を抱え続けていたことも事実である。それでいながら廃止されることなく継続したのは、その対象が府州県などの外官であり、中央の政体への直接的な影響がそれほど大きくなかったこと、また完全とはいえないまでも事前の調整によって妥当性の高い結果を導く工夫がなされたことにあったといえる。だが、なによりその「公正さ」が、内外を問わず評価されたことを忘れてはならない。坐籤や倣籤などの不正行為をその裏に控える掣籤が、果たして公正であるといえるかは議論の分かれるところであろうが、少なくとも吏部にとってみれば、掣籤を行うことは、たとえそれが形式的なものであったにせよ、その公正さを標榜し、また同時に人事にまつわる嫌疑から身を守ることにもなったのである。最後に結論付けるならば、鋭く対立する内閣から吏部の権限を守るために、あえてその人事裁量権を放棄する覚悟のもとで創始された掣籤法は、その意図を十分生かしきれないままに銓選の一方式として定着し、ついには人事の公正さを標榜する方便として利用されるに終わったということができるのである。

注

（1）孫承沢『春明夢余録』巻三四「吏部・陞除」は、

選法之壊自万暦甲午置籤始也。孫太宰丕揚杜権貴請托之弊、行大選掣籤之法。

として、以下に于慎行、趙忠毅および翟学程の評論を載せ、最後に、

天啓末復行、人因譏銓部為籤部。

という。

（2）顧炎武『日知録』巻八「選補」。

万暦末、常熟顧大韶作竹籤伝。其文倣毛穎伝為之。謂、籤対主上言。上而庶吉士・科道之選、下而郷会試取士、一皆用臣。臣乃得展其材。此憤世滑稽之言。

『竹籤伝』は『旧小説』「戊集」に収録されていることを、城井隆志氏から教示いただいた。

（3）『筆麈』巻五。

関中太宰孫公丕揚、清謹品也。……又患内人請托、難以従違、大選外官、立為掣籤之法。一時宮中相伝以為至公、下逮小民閭巷、翕然称誦、而不知其非体也。古人見除吏条格、却而不視、以為一吏足矣。奈何衡鑑之地、自処於一吏之職、

而無所秉成。亦以陋矣。至於人才長短、各有所宜、員格高下、各有所便、地方煩簡、各有所合、道里遠近、各有所準。而以探丸之智為挈瓶之守。是掩鏡可以索照、而折衡可以懸決也　従古以来不聞此法。

（4）「掣籤法考」（『大陸雑誌』第五七巻第五期、一九七八年）。

（5）『明史』巻七一「選挙志三」。

其初用拈鬮法、至万暦間、変為掣籤。二十九年、文選司員外郎倪斯恵条上銓政十八事。其一曰議掣籤。尚書李戴擬行報可。孫丕揚踵而行之。後雖有識其失者、終明世不復更也。

（6）『明史』巻二二四「孫丕揚伝」。

二十二年拝吏部尚書。丕揚挺勁不撓、百僚無敢以私干者、独患中貴請謁。乃創為掣籤法、大選・急選悉聴其人自掣、請寄無所容。

（7）『万暦邸鈔』二二年八月。

吏部尚書孫丕揚更定選法。凡急選・大選、倶該員缺、于内府親自抽籤、対衆註缺。奏上報可。（「凡急選・大選倶該員缺」は原文では「圓缺」となっているが、改める）

（8）前掲『春明夢余録』・『日知録』をはじめとして、于慎行『筆麈』巻五・沈徳符『万暦野獲編』巻一一「掣籤授官」・趙翼『陔余叢考』巻二六「吏部掣籤」・夏燮『明通鑑』など。なお『神宗実録』ならびに談遷『国榷』には、掣籤法施行の記事はない。

（9）『欽定続文献通考』巻三六「選挙三」。

臣等謹按、明史選挙志言、万暦二十九年、文選員外郎倪斯蕙条上銓政十八事。其一曰、議掣籤。尚書李戴擬行、報可。孫丕揚踵而行之。而丕揚伝則言、万暦二十二年、拝吏部尚書。患中貴請謁、乃造為掣籤法、賛亦及之。李戴伝則言、時、在外府佐及州県正佐官、尽用掣籤法。戴視事、謹守新令、幸無罪而已。考神宗実録二十三年五月、戴曹上吉一事云、吏部尚書孫丕揚選法、用掣籤、頗称無私。則掣籤不始於戴、而始於丕揚無疑。且実録載、二十九年、李戴疏陳銓政十八事、不報。而志乃云、擬行、報可、亦属失考。

（10）『明史』巻二二五「李戴伝」。
二十六年、吏部尚書蔡国珍罷。廷推代者七人、戴居末、帝特擢用之。当是時、趙志皐輔政、雖不敢撓部権、然大僚欠人、九卿及科道掌印者咸得自挙聴上裁、而吏部諸曹郎亦由九卿推挙、尚書不得自択其属。在外府佐及州県正佐官、則尽用掣簽(籤)法。部権日軽、戴視事、謹守新令、幸無罪而已。

（11）『実録』巻二八五、万暦二三年五月乙未。
吏部孫丕揚選法用掣籤、頗称無私。河南歳貢生曹上吉以揀中選陝西高陵県知県。先為范洋・江少峯所売、遂索重賄。已郎中蒋時馨聞之、令兵馬司緝獲洋等。研審尽得其情。尚書丕揚遂疏言、上吉躁競干進、請褫其職。洋等乞下法司厳究。時巡視御史周家棟亦請窮治。皆報可。

（12）『実録』巻三六一、万暦二九年七月甲寅。
吏部尚書李戴陳言銓政。一明職掌。……一議推陞。……一酌資俸。……議掣籤、議考試、凡十八事。文選司員外郎倪斯恵所条上也。不報。

（13）『古今治平略』（『古今図書集成』「経済彙編銓衡典第一八」所引）。
至二十六年、科臣曹大咸奏、尚書孫丕揚創立掣籤之法、人服其公。

（14）李戴「一法平衡以清仕路、以裨銓政疏」（『万暦疏鈔』巻三一「銓政」）。
一、議掣籤。先是、因人授職一繇本部選除、後議掣籤地方、其法至公。然其中条分縷析、有不能家喩戸暁者。人始有公中之疑。殊不知地有南北、而南之中有東南・西南焉、北之中有東北・西北焉、則分矣。如東南缺少、必借西南、東北缺少、必借西北、則又分矣。人有資格不同、如一知県・推官也、有進士、有挙人、有歳貢、則岐矣。進士余籤留、以待挙人、挙人余籤留、以待歳貢、則又岐矣。以致猥瑣・雑流莫不皆然。有一人而一缺者、不得不坐籤。有二人而二缺者、不得不分省。又有缺多而人少者。有人多而缺少者。有応廻避本省者。有人地不相宜者。彼此願更換者、人人為之推量、地地為之剤量。蓋亦苦矣。……合無先一日、尽将員缺出示暁諭、竝写某地方缺少借某地方缺、次日分筒掣籤、先儘応掣地方、次及借缺。……庶光明正大、人亦知籤之無容其私矣。伏乞聖裁。

(15) ただ、孫丕揚は万暦二四年に辞任したのち、三六年九月に復任の命を受けて、翌年四月に再び吏部尚書に就任している。

(16) このことは、前掲張栄林論文に詳しい。

(17) 「選官抽籤註缺、以示至公」(『増修条例備考』巻二) は、

万暦二二年八月内、吏部題、為選官員缺改註抽籤、請於東闕註定、以明至公事。題称。

として、以下に本論として具体策を提示し (後注 (21) 参照)、次のように締めくくる。

……近該部中急選之法、臣已改作抽籤、人心翕然称公。独大選之事挙動倶在内府、臣等不敢不先事入告。奉聖旨。這所奏釐革夙弊、且酌処得宜。深於選法有裨、足見秉公任事。都依擬行。欽此。

(18) 『明史』「選挙志」ならびに『大明会典』巻五、参照。

(19) 『西園聞見録』巻三〇「銓授」。

李冢宰裕、毎大選先二日、於後堂設一木榻、上書皇天鑑之四字。公与二侍郎傍坐、文選司官前立。以欠員与選人、一一第資格可否、註于手牘、謹緘之、至期引奏。塡榜更無舛錯、而庶官亦称得人。

(20) 『説文解字』第三篇下「鬮」段氏注。

今人以為拈鬮字、殆古藏彄之譌。荊楚歳時記注曰藏彄之戲。辛氏三秦記以為鈎弋夫人所起、周処成公綏竝作彄字。芸経庾闡則作鈎字。其事同也。

(21) 前掲「選官抽籤註缺、以示至公」。

大選之法、毎遇双月、査天下欠官、請旨塡補。故事写榜時迫、先期擬缺。夫缺以預議而寡過、若在可行。但人以知名而留情。事属可改、不若易員缺為抽籤之法。於計為善。宜容本部先置籤筒、書応選之缺於各籤、候奉成命某人授某官、擬缺出榜。此其目也。当引各官、在於東闕、唱名抽籤、即而定之。中有須酌処者。授官地有遠近矣。当分為北五省・中五省・南五省、以分派之。南北之缺有多少矣。当定為中籤、互用於南、亦用於北、以調停之。諸缺之中有煩簡矣。当分為甲第州県・科貢才能、以剤量之。然後具榜張掛、豈非光明正大之永規乎。第応選之官、動至数百。易員缺為抽籤、計非尽日不能奉允旨。午前則抽籤懸榜、当日能辦。倘午後奉旨、籤榜諸務、勢不得不移于次日。又預請綸音、臣等方敢出示

晩諭、刻日挙行者也。

(22) 北中南の地域区分は、科挙制における北巻・中巻・南巻に準拠したものである。このことは、前掲『古今治平略』にみる曹大咸の疏に詳しい。ただ、のちには東南・西南・東北・西北と改定され、ほぼこれで固定されたようである。『東林列伝』「孫丕揚伝」によれば、その内訳は以下のようである。

区分	主要対象地方	員缺調整用付加地方
東北	北直隷（北京） 山東	汝寧・彰徳・帰徳（河南） 廬州・鳳陽・淮南・揚州（南直隷）
東南	南直隷（南京） 浙江・福建 江西・広東	梧州・平楽・桂林（広西）
西北	陝西 山西	懐慶・開封・河南・南陽（河南） 鄖陽（湖南）
西南	湖広・四川 雲南・貴州	柳州・南寧・慶遠・潯州・太平（広西）

(23) 『東林列伝』巻一五「孫丕揚伝」。
明年（二二年）秋、陳有年罷。遂改吏部尚書。先是、大選外官競為請托。丕揚創為掣籤之法。

(24) 考察については、和田正広「朝覲考察制度の創設」（『九州大学東洋史論集』第一〇号、一九八二年）、「考察『八法』の形成過程」（『同』第一一・一二号、一九八三年）を参照されたい。

(25) 『英宗実録』巻二七三、景泰七年二月庚申。
雲南道監察御史沈性言。往年、朝覲官多有往来公卿之門、奔競形勢之塗。賄賂公行、餽遺輻奏、公道由茲而蝕、政令以之而壊。茲者、朝覲官倶已到京。乞勅吏部、厳束司府、司府厳束州県。仍令巡城官校緝訪、敢有仍前弊者、具聞逮治、庶幾苞苴之路塞、奔競之風息。帝是其言、命吏部行之。

(26)『実録』巻二三二、万暦一九年三月庚申。
部覆南京礼科朱維藩条議、撫按論劾不問方面甲科。但官常有玷者、宜一体参究。朝覲官員有借名餽贐科歛貽累者、宜拠実奏処、至于奏留正官、果地方有重大事情者、聴本部酌覆。倶如議行。

(27)『実録』巻二三五、万暦一九年四月甲辰。
吏部覆河南道御史馬象乾等条陳六事、均有裨益計典。一稽覈当実。其考語冊文、外另造一冊、列所訪事実、送部以憑黜陟。一論擬当虚。……一採集当広。……一開報当預。……一交際当禁。……一署摂当議。不許聴憑請托、私庇親旧。仍将署印官通行考覈、分別薦劾。着依議行。

(28)『実録』巻二三七、万暦一九年六月己未。
吏部考功司呈、三載考績之時、披瀝五事。一禁餽送、一禁請託、一挙清吏、一惜賢才、一慎諮訪。倶如議行。

(29)『実録』巻二四二、万暦一九年一一月甲戌。
左都御史李世達等題、朝覲期邇、照例応行禁約。凡在京官吏人等不許逓掲陥害外官、入覲官員不許営求打点、被論官員不許誣訐、留用官員入覲官与京官不許餽遺交際。従之。

(30)『実録』巻二四二、万暦一九年一一月戊寅。
吏科都給事中鍾羽正為交際餽遺濫觴滋甚、乞因大計、厳行禁絶。有旨。今後閣部大臣、凡公事都于朝房会議、不許私宅接客受書。

(31)孫丕揚の発布した禁約については、王圻『続文献通考』巻五四に詳しくあげられている。

(32)「請容直臣、以勧百僚疏」(『御選明臣奏議』巻二三二)。
夫用舎者国家之大政也。銓臣者又用舎之人也。邇来相継屏去、不竟其用。孫鑨去矣。陳有年杜門求去矣。司官之空署、削籍而去者、至再至三矣。今顧憲成又以罪去。前者将竭、後焉不続、人才凋謝、可為寒心。語曰、察察不可為、容容多後福。臣恐、今而後、非如王国光・楊巍也者、不能一日為太宰。

なお、文中の「察察不可為、容容多後福」は『後漢書』巻九一「左雄伝」を典拠とすると考えられるが、「察察」は原文では「白璧」となっている。

(33)『明史』巻二二五「楊巍伝」。

明制六部分莅天下事、内閣不得侵。至厳嵩、始陰撓部権。迨張居正時、部権尽帰於内閣、逡巡請事如属吏。祖制由此変。

(34)『東方学報』京都、第五五冊、一九八三年。

(35)『九州大学東洋史論集』第一三号、一九八四年。

(36)『実録』巻二二九、万暦一八年正月壬子。

光禄寺少卿王汝訓奏劾吏科都給事中陳与郊険詖嵬瑣、濁乱朝政。言、日者奉旨、非会薦、不得私挙市恩。与郊故違疏、薦原任都御史張九一、趣吏部推用巡撫貴州。不幾日而論罷原任礼部尚書沈鯉。鯉侃侃有古大臣風、与郊為所厚求、考官不得、嗛之陰嗾。給事中陳尚象捃語装誣、以致不安其位。趙南星・王継光・万自約疏論都御史呉時来等。中外称快。与郊不勝私憤、迫令給事中李春開横撃言者。春開咋舌引罪、痛自悔責。已史孟麟等交章論列、則又毀孟麟以売交、誣呉正志為受指憑藉口舌鼓簧衆聴。尚書楊巍常語侍郎趙煥曰、陳与郊真小人、不知何故夤縁陞転。又云、言者以言為職。今嘿嘿者顕栄、諤諤者外補。言者不論是非、被言者不論邪正、務為摸稜委曲、以決裂政体。乞勅吏部、以後題覆章奏及推陞科道官、務要従公甄別、毋挟私暱。疏下所司。

吏科都給事中陳与郊辯王汝訓詆誣。疏入、並下部議。

吏部尚書楊巍奏言。臣原未嘗与郊為小人。汝訓漫然加臣不知何謂。巡撫張九一以辺功、撫臣奏薦推用、初不以与郊故。与郊烏得而趣之、科道諸臣或内或外随宜量用、何嘗有軒輊于其間。又言、近日諸臣建言、臣往往調停。其間不過欲諸臣勉修職業、保国家無事。乃謂臣決裂政体、汝訓以一卿寺攻訐言官。此則非政体之大者。上曰、言官為朝廷耳目、以糾察弾劾為職。京堂官擅自参論、箝制言者、大壊政体。王汝訓調南京用、陳与郊照旧供職。

(37)『実録』巻二二〇、万暦一八年二月辛巳。

山東道試御史万国欽言。尚書楊巍嘗称陳与郊為同心、又自謂不知王麟趾為其郷人。与郊之陞転、麟趾之罷斥、皆楊巍等以恩讎為之。因言近日挙措不合人心。唐鶴徴以行汚被察叨転符郷、已為逾分。未幾而又有常少之擢。若李禎之起廃、多年久応遷転、則必待鶴徴既陞、而後推焉。是賢者反籍不肖以栄矣。張一元以望郎司銓、誤陞台官。未為大過、遂至一麾以出。若陳応芳之清慎有声、職掌無誤、亦且随一元牽帯而斥逐焉。是無過者反因有過以及矣。種種舛錯、不可枚挙。疏入。上以張一元首違勅旨故、薄処示懲、万国欽不諳大体、姑不究。

（38）『実録』巻二二〇、万暦一八年二月癸酉朔。
山東道試御史王明参地与郊倹媚小人、資俸倶浅、猟転大払輿評。乞即行罷斥。並勅該部、以後推陞須俟循資俸、毋一味摸稜、使倹邪得志。得旨、楊巍秉銓多年、科臣陞転酌量年労才力、如何妄肆譏評。王明罰俸三個月。

（39）『実録』巻二二〇、万暦一八年二月丁酉。
補原任吏部験封司員外郎鄒元標。先是、吏部銓補元標、疏上留中。部科諸臣屢以為言、逾年乃有是命。

（40）『実録』巻二三〇、万暦一八年一二月壬申。
先是、吏部文選司員外缺、鄒元標調補、疏再上、不報。吏部以職掌、請竝乞簡発。前推補劉志遠・孫如法疏、得旨、爾等職司銓責、部署欠人既久、宜即另行題請、如何只言元標可用。天下才品豈有二三、独擅視諸塵芥絶無人類者。爾等為国大臣、尚有市恩望報。姑且不究。元標為改南京別衙門用、不必再来瀆擾。……最後戸部尚書石星亦疏請如諸指。上報曰、卿為大臣、職有専任。卿欲取誉於人、不若潔己奉公於本部、廉身去飭、率所司。豈以留復罪官為職業而已。於是、吏部擬元標南兵部職方司、命改礼刑二部用。部覆以南京礼部員外郎。已経裁革、命即於刑部用。遂調元標南刑部広東司署員外郎主事添注。

（41）『実録』巻二四〇、万暦一九年九月壬午。
吏部尚書陸光祖奏、称故事、凡推吏兵二部尚書・三辺総督・内閣大臣倶吏部・九卿・科道会推。近聞、申時行密薦趙志皐・張位。今乃果然。雖二臣之賢不負所挙、然一聴独挙密薦、恐開徇私植党之門。得旨、閣臣既士論称服、足元輔至公。後不為例。

（42）陪推者の点用については、城井氏が前掲論文で一覧表にまとめているので、それを参照されたい。

（43）『実録』巻二四五、万暦二〇年二月乙巳。
　大学士趙志皐言、昨吏部推四御史為監司。是謂年例外転、国家旧制、姑以部郎陪推。伏蒙尽点部臣、則御史幸而得免。而吏部事権不行、無以弾圧人心。不報。

（44）『実録』巻二四四、万暦二〇年正月甲申。
　吏科都給事中鍾羽正奏。……会吏部尚書陸光祖推陞饒伸・万国欽。皆建言奉処分者。上謂、推陞原有屢旨、而以欽降諸臣瀆請、畏勢市恩。該司官倶奪職。旨下。大学士趙志皐因奏、諫臣言事過激、欲攄忠悃之心。皇上幷包有容、実為天地之量。至昨吏部推陞亦仰体宥過之仁、非有私也。今一事連謫三科臣、又一事尽斥選司。諸臣謂、聖度何乞霽雷霆、免其降黜。奉旨、小臣営身、激上卿為国佐治。乃文言要誉、謂七誅三竄、何殊失義礼。鍾羽正等本当重究、姑照原旨行。

（45）『実録』巻二三一、万暦一九年正月壬戌。
　先是、吏部調験封司員外鄒元標補文選司。疏留中不報。給事中楊文煥・御史何選連章言之。各降謫有差。吏部尚書宋纁再疏言之。特旨切責。至是、南京給事中朱維藩等・御史兪咨禹等合疏抗言。上以煩瀆党救、各罰俸有差。

（46）『実録』巻二四四、万暦二〇年正月庚寅。
　吏部尚書陸光祖奏、頃推饒伸為主事、万国欽為推官。二臣前論、輔臣獲罪、量推原非優転註擬、実出于臣、選司葉隆光・唐世堯・陳遴瑋第循例署名、一日奪職。豈所以昭勧励乎。有旨、責其庇救不公。仍令安心供職。

　なお、この部分、原文では「陸光祖の身を挺した弁護によって撤回された」としていたが、城井隆志氏による指摘により、処分の撤回はなく、ただこれによって陸光祖が直接的に責めを負わなかったことが明らかになったため改めた。城井氏には本稿に関して私信の形でさまざまなご教示をいただき、また書評（『東洋史研究』第四九巻第三号、一九九〇年）でも鋭い指摘と今後の課題を明示していただいた。ここに記して感謝したい。

（47）『万暦邸鈔』万暦二〇年十月。
　大学士張位陳言国是。……至如会推大臣、関係甚重。更宜倣此、以諧衆論、而杜専擅。若裁決既定、後有妄為異同者。

宜一切勿聴。

『明史』巻二二四「孫鑨伝」。

張位唐不能平、因欲奪其権。建議、大僚欠、九卿各挙一人、類奏以聴上裁、用杜専擅。鑨言、廷推、大臣得共衡可否、此爵人於朝、与衆共之之義。類奏啓倖途、非制。給事中史孟麟亦言之。詔卒如位議。自是、吏部権又漸散之九卿矣。

この件については、小野氏が前掲論文で、国是論として詳しく論じている。

（48）『実録』巻二五七、万暦二一年二月丙戌朔。

吏部考察各官。罷少卿鄭有年・徐泰時、寺丞赫瀛・蘇酇、都給事中楊文挙・胡汝寧、郎中余継善及参政・副使・僉事陸夢熊・馬魯卿・呉謙・孫玄・馬玉麟・蔡系・周杜業・周文卿等、其余降調有差。

『万暦邸鈔』万暦二一年二月。

大計京朝官。［癸巳内計］吏部［尚書孫鑨・左都李世達・考功司郎中趙南星］秉公持正。所黜多権問媚壮士。閣臣有不能堪者。科臣劉道隆詆南星。遂調旨切責該部専権結党、着回話。吏書鑨不服罪。遂逐南星。鑨於是屢疏求去。是為（王）錫爵再入朝新政。奪吏部尚書孫鑨俸、考功司郎中趙南星降三級調外任。南星並虞淳煕等倶革為民。（文中［　］内は割注）

（49）前注（48）『万暦邸鈔』万暦二一年二月参照。

なお、趙南星「吏部考功司題名記」（『趙忠毅公文集』）には、

万暦癸未（一一年）、余為考功司主事。癸巳（二一年）為郎中。管京察之事。其時大宰為余姚孫公（鑨）、古之淡漠真人也。其時政府則太倉王公（錫爵）・蘭谿趙公（志皋）・新建張公（位）。事竣、大失三公之意。以為専権結党、擬旨、罷余官、奪孫公俸以去。

とある。

（50）『実録』巻二四五、万暦二〇年二月戊午。

大学士趙志皋言、三月十五日殿試、例用九卿詹翰掌印講読学士等官、閲巻類送、閣臣択取十二巻進読、則殿試一事、閣臣責任頗重。今内閣止臣一人。乞命王家屏入閣供事、併点用廷推閣臣一二員。不報。

（51）『実録』巻二七三、万暦二二年五月丁亥。
吏部会推閣臣七員。原任東閣大学士王家屏・南京礼部尚書沈鯉・原任吏部尚書孫鑨・礼部尚書沈一貫・左都御史孫丕揚・原任吏部右侍郎鄧以讃・少詹事馮琦。上以原旨不拘資品、為先年陸光祖謀推自用。今何又推吏部并掌院御史。顕属徇私。仍将前次所推通写来看。

（52）『実録』巻二七三、万暦二二年五月辛卯。
吏部遵旨。通開前両次原推閣臣、初推沈鯉・李世達・羅万化・陳于陛・趙用賢、再推朱賡・于慎行・石星・曾同亨・鄧以讃、并今与推者、以請。上命于陛・一貫入内閣辦事。詰責該部、世達係掌院御史、家屏係起用輔臣。豈得一概列名。司官降調雑職。

その具体的な処罰については、『実録』巻二七三、万暦二二年五月甲午に、
大学士趙志皐・張位為吏部尚書司官申解。得旨、司官為首者降調、余姑各罰俸一年。

吏部尚書陳有年以会推閣臣之故、代司官顧憲成・王同休・黄中色引咎求寛。左侍郎趙参魯随具疏救。皆不従。

とあり、処分対象となった文選司官の具体的な氏名が明らかとなる。

（53）陳有年の抗議及び辞職願いに関する『実録』の記事は以下のようである。
『実録』巻二七三、万暦二二年五月甲午。（前注（52）参照）

『実録』巻二七三、万暦二二年五月辛丑。

吏部尚書陳有年疏、明会推始末、因乞罷帰。不允。

『実録』巻二七四、万暦二二年六月戊申朔。

吏部尚書陳有年通査待罪司属列名、請裁。上又責瀆奏。於是、大学士趙志皐等申救言、皇上所以罪諸臣者、為往日推挙斥黜之官、非為今日会推閣臣之故。因為司官黄縉・章嘉禎・王同休・黄中色等求量罰。上意稍解、令嘉禎姑降一級調外、縉如前旨、有年随引罪求罷、不允。

『実録』巻二七五、万暦二二年七月癸未。

上以吏部尚書陳有年屢疏、称病乞休、准暫調理着趙参魯署印。

(54)『実録』巻二七五、万暦二二年七月丁酉
吏部尚書陳有年十三疏乞休。乃允。着馳馹去。痊可之日、撫按具奏起用。

(55)『明史』「孫鑨伝」。
吏部自宋纁及陸光祖為政、権始帰部、至孫鑨守益堅。

(56)『明史』「孫丕揚伝」。

(57)『万暦野獲編』巻一一「吏部」「掣籤授官」。
吏部掣籤之法、始自邇年孫富平太宰、古今所未有也。孫以夙望起、与新建張相（位）、尋端相攻。慮銓政鼠穴難塞、為張所持、乃建此議、尽諉其責于枯竹。

(58)前注（3）参照。

(59)孫丕揚「酌議抽籤序巻立簿、以公選法」（『増修条例備考』巻二）。
万暦二十三年四月内、吏部尚書孫題為酌議選法、以明至公事。註選請改抽籤、可以示公於天下。然事体尤有当詳者。夫缺多時、缺由籤定、缺単者、名従吏部填、是孤缺註選、部中猶得専主。而二等雑職猶覚多弊。請増為両次抽籤之法。始而擬疏、呼選者於部堂抽籤、而定擬某官。既而奉旨、引選者於東闕抽籤、而註選某地、則授官擬欠、孰非天成。此当議也。……奉聖旨。覧卿疏、秉公釐弊。有裨選法。倶依擬行。欽此。

(60)前注（14）所掲「一法平衡以清仕路、以裨銓政疏」参照。

(61)このことはすでに翁憲祥が「敬循職掌、俯陳末議、以俾銓政疏」（万暦三四年。『万暦邸鈔』巻三一）で指摘する。
蓋所謂掣籤、果付之無心乎、抑参之有心乎。如尽付之無心、則天官之職、一吏可代。且人才与地、紊乱顛倒、勢不可行也。仍参之有心、則官原預擬素定、何為又于大廷広衆之中、為支吾掩飾之挙。理不通也。大抵掣籤一法、不論有心無心、総非秉銓之体。亦不問有弊無弊、総為極陋之規。謂宜断然革去、悉照旧例。

(62)『清国行政法』第三編「官吏法」第二章第二節「文官ノ任用」第四款第二項・第三「吏部銓選」に詳しい。

（62）前掲『万暦野獲編』「掣籤授官」には、その具体的な方法が記されている。なお、趙南星は「再剖良心、責己秉公疏」（『皇明経世文編』）において、この倣（造）籤の弊害を指摘し、掣籤法廃止を提言している。

至掣籤之法、自上古以至我朝、所未有。自万暦年間、始用之以示公。其初即不能行、遂有造籤之法、討缺者無不如意。……此仮設以見行法之在人也、而不意天下之果有此事也。似宜変之以復祖宗之旧。

（63）前注（17）所掲「選官抽籤註欠、以示至公」参照。

（64）清朝における掣籤法については『欽定大清会典事例』巻四四「漢官銓選」「議官掣籤」、ならびに前掲『清国行政法』に詳しい。

附 編

第一章　明代通政使司の設置とその変遷

はじめに

元末紅巾軍から身を起こした朱元璋は、しだいにその勢力を拡大し、至正一六（一三五六）年呉国公、二四年には呉王となり、その四年後に明王朝を建てて皇帝位に即いた。この間、政権としての態様を整えるため、元朝体制を模倣した官制が採用されたのは、よく知られるところである。そのなかにあって朱元璋政権（明朝）はしだいに独自性を強めていったが、それは政権の中枢官庁の設置と変遷によく現れる(1)。すなわち、中書省と行中書省は設置当初にあっては、中央と地方において行政のみならず軍事をも含む重要事項を統轄処理していたが、政権の安定にともない、しだいにその職務は整理されていった。その結果、行中書省は地方行政機関となって、のち布政使司と改められ、中書省は職域を縮小し、ついには廃止されるに至ったのである。ここでとりあげる通政使司は、まさに独自体制へ移行しようとする時期に設置がはかられた官庁である。そして中書省や行省が、あくまでも管轄域内で引き起こされるあらゆる事態に即応する、いわば融通性に富んだものであったのに対して、通政使司は当初から担当すべき職務が確定されていたことに、先の両官庁とは趣を異にするところがある。

さて通政使司について、いまここで概要を述べておくこととする。その職務については、『明史』(2)、『諸司職掌』(3)や『大明会典』(4)に詳しい(5)。『明史』は「受四方章疏」「敷奏」「封駁」を、『諸司職掌』は「出納帝命」「通達下情」「関防諸司公文勘合」「開拆実封」をその主たる職務としてあげるが、内容的にはほぼ同様である。ただそのうち「封駁」のみが『明史』であげられながら、『諸司職掌』では全く触れられていない点が目を引く。これは『明史』が通政使司の設置当時のことをいうのに対し、『諸司職掌』は洪武二六年当時の状況をもとに記述されていることによって生じた相違であるといえる。封駁権を持つか否かは、その官庁としての位置づけを考える上で大きな意味を持とうが、この点は本論においてみることにして、ここではそれをも含んだ上で通政使司の役割を、文書の動きにつれていま少し詳しく述べておく。まず、各官庁から差し出される章奏類はすべてこれを受けとり、その際に形式的な不備や錯誤の有無を点検し、あれば訂正を命じ、なければ差し出し官庁の名と内容を記録したうえで、関防印を捺して贋造を防ぐ。なお実封されたものはこれを開封して、要点を書きとめ、民間からの文書も内容を記録に残す。そしてこれを御前で陳奏するが、ただ重要事件にあってはこの限りではなく、随時、入奏することができた。この際に下された御旨を書きとめ、その内容によってそれぞれ担当の六科給事中(6)に送付するが、御旨が適当でないと判断した場合には意見を上申することもできた。すなわち、通政使司は皇帝に差し出されるすべての文書に関する事務一切を統轄するという、重要な職責を担うものと規定されていたのである。それ故にこそ長官の通政使は、六部尚書・都察院都御史・大理寺卿とならんで九卿のひとつに数えられ[7]、大政大獄に参議することになったという。このようにみてくると通政使司はいかにも大きな権限をもち、明代政治史上においても重要な役割を果たしたかに思われるが、はたして実際はどのようであったのであろうか。通政使司を直接の対象にした論考はこれまでにない。本章においては、その設置についてて、それ以前の状況をも含めて、主として明朝初期の官制史の観点から検討を加え、さらに職務内容などをみることによって、明朝一代の通政使司の実体に言及しておきたい。

一　通政使司設置以前

『春明夢余録』に次のようにある。

通政使司、太常寺の南に在り、東に向く。初め、察言司を置き、司令を設けて、四方の章奏を受くるを掌る。尋いで改める[8]。

これによれば、通政使司に先だち、章奏類の収受機関として察言司が設置されたことが分かる。いまここでは通政使司設置以前の状況を、察言司を中心にみておくことにしよう。

察言司について『太祖実録』は、洪武三年三月の記事として、

察言司を置く。司令、二人、吏、二人。四方の章奏を受くるを掌る。王文卿・原本を以て、司令となす[9]。

また、その七月に、

察言司を革む[10]。

と述べるにとどまり、職務と就任者以外のことは明らかにしない。ここではその設置、ならびに廃止の理由を、明初の官制史、特に中書省との関連において述べておくこととする。中書省は至正二四年以来、中枢機関として諸政全般を統轄し、ここで問題とする章奏類の収受についても、その管轄下に収めていた[11]。中書省を中枢機関として勢力の拡大を果たしてきた明朝は、洪武元（一三六八）年、元朝の都、大都を攻略してほぼ中国支配を完成すると、独自の体制を確立する動きをみせ始めた。その中心となり洪武三年より具体的に実施されたのは、過度に権力の集中した中書省の職務を他官庁に分散させることであった。その実行にあたっては、従来からの中書省との関係を考慮しつつ、既存の官庁の職務を拡大することによってなされるのが最も一般的であったといえる。六部に中書省の職務が移管されたのは、その例に当たる[12]。だが、当時そのなかにあって、行政実務でありながら中書省の専管事項であり、ほかに関連官庁を持たないものについては、新たに官庁を設置して代替機関とする動きがあったことも また認められるところである。章奏類の収受機関である察言司は、まさにそのひとつに数えられる。これとほぼ時期を同じくして設けられた磨勘司についてみるに、『太祖実録』は次のようにいう。

磨勘司を置く。上、かつて、中外百司の簿書、塡委するを以て、これを総核する所以を思う。因りて宋史を覧るに、磨勘司を見て喜ぶ。ここに至りて、遂にその官を設く。太子伴読高暉を以て司令となす[13]。

すなわち、各官庁の会計報告書を一括して審査する磨勘司は、宋史を閲覧することによって構想されたものであった。このことから当時新しく官庁を設置するに際しては、宋制が模倣の対象とされていたことが知られ、とするならば察言司もその例にもれず、宋代の通進司・銀台司に範をとったものであったと考えることができる[14]。

ところで、中書省の職務の移管はあくまでも現状と均衡をとりながら徐々に進められ、決して短時日でなされたものではなかった。現に比較的容易と考えられる六部への移管でさえも、ほぼ三年を要しているのである。このことは、この間は中書省が従来通り中枢機関として機能し続けていたことを意味している。察言司は、中書省に代わって章奏類を収受することを職務に規定された新設官庁であった。いま、その職務の移管が、実際上どのように行われたかを明らかにすることはできないが、どのようにあろうと、中書省が中枢機関である限りにおいては、それはあまり意味を持つものではなかった。なぜなら、たとえ察言司が章奏類を収受したとしても、それは一括して中書省に送付されるわけで、実質的には旧来の体制となんら変わるところはなく、察言司は単なる中書省の出先機関としての位置づけしか得られないからである。そのために察言司の存在意義は大きなものとはなりえず、わずか四カ月にして廃止されるに至った原因はここにあったとみるべきであろう。あくまで現状が優先された結果の試行錯誤的なありさまは、明初の官制史におけるひとつの特徴でもあったのである。

さて、察言司が廃止されたのちは、旧来通り中書省が直接に章奏類の収受を担当したと考えられるが、その中書省も洪武六年頃には六部への職務の移管を終え、構成員も減少の一途をたどった。ここに現実的な問題として、章奏類に関して中書省にとって代わる機関が必要となり、それは給事中と承勅監に求められた。給事中は中書省とほぼ同時期、明朝政権にあっては早い時期に設置されたものであった(15)。設置当初の職務はいま明らかにされないが、ただ常に起居注と並記されるところからして、元朝と同様に記録官として起居注と一体視されていたと考えられる(16)。『太祖実録』において、その職務が明示されるのは、洪武六年の次の記事である。

定めて給事中十二人を設け、秩は正七品。諸司の奏本及び目録・旨意等の事を看詳せしむ。分ちて吏戸礼兵刑工の六科となし、科ごとに二人。およそ省府及び諸司の奏事は、給事中、各の掌るところに随い、殿庭において左右に執事して紀録し、旨意の可否を奏本の後に具批す。仍お文簿内において、本日、給事中某、欽記すること相い同じ、と注写して、以て壅遏・欺蔽の弊を防ぐ。もし特旨あれば、皆、纂録して、付外、施行す。……辺報及び銭穀の機密の重事に係るがごときは、朝会にまさに奏聞すべき者を待たず、給事中の処に、報知、引奏せしむ。[17]宋制に倣って六科に分けられた[18]給事中は、それぞれが担当すべき章奏類をとりまとめて記録に残し、かつそれに対して下された諭旨を奏本に記入し、特旨があれば諸司に下した。また機密重大事項で急を要するものについてはそれを受けていたことからして、章奏類の収受についてもその一端を担っていたことが明らかとなる。ここに給事中は起居注と類似する、その記録官としての立場を生かしつつ、中書省に代わって章奏類の処理に関わる事項を担当することとなり、一個の独立官庁としての位置づけを得たのである。

次に承勅監であるが、その設置は洪武九年四月であった。[19]考功監・司文監とあわせて三監と称されたが、『明史』「職官志」の「中書科」の項では、「(三監) 参じて誥勅を給授するの事を掌る」とあるのみで、各々の職務は明らかではない。それを具体的に現すのは、次の『太祖実録』の記事である。

中書省・兵部に命じて、武官に誥勅を給するの制を定めしむ。その陞除を特授せられし者は大都督府、承勅監官と同に、上旨を以て付籍す。その初めて入仕する者は年籍・父祖己身の功績を具し、そのすでに入仕し及び陞除する者は歴るところの功過・年籍を具し、大都督府、中書省に咨り、兵部に送り、覆奏し貼黄す。考功監、参し、同に奏して付籍す。部、散官を擬し、翰林院に移文して文を撰せしめ、司文監に付して校勘し、奏して中書舎人に付して、書写し署名用印す。転じて承勅・考功二監に付し、あわせて本部に還す。次を以て署名用印し、省府台の官に齎赴して署名して、なお司文監に付し、対同し署名用印して、方めて兵部に付して給授す。[20]

これによれば、考功監は履歴業績の再審査、司文監は翰林院による草案の校勘ならびに正文の書式の最終審査、そして承勅監はその名の如く諭旨を受けることをその職務としていたことが明らかとなる。なおこれら三監は、中書省がその職務を他官庁に移管する過程で生じた、行政執行上の空隙を埋めるものとして設置されたものと考えることがで

きる。(21)

以上述べたように、明朝成立以来、洪武三年に一時的に察言司が置かれたとはいえ、章奏類の処理は中書省の担当するところであったが、中書省が実際の行政に関与しなくなった段階で、それは給事中や承勅監に一時的に委ねられることとなったといえる。

二 通政使司の設置

時期尚早の故に、短期間にして廃止された察言司に代わる章奏類の収受機関である通政使司は、洪武一〇年七月に設置された。中書省における内部的変質を機構的に追認する形で行われた洪武九年の官制改革によって、中書省が実質的には行政に関与しないものと規定され、のち一三年の廃止への路線が敷かれたうえでのことであった。その職務ならびに設置の意図は、『太祖実録』に詳しい。

通政使司を置く。通政使、一人を設け、正三品、左右通政、各一人、正四品、左右参議、各一人、正五品、経歴、一人、正七品、知事、一人、正八品。諸司の文書を出納し、敷奏・封駁の事を掌る。時に、官制、初めて立ち、上、その任を重んじ、頗るその人に難しとす。刑部主事曾秉正、新たに陝西参政に擢げられるも、いまだ行かず。遂に秉正に命じて、通政使となし、応天府尹劉仁を以て左通政となす。これに諭して曰く、言を壅蔽する者、禍乱の萌なり。事に専ら慈しむ者、権姦の漸なり。故に、必ず喉舌の司をあらしめ、以て上下の情を通じて、以て天下の政に達す。昔者、虞の納言、唐の門下省は、皆、その職なり。今、この職を以て卿等に命じるに、官は通政を以て名となす。政はなお水のごとし。その長く通じて壅遏の患なきを欲す。卿、それ命令を審にして、以て百司を正し、幽隠に達して、以て庶務に通ぜよ。まさに執奏すべきは忌避するなかれ、まさに駁正すべきは阿随するなかれ、まさに敷陳すべきは隠蔽することなく、まさに引見すべきは留難することなからしめん。功言して以て取容するなかれ、苛察して以て邀功するなかれ、讒間して以て欺罔するなかれ。公清直亮にして、以てその心を処さば、委任の意に負かざるに庶からん。[22]

水がくまなく疎通するように、皇帝の命令、官僚の上申が阻害されることなく通じること、また官僚による独断専行を未然に防ぐことを意図したものであり、君主独裁体制を確立するに際して、その一環に位置づけられていたことはいうまでもない。そしてその具体的な職務はといえば、章奏類の収受と皇帝への伝達（敷奏）、下された諭旨に対する意見の具申（封駁）とその宣布などであった。

ところでここで気づくべきなのは、この通政使司の職務が、先にみた給事中・承勅監のそれと重複することである。これは通政使司の設置が、中書省の職務移管の進行に応じてとられた措置とは全く次元を異にするものであることを意味する。すなわち通政使司はあくまでも、中書省なきあとの官僚制度を構築するに際して、新たに構想されたものであったのである。このような複数官庁による職務の重複といった事態は、旧体制を廃止することなく存続させたままに、新体制に移行しようとする時に応々にして起こりうるものであるが、それはまた必ずや解消されなければならないものでもあった。それ故、まず通政使司の設置と日を同じくして、まずは給事中を承勅監の付属官庁とすることで、機構の整備が図られ、[23] そして二年後の洪武一二年に、

承勅監・給事中・殿庭儀礼司・九関通事使を以て、皆、通政使司に隷わしむ。[24]

とあるように、すべてが通政使司のもとに統合されたのである。なおこの時、皇帝との接見儀典、すなわち引進を職務とした殿庭儀礼司[25]をも付属官庁としたことによって、通政使司は当初の規定以外に職域を拡大することになった。

いうならばここに皇帝と外界との接点に関わるあらゆる事項が、通政使司によって統轄されることになったのである。

このようにみてくると、当時の新体制への移行期にあって、いかにも通政使司が官庁として肥大化し、またそれが容認されていたかにみえる。しかし、その一方では初代の通政使曾秉正への諭言に、

今、爾、曾秉正等の職は、専ら内外文書の当否、奏聞の行止を詳審す。これその務なり。別に相いに行移を干すなかれ。その正官・首領官吏・皀隷は皆、まさに設くべきの人にして、已に員数あり。それ奏差の設は宜しくするところにはあらざるなり。且つ、奏差の職は四方に奔走し、公文を伝達して、方めてこれ用いられて、その功を展すなり。(26)

とあるように、一見すれば瑣事のような、文書の運搬を司る奏差増設の要求に対して、規定された職務の遂行を強調するばかりで、それを認めていない。このことは、諸官庁の通政使司への統合は、あくまでも機構を整備することを目的としたものであって、通政使司に権限を集中させる意図を持ったものではなかったことを意味していよう。ただその故もあって、ここにみた各官庁の統合は一時的なものとなり、再び分離独立させる動きが出てくることになる。このことは単に官庁としての規模の問題ではなく、通政使司の職務に大きな影響を与えることになった。以下、各官庁の動きを追いこの点を明らかにしていきたい。

まず最初に、給事中に関する『太祖実録』の洪武一四年の記事を二つあげよう。

天下の郡県に命じて賦役黄冊を編せしむ。……刑官に命じて両造の辞を聴す。果たして罪験あらば、正すに五刑を以て議定し、然るのちに入奏せよ。既に奏してその被るところの旨を録さば、四輔官・諫院官・給事中に送りて覆覈し、疑なければ、然るのち覆奏してこれを行え、と。(27)

給事中劉逵、言う。議刑司の奏劄は、諫官、覆審し訖われば、また劄尾に署名してのちに行う。恐らくは、他日、

活恩を窺伺する者あらん。乞うらくは、自今、諫官、署名せしむることなからしめよ、と。制して、これに従う。[28]

右の史料から、給事中について次のことが指摘できよう。まず、給事中は通政使司に統合されてから二年にして、すでに独立官庁として機能していたことである。特に前者で、四輔官や諫院官といった、中書省廃止後に設けられた皇帝近侍の官と並べられていることは、その位置づけが高かったことを示している。次にその職務が、封駁と諫言であったことである。一般に封駁は、詔勅ないしはすでに諭旨を受けた章奏類を審査し、不都合があると認められた時にはそれを差し戻す（駁正封還）こと、諫言は未然の事態を予測して事前にその是正を求めることと理解されるが[29]、当時にあっては、これが截然と区別されていなかったようである。それは先の史料で、諫院官が封駁の任に当たっていることからも明らかである。なお付言するに、そもそも君主独裁が志向されるなかにあっては、封駁権が実際に運用される余地はなく、『日知録』に、

明代、門下省の長官を罷むと雖も、独り六科給事中を存して、以て封駁の任を掌らしめ、旨は必ず科に下す。それ便ならざるあり。給事中の駁正、部に到り、これを科参と謂う。六部の官、敢えて科参に抗いて、自ら行う者なし。[30]

と指摘されるように、実際にはもっぱら六部に対して行われるに過ぎず、本来的な封駁とは趣きを異にするものであった。それ故、給事中は原義的には封駁の官であったものの、実質的には諫言の官と認められるようになるのである。[31]

ともあれ、給事中は一度は通政使司の付属官庁とされたものの、ほどなくして再び独立官庁となった。そしてその際に、通政使司の封駁権が給事中に委ねられ、この結果、通政使司は封駁権を完全に喪失することになった。それは、史料的に通政使司による封駁の事例が見出せないこと、洪武二六年に成った『諸司職掌』では通政使司の職務に封駁を加えず、また諭旨を付された章奏類はすべて給事中のもとに送付されるとしていることからも明らかである。[32]

表1　承勅郎就任者（『明実録』に拠り、一部を『国朝列卿記』によって補足する）

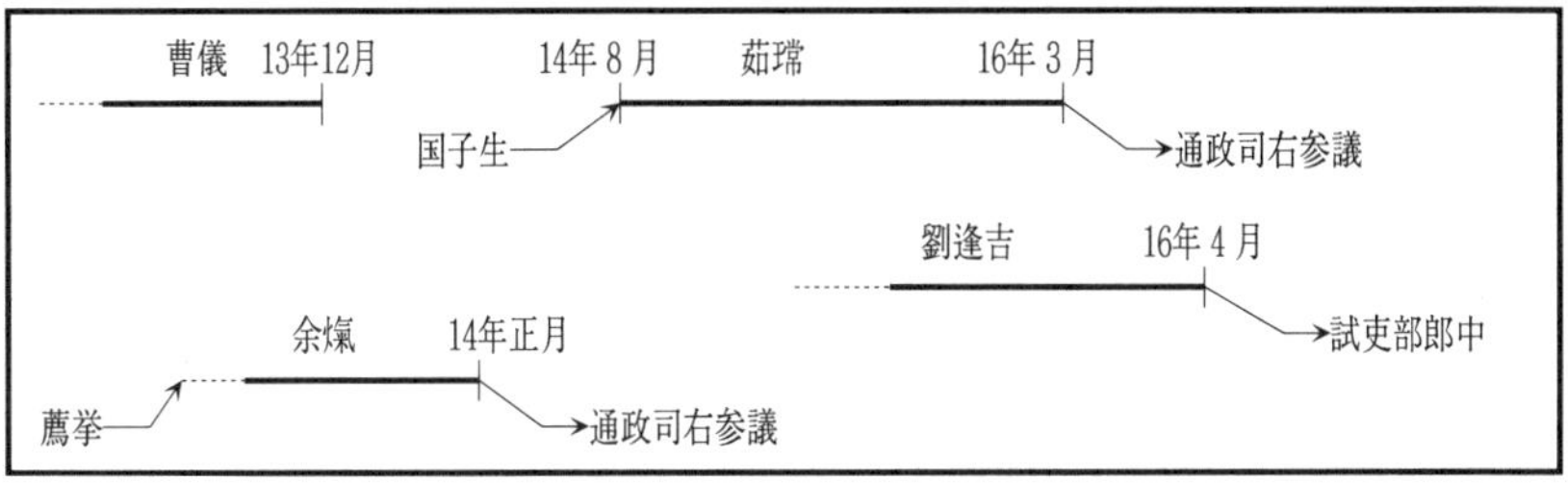

次に承勅監であるが、これについて詳しく述べるものはない。ただその長官である承勅郎の就任者を『太祖実録』によってみると（表1）のようになる。ここにみるべきは、四人の承勅郎のうち余熑と茹瑺の二人が通政使司の官となっていること、また洪武一六年に茹瑺と劉逢吉があいついで他に転出し、そののちしばらくは就任者をみないことである。このことから承勅監は一時的に通政使司に吸収され、その結果、通政使司は下された諭旨を受ける、承勅を正式に職務とすることになったといえる。『諸司職掌』に「旨意を批写す」[33]とあるのが、これに当たるが、先に指摘したように封駁権を喪失したのちにあっては、これとて敷奏に付随した事務的な作業でしかなかったといえよう。

さて最後に殿庭儀礼司であるが、『太祖実録』の洪武一三年の記事に、

殿庭儀礼司の官制を更定す。使、一人、副、二人、鳴賛、二人、序班、四十四人を設く[34]。

とあるように、更めて官制が定められ、また同年二度にわたって官制ならびに人員構成に改革が加えられていること[35]から、この時期にはすでに独立官庁と見做されていたと考えられる。なおこれ以後も、殿庭儀礼司が儀典の執行をその職務としていたことは、のち洪武三〇年に鴻臚寺に改められていること[36]からも明らかである。

以上みてきたことを総括していえば、洪武一〇年に設置された通政使司はその職務を章奏類の収受・敷奏・封駁と規定されたが、のち給事中・承勅監・殿庭儀礼司を付属官庁としたことによって引進をもその職務に加えた。だがこの状態は長くは続かず、給事

中と殿庭儀礼司の分離独立によって封駁と引進を喪失し、実質的には収受と敷奏にその職務は限られることになったのである。

三　永楽朝以後の通政使司

『明史』「職官志二」は、建文期以後の通政使司の変遷について次のようにいう。

建文中、司を改めて寺となし、通政使は通政卿となし、通政参政・参議は少卿・寺丞となす。左右補闕・左右拾遺、各一人を増置す。成祖、旧制に復す。成化二年、提督謄黄右通政を置くも、司事を理めず、武官黄衛の襲替するところの故を録して、以て選事に徴す。万暦九年、革む。(37)

建文朝における官庁名などの変更は実質的には意味のあるものではなく、それ以後においてもなんらきわだった改革が加えられた跡はない。これによれば、通政使司は明一代を通して、洪武朝での体制のままであったかのように受けとられる。ここでは永楽朝以後の通政使司について、もう少し掘り下げてみておきたい。

ところで、洪武期において定まった通政使司の職務は、章奏類の収受と敷奏に限られたと、先に述べたが、それは最も集約した言葉であったといわねばならない。すなわち、収受には受けとった章奏類を検閲し、その内容書式に問題のないことを確認したうえで、「日照之記」（公文用）、「験正之記」（勘合文案用）と呼ばれる印記を捺す、いわゆる関防が、また敷奏には読みあげた章奏類に下された諭旨の記入、ならびにそれを一括して給事中に送付することが、含まれていると考えるべきである。(38) これを踏まえたうえで、まずは永楽朝における通政使司の職務遂行状況をみてみよう。

馬麟。字は□□、河南鞏県の人。□□、吏科都給事中に任ぜらる。永楽二年三月、上、六科都給事中馬麟等を召して、命じて曰く、治をなすは、大体を得るを貴ぶ。ちかごろ爾等、奏牘の一字の誤りを疏駁するに、皆、喋喋として、以て瑣砕を言うこと甚だし。吏治の文書は叢脞積累にして、その精力、時に以て敝れるあり。豈に錯謬を免れんや。自今、奏内に数目・月日等の錯謬ある者は、皆、傍に従いて改註し、印を用いてこれを蓋い、必ずしも以聞せしめず、と。麟等、言うに、奏内、臣を称せざる者あらば、これまさにこれを罪すべし、と。上、曰く、下、豈に敢えて上を慢らんや。或いは一時急遽に漏写すること、これあり、必ずや故らに違うにあらず。また傍に従いてこれを増さしめよ。およそ天下何れの弊、まさに革むべく、何れの利、まさに興すべく、何れの処、軍民いまだ安んぜず、何れの処、奸邪いまだ去らずは、まさにこれを歴言して隠すなかれ、と。[39]

戸部人材高文雅、時政を言う。首めに建文の事を挙げて、次に救荒恤民に及ぶ。言辞、率直にして、忌諱するところなし。……都御史陳瑛等、奏してその言、狂妄なるを劾し、これを寘くを請う。上、曰く、草野の人、忌諱を知らず。恕すべし。そのなかの言に採るべきあらば、直なるを以てこれを廃するなかれ、と。[40]

ひとつは、永楽初年当時、六科給事中が章奏類のなかにある日付等のささいな過誤や、臣と称さないなど、書式を遵守していないものに対して、ことごとく上疏して駁正したことをいう。またひとつは、当時は忌諱すべきとされていた建文期の事柄をとりあげる高文雅の上書が、都御史の陳瑛によって弾劾されたことをいう。ここに駁正・弾劾されたものは、文書流通を機構的に捉えるならば、事前に通政使司によって収受・関防されたものであることはいうまでもない。にもかかわらずそれがこの段階において駁正・弾劾されているということは、当時にあっては通政使司がその関防の責を十全に果たしていなかったことを如実に示している。このような例は、また敷奏についてもみられる。『太宗実録』に、これより先、通政司、四方の奏疏を受くるに、重務のものあらざれば、悉く以聞せずして、径ちに六科に送る。ここに至りて、上、これを知る。参議賀銀等を召して責めて曰く、通政司を設くるは、壅蔽を決して下情に達する所以なり。今、四方の言事、朕、悉く聞くをえざれば、則ちこれ通政司なきなり。……自今、宜しく深く前過に懲りて、およそ疏奏の民の休戚に関わる者は、小事と雖も、必ず聞すべし。朕、聴受するにおいて厭倦せざるなり、と。(41)

とあるのがそれで、通政使司は奏疏に対して取捨選択を行い、重要でないと判断したものについては敷奏することなく、直接、六科給事中のもとに送付していたのである。これに対し、永楽帝は厳しく是正を求めてはいるものの、このような傾向は永楽期を通じて改められたとはいえない。すなわち、洪熙帝の即位後にも、

通政使司、四方の雨沢の奏章を以て、給事中に類送して収貯せんことを請う。上、曰く。……今、州県の雨沢の奏章は、すなわち通政司に積む。上の人、何によりて知らん。また給事中に送りて収貯せんと欲す。是れ、上の人、終に知らざるを欲するなり。かくの如く、徒らに州県を労して何をかなさん。自今、四方、奏するところの雨沢、至らば、即ちに封進せよ。朕、親らこれを閲す、と。また諭して曰く、近臣たる者、まさに事事を究めて民の難を恤むべし。徒らに苟にして故事に応ずるなかれ、と。(42)

と、通政使司は雨沢の奏章（降雨を主とした各地の天候報告書）については、直接に六科給事中に送付することを願い出ているのである。これが、永楽期に慣例化していた事態を踏襲し、それを正式に認定するよう求めたものであったことは、洪熙帝の言葉に「今、州県の雨沢の奏章は、すなわち通政司に積む」、また「徒らに苟にして故事に応ずるなかれ」とあるのをみても明らかである。

永楽帝は北京巡行や親征のため南京を離れることが多く、その間は太子監国体制がとられたことはよく知られると

表2　通政使一覧(永楽朝～隆慶朝)

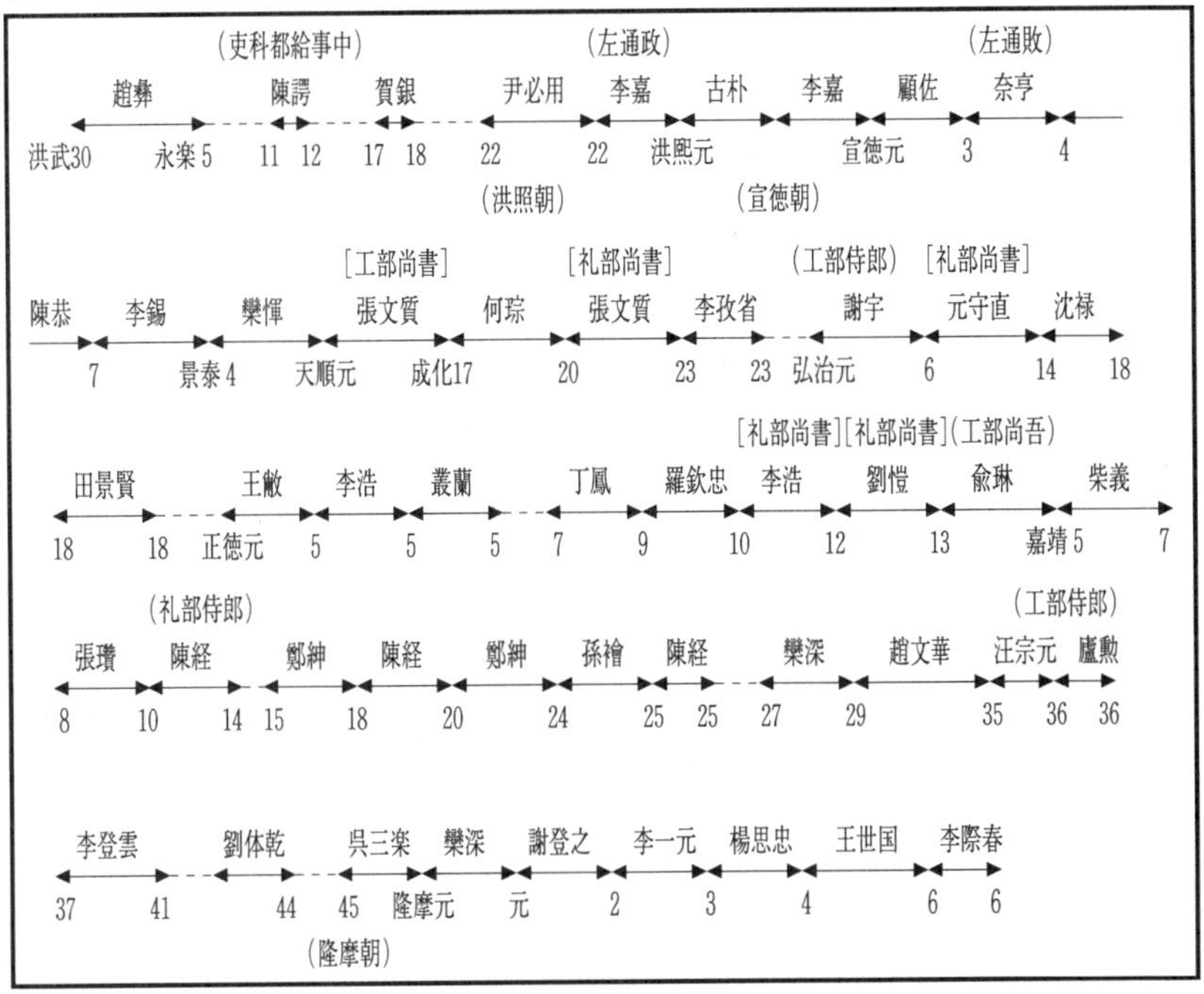

『国朝列卿記』『国朝献徴録』『国朝典彙』『明史』『明実録』『弇山堂別集』に拠る。なお（　）内は、通政使を兼掌する時の本官、［　］内は通政使在任中の加官。

ころである。このような状態にあっては、皇帝が京師に常に存在することを前提に組みあげられた体制に齟齬が生じるのもまた当然であった。通政使司もその例にもれず、皇帝の前面にあって章奏類を収受し、それを直接伝達する立場が揺らぎ、その位置づけも低くならざるをえなかった。それ故にこそ、先にみた関防や敷奏の事例も積極的に是正されるところとはならず、また（表2）にみるように、永楽五年から一七年までの間に吏科都給事中の陳誥が兼任する以外には、通政使に就任者をみない事態さえ起こりえたのである。

　たしかにここにあげた例は、通政使司の体制が最も弛緩した状態を現すものであったといえよう。洪熙期においてその是正がはかられたことは、先の史料や通政使への就任者によっても認められるが、これとて旧制に復したに過ぎず、具体的に改革が加えられたものではない。それ以上に、以後、内閣制が確立していったことは、通政使司に大きな影響を与えたといわねばならない。すなわち、この結果、通政使司の皇帝との近侍性は大きく後退し、形式的な事務処理機関としての性格を強くしたからである。最後にその長官通政使の就任者をみることによって、その点を確認しておこう。

総員四三名のなか、通政使司の長官として、その在任中にきわだった業績をあげたものは皆無に等しい。そのなかでしいてあげるとすれば、嘉靖期の張文華ということになるが、これとて、

（厳）嵩、日に貴幸にして、遂に相いともに結びて父子となる。嵩、念うに、己の過悪、多し。私人を得て通政に在らしめ、劾疏、至らば、預め計をなすべし、と。故に文華を以てこれに任ず。[43]

とあるように、内閣首輔厳嵩の意を受けて、その擅権の一端を支えたに過ぎず、通政使司の正規の職務によるものではなかった。それよりここで注目すべきは、

正統七年、進士、刑科給事中を授けらる。声容、宏偉にして、敷奏に善し。通政参議に擢げらる。[44]（王復）

景泰中、都給事中。音吐鴻鬯なるを以て右通政となる。[45]（張文質）

御史を以て鴻臚寺少卿に進む。儀度、安整、英吐、宏暢にして、通政使に擢げらる。[46]（兪琳）

音吐、洪暢にして、容止、端重なるを以て、甚だこれを眷重す。[47]（嘉靖）五年、上、親ら柴義を擢げて通政使となす。通政司の官に伝命するに、奏事は一に柴義の如くせよ、と。[48]（柴義）

などにみるように、その選任の理由が、声量の豊かさなどであった例が多いことである。これはまさに、通政使司の官が本質的な意味で、官僚としての能力を問われていなかったことを示し、さらにはこれが通政使司の明朝を通じての位置づけであったといえるのである。

おわりに

本章では、明朝における章奏類の収受機関について通政使司を中心に、その設置以前の状況をも含めて述べてきた。そのなかで説きえたものは大きく分けると、明朝初期の官制史の問題と通政使司自体の問題の二点であった。

まず官制史において指摘しうるのは次のような点である。明朝成立後、政権の安定につれて元朝体制から脱皮し、独自体制の確立が模索されたが、その中心課題はあくまでも、中枢機関として諸政全般を統轄していた中書省の専権体制を改革することにあった。それは主として六部への職務移管によって果たされたのであるが、また他の方面にも種々の影響を及ぼすものでもあった。章奏類の収受機関も、そのひとつの例であったといえる。察言司の設置と廃止、給事中による代行、そして通政使司の設置は、すべて中書省と密接に連関したうえでの事象であったのである。ところで、この一連の動きのなかに、また当時の官制改革における特徴を見出すことができる。中書省と六部の例にみられるように、既存の官庁の枠内で常に現在的状況との均衡を保ちつつ、一種なし崩し的に行われるのが、当時の傾向であった。起居注的記録官としての立場を利用された給事中による代行は、まさにそれに該当するものであった。また、これに先だって察言司が設置されたことも注目に値しよう。すなわち、これによって中書省の職務の分散化が決定づけられた洪武三年に、すでに一部宋制を模倣の対象とした官制が構想されていたことをうかがい知ることができるからである。しかしこれは中書省との関連において、実際に機能するには至らないままに廃止された。ここに理念の先行は現実的には意味を持たないことが認識されたのであり、給事中による代行措置は、その結果であったのである。いうならばこれらの事例は、明朝初期の試行錯誤的なありさまを端的に現すものであった。

さて、通政使司であるが、これについても同じことが指摘できる。中書省の廃止がほぼ決定づけられた、洪武九年の改革を受けて通政使司は設置されたが、これは現実に対応するものとしてというより、新たな構想に基づいたものであったといえる。それ故にこそ、給事中や承勅監と、その職務が重複するといった事態が生じた。これはのちに通政使司が両官庁をひとまず統合することによって解決されたが、この統合とのちの分離は、通政使司の職務にまで影響を及ぼすこととなった。すなわち、この時に給事中や承勅監とともに殿庭儀礼司が統合されたこともあり、通政使司は設置当初に裁定された章奏類の収受・敷奏と封駁に加えて、引進をも担当するようになったのである。だがこれはあくまでも一時的な現象に終わり、のち給事中が封駁を、殿庭儀礼司が引進をその職務とするものとして分離されたことによって、通政使司の職務は収受と敷奏に限定されることとなった。この一連の動きは、まさに新たに打ち出された官庁構想を、混乱なく現実と融合させようとした結果から生じた事態であったといえる。最後に通政使司の官庁としての位置づけであるが、その表面的な職務規定から九卿のひとつに数えられ、それは明代を通じて変わることはなかったものの、実質的には決して高いものではなかった。このことは永楽期における例や、後代の通政使の就任者をみることによって明らかである。このような状態を決定づけたのは、その設置直後に起こった官庁の統合と分離の過程で、封駁をその職務から喪失したことであったといえる。この結果、通政使司は章奏類に関して意見を具申する途を閉ざされ、官庁として政治的判断を下すことさえできず、単に章奏類を受けとり、その形式のみを審査し、敷奏したのち論旨を記録するだけの、いわば事務処理機関としての性格を強くしたのである。一方、通政使司に代わって封駁を職務とした給事中が、皇帝に対しては実質的には有効性を持たなかったとはいえ、それを六部への駁正権として科参を行い、また諫言の官として品秩は低いものの高い位置づけを与えられたことをみれば、その影響の大きさはなお一層認められるであろう。

なお、永楽朝以後の通政使司についてより明らかにするためには、内閣制との関係ならびに奏本とならんで題本が採用されたことなどにも目を向けなければならない。これらについては今後の課題としたい。

注

（1）本書前編「明王朝支配体制の確立」第一章「翼元帥府から行中書省体制への転換」、第二章「中書省の設置とその変遷」（原題および原載。「明朝成立期における行中書省について」『人文論究』三〇巻四号、一九八一年。「明初中書省の変遷」『東洋史研究』三六巻一号、一九七七年）。

（2）巻七三。「職官志」二「通政使司」。

（3）「通政司職掌」（『皇明制書』巻六所収）。

（4）巻二一二「通政使司」。
なお、これは『諸司職掌』の記事に後代の事例を加えたもので、職務の内容については変わるところはない。

（5）これらのほかに具体的に通政使司について述べるものとして次のものがあげられる。『春明夢余録』巻四九「通政使司」・『国朝列卿記』巻八一「通政使司序」・『図書編』巻八四「皇明官制沿革歴代総考」。なお、これらであげられる職務内容は『諸司職掌』と同じである。

（6）給事中が設置されたのは甲辰（一三六四）年で（後注（15）参照）、吏戸礼兵刑工の六科に分けられるのは洪武六年のことであるが（後注（17）参照）、正式に六科給事中と呼ばれるようになるのは、科ごとに都給事中が置かれた洪武二四年からのことである。ここでは『諸司職掌』にしたがって六科給事中とするが、本文では扱う時期の関係で給事中とする。

（7）『明史』巻七二「職官志一」。
明官制、沿漢唐之旧、而損益之。自洪武十三年罷丞相不設、析中書省、政帰六部。以尚書任天下事、侍郎弐之、而殿閣大学士祇備顧問。帝方自操威柄、学士鮮所参決。其糾劾則責之都察院、章奏則達之通政司、平反則参之大理寺。是亦漢九卿遺意也。

（8）『図書編』巻八三「国朝官司職掌」。

国家奄有華夷、政令多矣。特設九卿以職掌。……通政司掌出納帝命、通達下情、関防、奏報矣。

なお人事面においても九卿としての扱いを受けるのは、次の『大明会典』巻五「吏部四」に明らかである。

凡尚書・侍郎・都御史・通政使・大理卿缺、皆令六部・都察院・通政司・大理寺三品以上官廷陞。

（9）『春明夢余録』巻四九「通政使司」。

通政使司、在太常寺南、東向。初置察言司、設司令、掌受四方章奏。尋改。

（10）『太祖実録』巻五〇、洪武三年是月。

置察言司。司令二人・吏二人。掌受四方章奏。以王文卿・原本為司令。

（11）『太祖実録』巻五〇、洪武三年七月辛丑。

革察言司。

（12）『太祖実録』巻一一七、洪武一一年三月壬午。

上命礼部臣曰。……胡元之世、政専中書。凡事必先関報、然後奏聞。

明朝の中書省が元朝体制を模倣したものであったことからすれば、これはそのまま明朝初期の中書省に当てはめて考えることができる。

（13）本書前編「明王朝支配体制の確立」第二章「中書省の設置とその変遷」参照。

（14）『太祖実録』巻五一、洪武三年四月是月。

置磨勘司。上嘗以中外百司簿書塡委、思所以総核之。因覧宋史、見磨勘司而喜。至是、遂設其官。以太子伴読高暉為司令。

（15）『宋会要』「職官二・二六」。

通進司、地垂拱殿門内。掌受銀台司所領天下章奏案牘・閤門京宮司文武近臣表疏進御、復頒布之。

なお、通政使司の沿革を述べるものには二つの系統がある。およそ、秦漢の公車令、宋の通進司・銀台司に淵源を求めるのは『歴代職官表』『続文献通考』『王圻続文献通考』ならびに『国朝列卿記』などであり、一方、唐虞の納言、宋の門下省に求めるのは『春明夢余録』『図書編』などである。両者の異なりは、章奏類の収受か帝命の出納かの、どちらに重点を置くかによって生じたものである。ただ、通政使司の職務が多岐にわたることからすれば、そのいずれとも決しがたい。

(15)『太祖実録』巻一四、甲辰（一三六四）年三月丁卯。
置起居注・給事中。

(16)『続文献通考』巻五二。給事中。
元給事中為修起居注職。

『元史』巻八八。百官四。給事中。

給事中、秩正四品。至元六年、始置起居注・左右補闕。掌随朝省・台・院諸司。凡奏聞之事、悉紀録之。如古左右史。

十五年、改陞給事中兼修起居注。

(17)『太祖実録』巻八〇、洪武六年三月乙巳。
定設給事中十二人、秩正七品。看詳諸司奏本及目録・旨意等事。分為吏戸礼兵刑工六科、毎科二人。凡省府及諸司奏事、給事中各随所掌、於殿庭左右執事紀録、具批旨意可否於奏本之後。仍於文簿内、注写本日給事中某欽記相同、以防壅遏欺蔽之弊。如有特旨、皆纂録、付外施行。……若係辺報及銭穀機密重事、不待朝会合奏聞者、於給事中処、報知引奏。

(18)張金鑑『中国文官制度史』（華岡出版部。一九七三年）「第二編第六章監察制度」。

(19)『太祖実録』巻一〇五、洪武九年四月丙申。
更置考功・承勅・司文三監。毎監、設令一人、秩正六品、丞二人、従六品。改侍儀司為殿庭儀礼司。設使一人、秩正七品、副三人、秩正八品、承奉一人、秩従八品、鳴賛二人、秩正九品、序班一十六人、秩従九品、九関通事使一人、正八品、副六人、従八品。

(20)『太祖実録』巻一〇五、洪武九年四月癸卯。

命中書省兵部定給武官誥勅之制。其特授陞除者大都督府同承勅監官、以上旨付籍。其初入仕者具年籍・父祖己身功績、其已入仕及陞除者具所歴功過・年籍、大都督府咨於中書省、送兵部、覆奏貼黄。考功監参考、同奏付籍。部擬散官、移文翰林院撰文、付司文監校勘、奏付中書舎人、書写署名用印。転付承勅・考功二監、并還本部。以次署名用印、齎赴省府台官署名、仍付司文監、対同署名用印、方付兵部給授。

（21）考功・承勅・司文の三監については、文書流通の要所に関わることから、また各官庁への監視機関としての機能を期待されていたとみることができる。詳しくは、本書本編第一章「洪武朝初期の吏部と吏部尚書」「四、吏部権限への抑制」参照。

（22）『太祖実録』巻一一三、洪武一〇年七月甲申。

置通政使司。設通政使一人、正三品、左右通政各一人、正四品、左右参議各一人、正五品、経歴一人、正七品、知事一人、正八品。掌出納諸司文書・敷奏・封駁之事。時官制初立、上重其任、頗難其人。刑部主事曾秉正新擢陜西参政、未行。遂命秉正為通政使、以応天府尹劉仁為左通政。諭之曰、壅蔽于言者、禍乱之萌。専恣于事者、権姦之漸。故必有喉舌之司、以通上下之情、以達天下之政。昔者虞之納言、唐之門下省、皆其職也。今以是職命卿等、官以通政為名。政猶水也。欲其長通無壅遏之患。卿其審命令、以正百司、達幽隠、以通庶務。当執奏者勿忌避、当駁正老勿阿随、当敷陳者無隠蔽、当引見者無留難。毋功言以取容、毋苛察以邀功、毋讒間以欺罔。公清直亮以処厥心、庶不負委任之意。

（23）『太祖実録』巻一一三、洪武一〇年秋七月甲申。

改承勅監令為郎。設官二人。従七品。給事中・中書舎人咸隷焉。

（24）『太祖実録』巻一二八、洪武一二年一二月丙寅。

以承勅監・給事中・殿庭儀礼司・九関通事使、皆隷通政使司。

（25）殿庭儀礼司はもと侍儀司と呼ばれていた。その名称変更は、承勅監等三監が設置されたのと同時に行われている（前注（19）参照）。なお、侍儀司の職務を明らかにする数少ないものとして、次の『太祖実録』巻六七、洪武四年七月乙丑の記事をあげることができる。

指揮万徳送明昇并降表、至京師。……上御奉天門、昇等於午門外脆、進待罪表。侍儀使捧表入、宣表官宣読訖、承制官出伝制。昇等皆俯伏于地。侍儀舎人掖昇起。其属官皆起、跪聴宣制釈罪。昇等五拝、三呼万歳。承制官伝制、賜衣服冠帯、侍儀舎人引昇、入丹墀中、四拝。侍儀使伝旨、昇跪聴宣諭。俯伏四拝、三呼万歳。又四拝出。

(26)『太祖御製文集』巻六。
今、爾曾秉正等職、専詳審内外文書当否・奏聞行止。是其務也。別無相干行移。其正官・首領官吏・皀隷皆応設之人、已有員数。其奏差之設非所宜也。且奏差之職奔走四方、伝達公文、方是用而展其功。

(27)『太祖実録』巻一三五、一四年正月是月。
命天下郡県編賦役黄冊。……命刑官聴両造之辞。果有罪験正以五刑議定、然後入奏。既奏、録其所被之旨、送四輔官・諫院官・給事中覆覈、無疑、然後覆奏行之。

(28)『太祖実録』巻一三五、一四年正月乙酉。
給事中劉逵言。議刑司奏劄、諫官覆審訖、又署名劄尾而後行。恐他日有窺伺活恩者。乞自今諫官無令署名。制従之。

(29)楊樹藩『明代中央政治制度』(岫廬文庫〇三六。台湾商務印書館。一九七八年)。

(30)『日知録』巻九「封駁」。
明代雖罷門下省長官、而独存六科給事中、以掌封駁之任、旨必下科。其有不便、給事中駁正到部、謂之科参。六部之官無敢抗科参而自行者。

(31)『四友斎叢説』巻七「史三」。
唐詩云、三省官僚揖者稀。……門下省則古唐虞納言之官、今之通政司、是也。……凡朝廷有大政令、則由門下省奏上、発中書省看詳、仍発門下省下尚書省施行。今給事中毎日在科廊接本、猶古之遺意也。給事中原非諫官、掌在封駁。

(32)『諸司職掌』「通政司職掌」。
a. 通達下情。凡有四方陳情建言、伸訴冤枉、民間疾苦善悪等事、知必随即奏聞。及告不法不公等事、事重者於底簿内謄写所告縁由、賚状奏聞。仍将所奉旨意、於上批写、送該科給事中、転令該衙門抄行。
b. 開拆実封。凡天下臣民実封入通、或人賚到司、須於公庁限同開拆、仔細検看。事干軍情機密、調発軍馬、及外国来降進貢方物、急欠官員、提問軍職有司官員、并請旨定奪事務、即於底簿内謄写略節縁由、当御前、陳奏畢、就於奏本後批写旨意、送該科給事中収、転令該衙門抄出施行。

c. 関防諸司公文勘合。凡本司置立出入文簿、令各房令典分掌。凡内外衙門公文到司、必須弁験允当、随即於簿内編号、注写某衙門行某処為某事。公文用日照之記、勘合用験正之記。関防畢、令舗兵於文簿内書名画字逓送。……月終類奏文簿洋繳進。若各処公文、事干軍情災異機密重事、随即入奏、送該科給事中収。

(33) 前注（32）参照。

(34) 『太祖実録』巻一三〇、洪武一三年三月己未。
更定殿庭儀礼司官制。設使一人・副二人・鳴賛二人・序班四十四人。

(35) 『太祖実録』巻一三一、洪武一三年五月戊午。
増設殿庭儀礼司儀四人。
『太祖実録』巻一三三、洪武一三年九月戊戌。
更殿庭儀礼司使為司正。行人司行人・判禄司判禄亦為司正。

(36) 『明史』巻七四「職官志三・鴻臚寺」。
初、呉元年、置侍儀司、秩従五品。洪武四年、定侍儀使、従七品、引進使、正八品、奉班都知、正九品、通賛・通事舎人、従九品、倶為七品以下官。九年、改殿庭儀礼司、設使一人、正七品、副三人、正八品、承奉一人、従八品、鳴賛二人、正九品、序班一十六人、従九品、九関通事使一人、正八品、副六人、従八品。十三年、改使為司正、分左右司副各一人、増序班至四十四人、革承奉、増設司儀四人。二十二年、増設左右司丞四人、正九品。三十年、始改為鴻臚寺、秩正四品、設官六十二員。

(37) 『明史』「職官志二」。
建文中、改司為寺、通政使為通政卿、通政［参政］・参議為少卿・寺丞。増置左右補闕・左右拾遺各一人。成祖復旧制。成化二年置提督謄黄右通政、不理司事。録武官黄衛所襲替之故、以徴選事。万暦九年革。（なお、文中［　］内は、『国

椎』巻一一、恵宗建文元年四月乙卯の記事によって補った）

（38）前注（32）参照。

（39）『国朝列卿記』巻八四「通政使司行実」。

馬麟。字□□、河南鞏県人。□□任吏科都給事中。永楽二年三月、上召六科都給事中馬麟等、命曰、為治貴得大体。比爾等疏駁奏牘一字之誤、皆喋喋以言瑣砕甚矣。吏治文書叢脞積累、其精力有時以敝。豈免錯謬。自今、奏内有数目月日等錯謬者、皆令従傍改註、用印蓋之、不必以聞。麟等言、奏内有不称臣者、此当罪之。上曰、下豈敢慢上。或一時急遽漏写有之、必非故違。亦令従傍増之。凡天下何弊当革、何利当興、何処軍民未安、何処奸邪未去、当歴言之勿隠。（なお、文中□□は原欠）

（40）『太宗実録』巻六一、永楽四年一一月辛巳。

戸部人材高文雅言時政。首挙建文事、次及救荒恤民。言辞率直、無所忌諱。……都御史陳瑛等奏劾其言狂妄、請寘之。上曰、草野之人不知忌諱。可恕。其中言有可採、勿以直而廃之。

（41）『太宗実録』巻五八巻、永楽四年八月丁酉。

先是、通政司受四方奏疏、非重務者、悉不以聞、径送六科。至是、上知之。召参議賀銀等責曰、設通政司所以決壅蔽達下情。今四方言事、朕不得悉聞、則是無通政司矣。……自今、宜深懲前過、凡疏奏関民休戚者、雖小事必聞。朕於聴受不厭倦也。

（42）『仁宗実録』巻三上、永楽二二年一〇月戊申。

通政使司請以四方雨沢奏章類送給事中収貯。上曰。……今州県雨沢奏章、乃積於通政司。上之人何由知。又欲送給事中収貯。是欲上之人終不知也。如此徒労州県何為。自今、四方所奏雨沢至、即封進。朕親閲焉。又諭曰、為近臣者、当究事事恤民難。毋徒苟応故事也。

（43）『明史』巻三〇八「張文華伝」。

（厳）嵩日貴幸、遂相与結為父子。嵩念己過悪多、得私人在通政、劾疏至、可預為計。故以文華任之。

（44）『明史』巻一七七「王復伝」。
正統七年、進士、授刑科給事中。声容宏偉、善敷奏。擢通政参議。

（45）『国朝献徴録』巻三三「張文質伝」。
景泰中都給事中。以音吐鴻暢為右通政。

（46）『国朝典彙』巻五六「通政司・兪琳」。
以御史進鴻臚寺少卿。儀度安整、英吐宏暢、擢通政使。

（47）『国朝献徴録』巻六七「柴義伝」。
以音吐洪暢、容止端重、甚眷重之。

（48）『国朝典彙』巻五六「通政司・柴義」。
（嘉靖）五年、上親擢柴義為通政使。伝命通政司官、奏事一如柴義。

第二章　明王朝庶吉士制の検討

第一節　成化元年における散館請願について

はじめに

有為の人材を登用し、それを有効に活用することは、国家の命運を左右する重大事である。明朝における人材登用は、初期にあっては薦挙・監生・科挙進士が、のちには進士・科貢（挙人・歳貢監生）・吏員が三途と呼ばれたが、明初の一時期を除いて、その主流は科挙進士であった。特に宣徳以後、その出身資格が銓選において重要視されるに及んで、進士偏重の風は益々強くなっていった。[1] 人材登用の主流であり、将来の大官を輩出するこの科挙進士から、さらなる選抜を行い、将来の国家枢要の官となるべき人材を育成しようとするのが、庶吉士制である。庶吉士制は人材の登用と官僚としての活用の間に設けられたことからすれば、ひとつの人材留保制度であったといえる。すなわち、それはまた他の進士が各衙門で観政と呼ばれる実務研修を行うのに対し、特別の待遇を受け、教習の名のもとに学問的素養を積む機会を与えられ、やがて清要の官である翰林官への道が開かれることにもなるのである。これらの点から、庶吉士がエリート中のエリートと称せられるのも、また当然のことといえよう。実際、庶吉士から翰林官となり、内閣大学士をはじめとする国家枢要の官となる例は多くみられるところである。しかし、庶吉士となった者のすべてがこのような径路を辿るとは限らない。官僚の人事においては、本人の能力・資質もさることながら、時の官界の状況や人脈等の要素が複雑に絡みあうのが通例ではあるものの、庶吉士のなかにはそれ以前の段階、すなわち散館と呼ばれる授官の段階で、すでにこの翰林官への道から除外される例も多く存在したのである。まさに必要数が確保できれば事足りる国家の側の論理をもととする、人材活用における峻別の結果といえようが、それならば除外される側にとって、庶吉士であったということは、いかなる意味を持ったのであろうか。

一面からみれば、庶吉士をエリートと考えることに誤りはないであろう。だが、このような存在をも含めて、一律でない庶吉士像を描き出してこそ、初めて庶吉士制を理解することができるのではないだろうか。本章では、成化元年における庶吉士による散館請願を中心に、それに至るまでの庶吉士制とその実態を明らかにしてゆきたい。

一　散館請願の概要

まず、成化元年の散館請願の記事を『国朝典彙』からあげておこう。

庶吉士計礼等を改めて、各衙門に観政せしむ。正統より以来、選ぶところの庶吉士は、内閣、学士二員を奏請し、翰林公署において教習せしむ。祖宗の時の文華堂・文淵閣の旧規とは同じからず。内閣、月を按じて考試してその高下を第し、以て去留の地となす。まさに三年に及ばんとすれば散館を邀求し、また進修を以て事となさず。ここに至りて庶吉士、相い率いて内閣に入りて散館を請う。大学士李賢、謂いて曰く。教養いまだ久しからず。奈何ぞ、遽かに入仕せんと欲するや、と。計礼、声を抗げて対う。公、何処より教養来たるや、と。賢、これを責めれば、則ち曰く。吾輩の教習、例として三年に該ると雖も、已に一年を焼却す、と。癸未の春、闈の災するの故をいうなり。賢、怒り、旨を請いて各衙門に分散して、観政せしめ、尋いで礼に南京刑部主事を授く(2)。

ほぼ同内容の記事は『殿閣詞林記』巻一〇「公署」にもみえるが、それには次のような評言が加えられている。

（計）礼の言、不恭に近しと雖も、然れども稽なき者とは謂うべからず(3)。

計礼をはじめとする庶吉士数名が、徒党を組んで時の内閣首輔李賢に散館を願い出たが、そのこと自体はもとより、交渉においての言辞も常軌を逸したものであり、単なる請願というよりも、強硬な抗議行動とでもいえるものであった。これに対して李賢は一旦拒否する姿勢を示しつつも、結局のところ制裁をこめて彼らを各衙門に観政に出し、のち首謀者と認めた計礼を南京刑部主事に任じた。以上が事の顛末である。

このような一連の動きには種々の要因が見出されるが、まずは庶吉士計礼の側にある事情についてみておこう。計礼については諸書に伝がなく詳細は明らかではないが、『進士題名碑録』によれば、江西饒州府浮梁県の人、民籍の出身である。天順六年、郷試に合格したが、その会試は次年二月に予定されながら、試院の火災のために八月に延期され(4)、また殿試も憲宗成化帝の即位の年に当たり、天順帝の遺旨もあったために、八年三月に行われた(5)。すなわち、この年の科挙は郷試から殿試の終了までに、通例に比して一年の遅れが出たのである。ともあれその時の合格者は、状元に彭教・榜眼の呉鉞・探花の羅璟の第一甲進士及第三名に加え、第二甲進士出身七五名、第三甲同進士出身一六九名の合格者があった。このうち一甲三名が例にならって翰林院修撰・編修に銓注されると同時に、計礼を含む一九名(6)が庶吉士に選抜され、他の進士に比して別格の待遇を与えられ、太常寺少卿兼侍読学士劉定之と翰林学士柯潜の教習、華蓋殿大学士李賢による考査を受けることになった(7)。計礼の履歴をこれまでみたところでは、試院の火災を除いてとりたてて問題とすべきものはないといえる。ただ、その行動のひとつの契機となったと考えられるのは、成化元年八月における同期の庶吉士一六名の散館であった。そこでは李東陽以下五名が翰林院編修、呉希賢が検討、劉淳が中書舎人、張敷華等九名が各部主事に任じられ、計礼等三名のみがその対象から除外されていたのである(8)。さらにその時期はといえば、庶吉士に選抜されてよりわずか一年五カ月後のことで、これは教習期間は三年とする当時の通念からすれば、その半ばに満たないものであった。ここでは試院の火災による空白の一年を暗黙のうちに加算するという、異例の措置が講じられたといわねばならない。計礼等が同期の庶吉士と同等の処遇を求め、ことさらに空白の一年を問題とする理由はここにあったのである。まして次年に予定される科挙にともなう、新庶吉士の選抜を目前に控えていては、計礼等にもはや自分たちへの措置が講じられるのを待つほどの余裕はなかったといえよう。

次に李賢についてみよう。李賢は河南鄧州の人、宣徳八年二甲の進士、正統期に吏部の各司で主事・郎中を歴任したのち、景泰初めに上疏した「正本十策」が認められ、兵部侍郎に抜擢された。そして戸部と吏部侍郎をへて、英宗復辟の天順元年に翰林学士を兼任して文淵閣大学士となり、一時期を除いて、成化二年一二月に死亡するまで機務に参預した[9]。正統帝の北征に従い、脱還してのちは景泰帝の抜擢を受けながらも、英宗復辟後に景泰間の内閣大学士が一斉に排除されるなどの粛清人事が断行されるなかにあって、そのまま内閣大学士に任用されるなど、時局の推移に巧みに対応した存在であった。それはまた『明史』巻一七六「李賢伝」の賛に、

三楊より以来、君を得たるは賢に如くはなし。然れども、郎署より知を景帝に結び、侍郎に超擢されるも、而るに著す所の書はかえって景帝を譖いて荒淫となす[10]。

と、名相としての評とともに、その節操のなさを暗に指摘されるところでもある。さらに李賢において問題となるのは、内閣大学士としての資格であった。内閣制の確立期にあっては、入閣に際してその出身経歴はさほど問題とされなかったが、正統以後は第一甲ないし庶吉士から、翰林官への経歴を持つことが、その資格として認知された。これは一部を除いて踏襲されるところとなったが、そのなかにあって景泰・天順間は、迎立の功や奪門の功もあって例外的存在が多出した時代であった[11]。李賢はこの一人に数えられるが、そのなかでも内閣で筆頭の位置を占めたのは彼だけであった。「公、何処より教養来たるや」という計礼の言は、このような李賢の経歴をもとに発せられたものであり、不信任の表明でもあったのである。これは計礼に限ったことではなく、同期の庶吉士劉大夏・張敷華が翰林官への就任を拒否したことでもうかがい知れよう[12]。すなわち、李賢の権勢に阿る風潮のあるなかで、あくまでも不信任感を持つ勢力が存在していたのであり、計礼等の行動もその一端であったとみることができるのである。

以上、計礼・李賢についてみてきたが、『翰林記』が計礼等の行動を「稽なき者とは謂うべからず」とするのは、決してこれに限ったことではないであろう。ここではただ個人的な問題のみではなく、『国朝典彙』が前言に指摘するところの、祖宗洪武・永楽期との制度的変質、教習制とその期間のもつ意味、また散館の実態等、庶吉士制そのも

のに内包される問題を解明しなければならない。以下、節を改めてこれらの点について述べていくことにする。

二　庶吉士制の沿革

『万暦野獲編』には次のようにいう。

今、会試の後、庶吉士を考選す。人の、文皇帝永楽甲申（二年）科に二十八人を取りて以て列宿に応ずるに始まり、相伝えて已に久し、と謂うも、而れどもついに然らず。太祖洪武四年、科を開きて士を取り、六年癸丑に至り、またまさに会試すべきに、詔して命じてこれを罷めしめ、特に河南の挙人張唯等四名・山東の挙人王璉等五名を選び、倶に翰林院編修を授け、賛善大夫宋濂・桂彦良等に命じて教習せしむ。これ即ち、庶常を選考するは、ここに権輿す。(13)

沈徳符は洪武六年をもって庶吉士制の創始とするのであるが、この時の状況をより具体的に述べるのは『殿閣詞林記』である。

洪武六年、文華堂を禁中に開き、以て儲材の地となす。詔し、郷貢の挙人の年少く俊異なる者を択びて、そのなかに肄業せしむ。……賛善大夫宋濂・正字桂彦良等に詔し、分かちてこれを教えしむ。……聴政の暇、輒ち堂中に幸し、その文を取りて親ら優劣を評す。光禄に命じて日ごとに饌を給せしめ、食ごとに皇太子・親王、迭りて主となり、（張）唯等左右に侍食す。冬夏、衣及び金の弓矢・鞍馬を賜い、寵錫甚だ厚し。濂の輩、啓廸を司ると雖も、諸生を顧みるに、皆、上の親ら教うるところにして、敢えて師道を以て自居せず。(14)

これによれば、禁中に文華堂を開設して「儲材の地」となし、人材を選抜して教習を受けさせたが、すべてにわたって洪武帝が直接に関与するものであったという。ところで当時は、明朝が安定期に入って官僚機構の充実をめざし、人材登用の面においても、従来の薦挙から国子監・科挙にその比重を移す時期に当たる。ここに科挙は、四年から以降は三年連続の実施（連試三年）が計画されたのであるが、それは五年の郷試終了後、突然に中止された。実際に科挙進士に行政実務を担当させたところ、その欠陥が露呈したからにほかならない。この点は監生にも通じていえるところであった。このため監生に対しては、その資格をもって各衙門で実務研修を行う、いわゆる監生歴事制が洪武五年に採用されることになったが、ここにみる文華堂教習も科挙と国子監という違いからその待遇に異なりがあるとはいえ、これと軌を一にするものであったとみることができよう。なお、このような登用した人材をただちに実務官に任命せず、その間に研修期間を設ける方式は、洪武一八年の科挙再開後にも踏襲され、進士観政制を生み出すことにもなったのである。ともあれ、人材を留保して教習を受けさせるという意味においては、後代の庶吉士制と相通じるものがあり、この文華堂教習をして庶吉士制の萌芽とみなすことができる[15]。ただこの文華堂で教習を行った者が、いかなる名称で呼ばれたかは明らかでない。

庶吉士の名称が史料に現れるのは、洪武一八年の科挙再開時である。時に、洪武帝は第一甲三名をはじめとする進士数人に翰林院編修等の官を授けたのち、

その諸進士、上、そのいまだ更事せざるを以て、これを優待せんと欲し、これをして諸司に観政せしめ、給するに出身するところの禄米を以てす。その政体に諳練するを俟ちて、然る後にこれを擢任す。その翰林院・承勅監等の近侍衙門に在りし者は、書経庶常吉士の義を采りて、倶に称して庶吉士となす。その六部及び諸司に在りし者はなお進士と称す[16]。

と、授官後に一旦それを凍結する形で各衙門に観政させ、その一部の近侍衙門配属者を庶吉士と呼んだのだが、これ

は一時的なものに過ぎなかった。洪武二一年、第一甲第一名は修撰、第二・第三名は編修に銓注されることが確定したこともあり、[17] 庶吉士と呼ばれるものは、承勅監等に配属されるごく一部に限定された。この結果、残る洪武時代においては、解縉が中書庶吉士と呼ばれる例をみるとはいえ、庶吉士について具体的に検証することは難しくなる。

庶吉士制が、翰林官に銓注される第一甲三名を除く、いまだに授官されていない第二・第三甲出身者を対象に選抜し、教習を行うという基本的形態を確立したのは、永楽二年であった。靖難の変によって通例より一年遅れて実施された永楽二年の科挙は、永楽新政権にとって、政権の安定を誇示して人心を収攬し、かつ新政権下での官僚群を創出するという重要な意味を持っていた。新政権による人材吸収の意欲は、会試下第者に対して翰林院が考試し、読書挙人として採用する例にみることができるが、ここにいう庶吉士の選抜も、その対象が進士となるとはいえ、科挙試験の結果に対して副次的選抜がなされ、科挙の補充と充実をはかるという点では、まさに同列に属するものであったといえよう。『太宗実録』はこの永楽二年の庶吉士選抜を次のように記録する。

吏部、進士曾棨等に官を授けんことを奏す。命じて第一甲曾棨を翰林院修撰となし、周述・周孟簡は倶に編修となす。なお命じて第二甲において文学優等の楊相等五十人、及び書を善くする者、湯流等十人を択び、倶に翰林院庶吉士となし、なお学を進めしむ。第三甲方昶等二十人を擢げて行人司行人となし、余は諸司に観政せしむ。[18]

この年から記述を始める『翰林記』「庶吉士題名」は五〇名の名をあげる（表1）。これによれば、第二甲のみならず第三甲出身者をも含んでいたことが明らかとなる。ともあれ、ここに庶吉士として翰林院において進学する者が選ばれたが、このうち二五名（のちに周忱を加えて二六名）は次年正月に第二次の選抜を受け、第一甲三名とともに禁中文淵閣で進学することとなった。[19] 総計二八名（実際には二九名）が選抜されたのは、二八宿になぞらえてのことであったという。[20] 第一次選抜の庶吉士においては、『永楽大典』等の編纂に携る者が多く、[21] また三カ月にして給事中として散館する者が現れるなど(22)、一部に観政進士的色彩を残していたのに対し、この文淵閣進学は文華堂教習の伝統を引くものであったといえる。

表1　永楽2年庶吉士一覧

庶吉士名				備　考	
1	楊　相	二甲	文淵閣進学	永楽10年	刑部主事（翰林記・庶吉士銓法）
2	王　直	二甲	文淵閣進学	永楽5年	修撰（旧京詞林志）
3	王　訓	二甲	文淵閣進学		刑部主事（翰林記・庶吉士題名）
4	彭汝器	二甲	文淵閣進学	永楽5年	修撰（旧京詞林志）
5	余学夔	二甲	文淵閣進学	永楽10年	検討（翰林記・庶吉士銓法）
6	章　朴	二甲	文淵閣進学	永楽3年	戮市（国朝典彙）
7	劉子欽	二甲	文淵閣進学	永楽10年	刑部主事（翰林記・庶吉士銓法）
8	盧　翰	二甲	文朝閣進学		刑部主事（翰林記・庶吉士題名）
9	熊　直	二甲	文淵閣進学		
10	王　道	二甲	文淵閣進学		
11	羅汝敬	二甲	文淵閣進学	永楽5年	修撰（旧京詞林志）
12	沈　升	二甲	文淵閣進学	永楽10年	刑部主事（翰林記・庶吉士銓法）
13	柴広敬	二甲	文淵閣進学		
14	王　英	二甲	文淵閣進学	永楽5年	修撰（旧京詞林志）
15	余　鼎	二甲	文淵閣進学	永楽5年	修撰（旧京詞林志）
16	湯　流	二甲	文淵閣進学		刑部主事（翰林記・庶吉士題名）
17	叚　民	二甲	文淵閣進学	永楽10年	刑部主事（翰林記・庶吉士銓法）
18	洪　順	二甲	文淵閣進学		刑部主事（翰林記・庶吉士題名）
19	楊　勉	三甲	文淵閣進学	永楽10年	刑部主事（翰林記・庶吉士銓法）
20	吾　紳	二甲	文淵閣進学	永楽10年	刑部主事（翰林記・庶吉士銓法）
21	章　敞	三甲	文淵閣進学	永楽10年	刑部主事（翰林記・庶吉士銓法）
22	李時勉	三甲	文淵閣進学	永楽10年	刑部主事（翰林記・庶吉士銓法）
23	倪維哲	三甲	文淵閣進学	永楽10年	刑部主事（翰林記・庶吉士銓法）
24	陳敬宗	三甲	文淵閣進学	永楽10年	刑部主事（翰林記・庶吉士銓法）
25	袁添禄	三甲	文淵閣進学		
26	周　忱	二甲	文淵閣進学		刑部主事（翰林記・庶吉士題名）
27	蕭省身	二甲	文淵閣進学		
28	林　政	二甲			
29	李昌祺	二甲			
30	江　銕	三甲			
31	杜　欽	二甲		永楽2年5月	給事中（国朝典彙）
32	王　昇	三甲			
33	黄惟正	三甲		永楽2年5月	給事中（国朝典彙）
34	郎　慶	三甲			
35	徐　安	二甲			
36	鄭　瀾	二甲		永楽2年5月	給事中（国朝典彙）
37	徐　観	三甲			
38	羅亨信	二甲		永楽2年5月	給事中（国朝典彙）
39	田　忠	二甲			
40	周　玉	三甲		永楽2年5月	給事中（国朝典彙）
41	張宗璉	二甲			刑部主事（翰林記・庶吉士題名）
42	李　貞	三甲			
43	張　侗	三甲		永楽2年5月	給事中（国朝典彙）
44	独孤楽善	二甲			
45	蕭　寛	二甲			兵部主事（翰林記・庶吉士題名）
46	孫子良	二甲			兵部郎中（翰林記・庶吉士題名）
47	涂　順	二甲			
48	魏　暹	三甲			
49	喩則成	二甲			
50	白　瑜	三甲			

注）・『翰林記』「庶吉士題名」による。
・人名に誤りがある場合は『進士題名碑録』によって訂正する。
・備考欄の（　）内は出典史料である。なお、数種の史料に記事があり、それに異なりがある場合には最も適切であると考えられるものによった。

汝等千百人中より簡抜されて進士となり、また進士中より簡抜されてここに至る。固より皆、今の英俊なり。然らばまさに志を立つこと遠大にして、小成に安んずべからず。……朕、爾に任ずるに事を以てせず。文淵閣は古今の載籍の萃るところにして、爾等、各のその禄を食み、日ごとに閣中に就きて、爾の玩索を恣にし、已に実得するに務むれば、国家将来、皆、爾が用を得るに庶からん。自ら怠りて以て朕の期待の意に孤くべからず。[23]

この文淵閣進学者に対する永楽帝の言葉に、義務を課さず、ひとえに教養を積ませることによって、国家将来の用に資すべき人材を育成しようという意図を認めることができる。それ故にこそ、彼らには月ごとの賜物をはじめ、第宅や外出の際の校尉・騶徒が整えられるなど、特別の待遇が与えられ、また皇帝自身によってその進学状況が試問されることになったのである。[24] 特にこの試問、すなわち皇帝親試は、先の文華堂教習において「(宋)濂の輩、啓迪を司ると雖も、諸生を顧みるに、皆、上の親ら教うるところにして、敢えて師道を以て自居せず」とあったのと同じく、彼らが皇帝を直接の師とする、きわめて近侍性の強い存在であったことを明らかにするものである。ここにみた永楽二年の庶吉士選抜、文淵閣進学、特にその待遇は、後代「永楽甲申の例」として庶吉士制のモデルとされた。加えてこのなかから翰林官就任者をみたことは、

蓋し永楽より以来、進士の銓注を得る者は、ただ第一甲のみにして、二甲・三甲は必ず庶吉士に改められて、すなわち銓注を得る、という。[25]

といわれるように、のち定制化され、ここに庶吉士は第一甲三名に並ぶ翰林官の出身径路となったのである。すなわち第二・第三甲出身者が庶吉士となることは、第一甲三名と同等の径路を歩む機会を得ることを意味し、庶吉士を擬似的第一甲とみなすことを可能としたのである。ともあれここに、進士からのさらなる選抜、その待遇、将来の翰林官候補であること、ならびに皇帝との近侍性もあって、エリートとしての庶吉士像がつくりあげられることとなった

といえる。

永楽二年に基本的形態を整えた庶吉士制ではあるが、永楽四年以降においては異なった様相を呈することになった。永楽四年科、皇帝の北京巡狩のために延期された九年科、以下二二年までの七科において、庶吉士の選抜はあったが、四年科の段階ですでに文淵閣進学が行われなくなり、さらに北京巡狩や親征のためもあって皇帝親試もなく、その近侍性は大きく後退したのである。(26) 政権の安定にともない新たな課題を抱える永楽政権にとって、人材登用ならびにその一環である庶吉士制は、もはや重要関心事でなくなったことによろう。そのこともあり、九年科以降では、従来国子監生の資格で翰林院において歴事していた訳書生出身の進士が多く選抜されるなど、幅広い人材を選抜するという初志には程遠く、庶吉士制はなかば機械的に運用されるだけの弛緩した状態に陥り、この傾向は宣徳二年まで続いたのである。(27)

庶吉士制の立て直しがはかられたのは、宣徳五年のことであった。漢王高煦の乱を平定し、その事後処理を終えて新政権がようやく安定したことがその背景にあったといえる。(28)『宣宗実録』は、その時のことを次のようにいう。

大学士楊士奇・楊栄・金幼孜に命じて曰く。新進士に年少きもの多し。その間、豈に志を古人に有せる者なからんや。朕、皇祖の時の例に循い、俊秀十数人を選択して翰林に就けてこれを教育し、進学励行し、文章に工ならしめ、以て他日の用に備えんと欲す。卿等、その人を察し、及びその文詞の優なる者を選びて以聞すべし、と。ここにおいて士奇等、薩琦・逯端・葉錫・陳璣・林補・王振・許南傑・江淵の八人を選びて以聞す。上、行在吏部に命じて、倶に改めて庶吉士となし、翰林に送りて進学せしむ。酒饌・房舎を給し、月ごとに灯油・鈔を賜うこと、悉く永楽の例の如くす。復た兵部に命じて各の皁隷を与う。(29)

ここにみるように宣徳五年科においては、待遇の例でも明らかなように、永楽二年体制への復帰がはかられ、宣徳帝の意向を受けた内閣によって、新進士のなかから庶吉士が選抜された。加えて同年には、永楽以来滞留する旧庶吉士三〇名を事実上庶吉士の砕から除外し、[30]また八年には、通例の三月のみならず一一月に五・八年両科の進士を対象に再選抜を行うなど、庶吉士制に対する根本的見直しとさらなる充実が模索されたのである。このような姿勢は、時に文淵閣や東閣への進学の例を含みつつ、[31]以後継承されるところとなったが、ここで見逃しえないのは、宣徳五年からの庶吉士制における内閣との関係である。すなわち、永楽二年体制においては、その選抜ならびに進学状況の試問において、常に皇帝が直接に関与する、きわめて近侍性の強いものであったのに対し、宣徳五年以降にあっては形式的に皇帝の意向を受けるとはいえ、内閣が機関として庶吉士制を主導することになったのである。このような内閣主導体制は、後述するところの、教習期間における考試制度とその判定がすべて内閣に委ねられた点にその顕著な例を見出すことができるが、そもそもは宣徳期以来の内閣制の確立が、色濃く反映した結果にほかならない。このことから、のちに翰林院と内閣の関係が固定化すると、第一甲三名とならぶ翰林院の出身径路であった庶吉士は、ともすれば「内閣植党の地」とみなされ、[32]また庶吉士自身にとっては、時の内閣の動向こそが自らの散館、ひいては官僚人生の第一歩を決定するものと認識せざるをえなかったことを、確認しておきたい。

三　教習と散館

庶吉士制の本来の目的は、進士のなかから適当な人材を選抜し、一時的に留保することによってその育成をはかることにあった。それ故、この留保の期間に庶吉士は、他の進士が観政の名のもとに実務研修を行うのとは全く形態を異にし、ひたすら国家将来の大計を論ずる素養を身につけるべく、教習に従事したのである。このことからして教習は庶吉士制の真髄であったといえる。

庶吉士教習の淵源は、やはり洪武六年の文華堂教習、ならびにその伝統を引く永楽二年の文淵閣進学に求めることができる。時に教習の内容は「肄業」「進学」「読書」などと表現され、具体的には、古書の渉猟、古文の修養であった。そしてその体制は、

上（永楽帝）、一日、左右に命じて文淵閣に至らしめ、庶吉士の講習するや否やを覘わしめ、一一その動静を記せしむ。[33]

とあり、広い意味でいえば皇帝の監現下にあったともいえるが、先にあげた永楽帝の言葉に、「月ごとに閣中に就きて、爾の玩索を恣にし、己に実得するに務む」とあったのをみれば、時間的にも課程的にもなんら拘束のなかったことが明らかとなろう。さらに当時の教習における特徴のひとつとしてみるべきは、先述した皇帝親試であった。それは「聴政の暇、輒ち堂中に幸し、その文を取りて親ら優劣を評す」、また「時に館に至りて召試す」などといわれるように、決して定期的に行われたわけではなく、また内容的にも、時には作文・作詩の評価であり、時には「経・史・諸子の故実」、また「奇書・僻事」の類が題材となるなど[34]、一定したものではなかった。あくまでも将来の枢要官となるべき人材の育成を目的とする限りにおいては、義務的課程を設けて定期的に考査することなど発想の埒外で、またその必要性もなかったのである。ただ、このような教習体制が可能であったのは、ひとえに皇帝親試に代表される、皇帝との近侍性という裏づけがあったからであるといえよう。それ故にこそ、皇帝との近侍性を大きく後退させることになった永楽四年以降、このような教習体制は十分に機能しえず、庶吉士制弛緩の一因となり、ひいては多くの滞留庶吉士を生み出すもととなったのである。

宣徳五年、庶吉士制に内閣主導体制が確立されたのは、先に指摘したところであるが、教習もその影響を受けたこ

とはいうまでもない。宣徳五年の庶吉士選抜の記事に続けて、『宣宗実録』は次のようにいう。

上、また（楊）士奇等を顧みて曰く。後生の進学は必ずや前輩の老成なるを得て、これを開導せしめん。卿等、日に左右に侍して余間なし。それ学士王直をしてこれが師となし、嘗に提督・教訓し、作すところの文字も亦た開発・改竄をなさしめん。卿等、或いは一・両月、或いは三月に一たび、これを考閲して進益あらしめよ。如し一・二年にして、怠惰にして成ることなければ、則ちこれを黜けよ[35]。

これにみるように、翰林官による教導は従来と変わらなかったが、その考査については内閣の担当するところとなったのである。このことを含め教習の実態をより具体的に述べ、かつその結果として起こるべき事態を指摘するのは、次の『殿閣詞林記』の記事である。

正統以来、公署にありて読書せる者、おおむね詞章に従事す。内閣の月を按じて考試するは則ち詩文各一篇、その高下を第し、掲帖を具して名氏を開列し、本院に発して以て去留の地となす。卑陋なる者をして多く奔競に至らしめ、志ある者、甚だしきは或いは謝病して去り、去る能わざる者は多く病と称して往かざるを致す。将に三年に近くならんとせば、則ち紛然計議して解館を邀求するは、最も笑うべきなり[36]。

すなわち、庶吉士には詩文各一篇の制作が義務づけられ、内閣は月毎にその評価を行い、その結果は逐次翰林院に各個人ごとの記録として送られ、保管された。これは、皇帝親試があるとはいえ拘束性のない教習体制とは全く異質の考試制度が、庶吉士制に導入されたことを意味しよう。そしてこの考試によって出される成績は、また「内閣、月を按じて考試し、成効あるを俟ちて吏部に送り、本院（翰林院）并びに各衙門の職事に銓注す[37]」と、庶吉士散館の判定規準とされた。このため教習の目的は古文の修養にあり、考試制度はその進捗を促すものであることがいかに標榜されようとも、現実には教習は考試のための教習でしかなく、なにより考試の成績と、その結果としての散館にのみ関心を払う風潮が醸成されるに至った[38]。ここに庶吉士制はともすれば翰林官となるための一段階としてのみ捉えられ、当初に想定された進学意欲に満ちた人材からは逆に敬遠されることにさえなり、また教習の成果のあるなしにかかわらず、次期の新庶吉士が選抜される三年目を在館の限度とする、「三年求仕」が一般的な認識となったのである。

そもそも庶吉士にとって、散館が重大な関心事であったことは否定すべくもない。宣徳五年以後の内閣主導体制はこれを一層助長したといえるが、庶吉士にとって翰林官に就任しうるか否かはもとより、たとえ翰林官以外であっても初任の官職とその時期は、のちの官僚人生に大きな影響をもたらす重要な問題であったことに変わりはない。以下、庶吉士の散館について検討していこう。

まずとりあげるべきは、庶吉士と翰林官との関係である。翰林官就任者の出身をみると次のようである（表2）。これを総体的にみれば、まだ翰林官への擢用が一定の方式によらなかった洪武期は別として、第一甲三名の翰林官銓注が規定され、庶吉士制が確立する永楽以降、翰林官における第一甲ないし庶吉士出身者の占める割合は高くなり、特に成化以後、この傾向が顕著となることが明らかである。これを永楽以後の各官についてみるに、検討は第一甲の就任対象とならないため、一部教官・挙人が擢用される以外はすべて庶吉士出身者であり、編修は第一甲第二・第三名と第二甲出身の庶吉士の初任対象となるが、ほぼ同数ないし半数以上が庶吉士出身者によって占められる。修撰は第一甲第一名が銓注されるのみで、永楽二年の庶吉士王直等五名を除いて庶吉士の初任対象とはならず、またその編修・検討就任者からの陞格が少ないため、例外的に庶吉士出身者の割合は低い。以上の史官三職に対して属官の侍読・侍講は、一部に外官からの参入者を含むとはいえ、第一甲と庶吉士出身者がほぼ同数で全体の大部分を占め、入閣の条件でもある正官の翰林学士・侍読学士・侍講学士もほぼ同じような状態である。対象とする永楽二年から正徳一六年までの全四一科において、第一甲は一二三名、庶吉士は一六七名、天順八年までに限れば、それぞれ六五名と六七

表２　翰林官出身ルート

翰林学士

	一甲	進士	庶吉士	他
洪武	0	5	1	8
永楽～天順	13	4	14	1
成化～正徳	6	0	9	0

侍読学士

	一甲	進士	庶吉士	他
洪武	0	0	1	4
永楽～天順	8	1	12	2
成化～正徳	3	0	5	0

侍講学士

	一甲	進士	庶吉士	他
洪武	0	0	0	10
永楽～天順	5	1	9	2
成化～正徳	5	0	4	0

侍読

	一甲	進士	庶吉士	他
洪武	2	1	0	6
永楽～天順	10	1	12	2
成化～正徳	10	0	8	0

侍講

	一甲	進士	庶吉士	他
洪武	1	2	0	5
永楽～天順	11	5	16	5
成化～正徳	7	0	14	0

修撰

	一甲	進士	庶吉士	他
洪武	10	1	0	14
永楽～天順	27	0	16	11
成化～正徳	20	0	1	0

編修

	一甲	進士	庶吉士	他
洪武	9	10	0	51
永楽～天順	43	0	36	2
成化～正徳	34	0	83	0

検討

	一甲	進士	庶吉士	他
洪武	0	1	0	23
永楽～天順	0	0	26	10
成化～正徳	0	3	31	4

注）・『翰林記』「庶吉士題名」及び「正官題名」による。
・就任期間ではなく就任者の進士合格年次による。なお、「他」とする進士以外の者は擢用年次による。
・時期区分は、庶吉士制の確立した永楽二年科から本稿で対象とする天順八年科をひとつにまとめ、それを中心に前後に分ける。
・進士とするのは、第一甲を除く、第二・第三甲合格者を指す。

名となり、母体数にそれ程の差がないことをみれば、庶吉士は第一甲に匹敵する翰林官を生み出していることになる。庶吉士を擬似的第一甲といいうる所以はここにもある。それ故にこそ、

天順二年より、李賢奏して纂修は専ら進士より選ばんことを定む。これより進士にあらざれば翰林に入らず、翰林にあらざれは内閣に入らず。……而して庶吉士始めて進みし時、已に群目して儲相となす[39]。

とあるように、庶吉士は将来の宰相、内閣大学士と目されることにもなったのである[40]。

以上の翰林官に占める庶吉士の割合に対し、次には庶吉士から翰林官となりうる可能性についてみてみよう（表3）。これによれば、各科における庶吉士の選抜数は科ごとに一定せず、また庶吉士から翰林官に就任する者に定数はなく、その全庶吉士に対する割合も規定されたものでなかったことが分かる。ところで、翰林院史官三職の定員は、洪武一四年に、修撰は三人、編修・検討はそれぞれ四人とされたが、往々にして員数がその枠を越え、ついには定員のない

表3　庶吉士散館状況

	庶吉士総　数	散　館	
		翰林官	その他
永楽2年	50	7	43
永楽4年	13	0	13
永楽9年	10	5	5
永楽10年	4	0	4
永楽13年	13	5	8
永楽16年	10	6	4
宣徳2年	1	1	0
宣徳5年	7	3	4
宣徳8年(1)	3	1	2
宣徳8年(2)	10	7	3
正統元年	5	0	5
正統13年	9	6	3
景泰2年	10	9	1
景泰5年	18	6	12
天順4年	8	6	2
天順8年	14	8	6

注）・『翰林記』「庶吉士題名」及び「正官題名」による。
・永楽19年・22年について、『翰林記』「庶吉士題名」は人名を挙げないので、ここではそれに従い除外する。ただ、この両科からの翰林官就任者がないことは他史料で確認できる。
・その他の項には不明者も含む。
・宣徳8年(1)は同年3月選、宣徳8年(2)は同年11月における宣徳5年、宣徳8年両科に対する再選抜を意味する。

状態となった、という。[41] 第一甲三名の修撰・編修への就任は一定していたことからして、特に編修・検討の員数の増減は、庶吉士の散館数によるところが大きかったと考えられる。翰林官への散館においては、時の前任残留者教や大規模編纂事業の有無等が考慮されたであろうが、そこに定数がないということは、ともすれば内閣による恣意的決定の余地を残すことになったといえよう。ここで内閣主導体制となった宣徳五年以降についてみれば、正統元年には翰林官への就任者が全くなく、逆に景泰二年には一〇名中九名と九割にのぼるなどの例を含みつつも、少なくて四割、多くて七割、平均すればほぼ五割五分の比率で、庶吉士からの翰林官就任者をみたことになる。これがはたして妥当なものであるかどうかはにわかに論評しえないが、少なくとも庶吉士となった者にとって、その半数が翰林官となる可能性を持っていたことは事実であり、これらの庶吉士こそ「儲相」と呼ばれるに相応しい存在であったといえる。だが、ここでみるべきは他官への散館を余儀なくされる庶吉士であろう。すなわち彼らにとって、翰林官に就任する同期の庶吉士と比べての散館の時期はもとより、同期の進士と比べての初任の官職とその時期において、庶吉士であったことが有利に作用するのかどうかという問題である。次にあげるのは宣徳五年以後の庶吉士選抜が行われた各科挙ごとに、進士（庶吉士を含む）の初任の官職と時期を、『実録』の記事より採録し一覧したものである（表4）。

宣徳五年科では、永楽以来の冗員問題を受けて滞留する永楽二二年科、ならびに「帰郷進学」「依親」の名のもとに、観政することもなく故郷で一時待機を強いられていた宣徳二年科の進士[42]の処置に追われたこともあって、進士初任の時期は、九年一二月となっている。それが宣徳八年以後はしだいに前倒しとなり、特に景泰間は正統・景泰の交代を受けて就任を避けようとする風潮が強まり、[43] 逆に進士初任の時期は大幅に早まることになった。一方、初任の官職についてみれば、従七品の給事中・正七品の監察御史・正六品の各部主事が主たる対象であったが、特に正統一三年以後、監察御史の大幅な増加がみられる。これは監察御史がその擢用において、従来の監生主流から進士にその比重を移した結果である。ここにみたように、進士の初任の時期は、時の官界の状況によって決して一定したものではなかった。これは庶吉士の散館についても同じことがいえる。特に翰林官への散館は、宣徳五年科の五年六カ月後から、宣徳八年科以後は、正統元年科の例を除き、二年六カ月内になされるようになったが、これは同期の進士の初任時期に連動したものであったと考えられ、またここに「三年求仕」の風潮が固定化したともいえよう。また翰林官への散館は、いずれにおいても同じ枠内に記述されていることに注意しなければならない。本表では、便宜上三カ月ごとに区切ってはいるが、これはすべて同日に一括して処理されたものである。このような例に対して、他官への散館をみると、正統元年科までは時期にばらつきがみられるものの、それも正統一三年科・景泰二年科にはしだいに収束される傾向にあり、景泰五年科からは、一括に処理されるようになった。これは当初から一括して行われた翰林官への散館に合わせたためであろう。このような状況にあって、翰林官以外に就任する庶吉士についてみるに、その散館の時期は、他の同期の進士と比較して早いものではなく、また初任の官職も進士と変わるところがないなど、決して優遇措置が講じられていたわけではなかったことが明らかである。ましてや、一定の教習期間が義務づけられていた庶吉士は、場合によっては、欠員の有無などの官界の状況によって、その期間に融通性を持つ同期の観政進士の後塵を拝さざるをえないことさえ起こりうるのであり、ここではもはや、彼らが庶吉士であったことが不利にしか作用しなかったのである。そしてこの散館の一括処理に含まれなかった庶吉士はどのようになるのかというならば、それは各科の不明者数に現れてくる。この不明者のなかには、『実録』に記載がないために他史料によって任官が明らかであっても、時期不明のため表内に算入できなかった者、また病故者や任官辞退者を含むとはいえ、任官されぬままに終わった者も相当数にのぼるとみられる。冒頭にあげた天順八年科の庶吉士計礼は、同期の庶吉士の散館に含まれなかった段階で、まさにこのような状態に陥る危険に直面していたのである。

景泰２年

経過年数	1年	1				2				3				4				5				6年
官名	未満	3	6	9	12	3	6	9	12	3	6	9	12	3	6	9	12	3	6	9	12	以上
編　　修			⑥																			
検　　討			②																			
給 事 中	15	2	7	2												2						
監察御史	12			4		15			7	1												
各部主事	13	4	1	2 ①	6 ⑥				1		1											
行　　人					7 ③																	
そ の 他				1																		

不明－進士75名・庶吉士５名　計80名

景泰５年

経過年数	1年	1				2				3				4				5				6年
官名	未満	3	6	9	12	3	6	9	12	3	6	9	12	3	6	9	12	3	6	9	12	以上
編　　修					④																	
検　　討																						
給 事 中	7				⑥								3		3							
監察御史			32		14	⑦		7							1							
各部主事				1									8		8	2		1				6
行　　人																	3					
そ の 他													2		2			1				1

不明－進士145名・庶吉士１名　計146名

天順４年

経過年数	1年	1				2				3				4				5				6年
官名	未満	3	6	9	12	3	6	9	12	3	6	9	12	3	6	9	12	3	6	9	12	以上
編　　修						③																
検　　討						③																
給 事 中							2	2	4													
監察御史								17			6											
各部主事						④	7	5	25		10											
行　　人							2	1			1											
そ の 他						②																

不明－進士54名・庶吉士２名　計56名

注）・史料は『実録』による。庶吉士については、他史料と数的に異同があるがあえて調整はしない。
・丸囲み数字は庶吉士出身者を意味する。
・進士第一甲は除く。
・経過月数については、進士合格の次月４月を起点とし、３カ月毎にまとめる。
・他史料等で任官が明らかな者も、時期が確定できないことなどから、ここでは不明に算入する。
・南京官・北京官の区別はつけず、一括して処理する。
・行人の項には、行人司正・司副を含む。
・その他の項に含まれるのは、中書舎人・大理寺副・大理評事・太常博士・知県・通判・推官の各職である。
・宣徳５年、宣徳８年の庶吉士には、宣徳８年11月選抜の者、それぞれ７名、６名を含む。

表４　進士（庶吉士を含む）の初任官職とその時期

宣徳５年

経過年数	1年	1				2				3				4				5				6年
官名	未満	3	6	9	12	3	6	9	12	3	6	9	12	3	6	9	12	3	6	9	12	以上
編　　修																			⑤			
検　　討																			②			
給 事 中																2			3	3	2	3
監察御史																2	6		5	2		2
各部主事																			4	7		7
行　　人																			1			1
そ の 他																	1		5		1 ④	1 ①

不明－進士25名・庶吉士３名　計28名

宣徳８年

経過年数	1年	1				2				3				4				5				6年
官名	未満	3	6	9	12	3	6	9	12	3	6	9	12	3	6	9	12	3	6	9	12	以上
編　　修							①															
検　　討							③															
給 事 中										12		2	4							1		
監察御史															1							
各部主事										16	5	4	2	2	1				1		1	①
行　　人													4					2				
そ の 他											1	3	4					2			1	2 ①

不明－進士11名・庶吉士５名　計16名

正統元年

経過年数	1年	1				2				3				4				5				6年
官名	未満	3	6	9	12	3	6	9	12	3	6	9	12	3	6	9	12	3	6	9	12	以上
編　　修																						
検　　討																						
給 事 中			3		3																	1
監察御史																						
各部主事		7	3	1	4	14	6	1							1				1 ①		1	1
行　　人						2									1				1 ①		1 ①	
そ の 他		4				2	1	1							1	①						1

不明－進士23名・庶吉士７名　計30名

正統13年

経過年数	1年	1				2				3				4				5				6年
官名	未満	3	6	9	12	3	6	9	12	3	6	9	12	3	6	9	12	3	6	9	12	以上
編　　修				④																		
検　　討				②																		
給 事 中			8	1 ⑦	1 ①	1					1					1						
監察御史		26																				
各部主事			9	6 ⑥		5		1			1											
行　　人			2	①																		
そ の 他				1 ②																		

不明－進士51名・庶吉士７名　計58名

官僚の人事にあっては、本人の資質・能力、ならびに時の官界の状況に左右されることが多く、初任の官職及びその時期によってすべてが決定されるわけではないとはいえ、それは決して軽視されるべきものではなかろう。庶吉士についていえば、翰林官への散館を果たしてこそ、擬似的第一甲として庶吉士であったことが有利に作用するのであって、これ以外の者にとっては、それは前歴・称号として残るとはいえ、少なくとも初任の段階においては決して意味あるものとはならなかったのである。

おわりに

庶吉士制の目的は、人材を留保し、教習を加えることによって将来の国家枢要の官を育成することにあった。その淵源は、洪武六年に挙人を選抜して文華堂で教習を行ったことに求めることができ、もとはといえば国子監生の実務研修制度、すなわち監生歴事制と軌を一にする、進士観政制の一部と見做しうるものであった。この庶吉士制が、進士第二・第三甲出身者を対象に選抜を行い、教習ののちに、そのなかから第一甲三名と並ぶ翰林官（編修・検討）への就任者を生み出すという基本的形態を確立したのは、永楽二年科においてであった。時にその選抜・教習に皇帝が直接関与する、きわめて近侍性の強いものであり、所期の目的とあいまって、庶吉士の待遇ならびに教習体制が決定づけられた。エリートとしての庶吉士像は、進士からのさらなる選抜、擬似的第一甲と見做しうる将来の翰林官候補であることもさることながら、この皇帝との近侍性に大きく依拠したものであったといえよう。ところが庶吉士における皇帝との近侍性は、長くは続かなかった。永楽期にすでにその徴候はみられたが、それを決定づけたのは、宣徳五年に確立された内閣主導体制であった。ここに皇帝に代わって内閣が庶吉士の選抜・教習に関与し、特に教習に月ごとの考試制度が導入されることになったのである。当時にあっては、永楽二年体制の復活、将来の大用に備えての人材留保とそのための教習が標榜されたとはいえ、この考試制度の導入は、一方では散館における内閣の恣意介入の余地を生み、またそれによって教習は本来の目的を消失してなかば空洞化し、考試のための教習、ひいては単なる義務的期間として捉えられるに至り、散館を切望する「三年求仕の風」が生み出されることになったのである。

庶吉士散館の実態をみるに、所期の目的である翰林官への散館を果たす、儲相と目され擬似的第一甲と見做すに相応しい者は約半数である。一方、この選に漏れた者は他官への散館を余儀なくされたが、その際の初任の官職および時期は、同期の進士と比較して優遇されたとはいいがたい。また庶吉士の人事が、一時に一括して処理されるようになると、そこに含まれない場合には、任官されぬままに終わることさえあったのである。すなわち庶吉士にとっては、翰林官となって初めて庶吉士であったことに意味が見出されるのであり、その可能性がない限りは速やかに散館し、新たに実務官僚としての人生を歩み始める必要があったのである。

以上述べたところを踏まえれば、成化元年の散館請願は、当事者である計礼や李賢の個人的な問題のみに、その原因を求めるべきでないことは明らかであろう。内閣主導のもとに散館が一括に処理される傾向のなか、天順八年科同期の庶吉士からただ三名とり残された計礼等にとっては、教習の期間をあげつらい、いきおい李賢への不信任感を露わにすることになっても、自らの散館を願い出ざるをえない事情があったのである。『殿閣詞林記』の作者廖道南の「（計）礼の言、不恭に近しと雖も、然れども稽なき者とは謂うべからず」という評言は、誠に正鵠を射たものといえよう。

本章においては、散館請願事件を軸に天順八年科までの庶吉士制について述べた。庶吉士制については、これ以降も弘治期の内閣大学士徐溥や、嘉靖期の吏部尚書方献夫の建言をはじめとして、内閣主導体制による弊害や教習の空洞化など根幹的な問題についての解決が模索された。次章で、徐溥による庶吉士制改革案について述べることとする。

注

（1）『明史』巻七一「選挙志二」。『歴代銓選志』。

（2）『国朝典彙』巻六五「翰林院付庶吉士」成化元年一二月の項。

改庶吉士計礼等観政各衙門。自正統以来、所選庶吉士、内閣奏請学士二員、於翰林公署教習。祖宗時文華堂・文淵閣旧規不同。内閣按月考試、第其高下、以為去留之地。将及三年、邀求散館、不復以進修為事。至是、庶吉士相率入内閣、請散館。大学士李賢謂曰。教養未久。奈何遽欲入仕。計礼抗声対、公従何処教養来。賢責之、則曰。吾輩教習雖例該三年、已焼却一年矣。謂癸未春闈災故也。賢怒、請旨、分散各衙門観政、尋授礼南京刑部主事。

なお、『国朝典彙』では「許礼」とするが、『進士題名録』『英宗実録』『殿閣詞林記』等によれば、明らかに誤りであるので、「計礼」と改める。

（3）『殿閣詞林記』巻一〇「公署」。

（計）礼之言、雖近不恭、然不可謂無稽者。

（4）『英宗実録』巻三四九、天順七年二月乙丑。

礼部奏会試天下挙人。上命礼部右侍郎兼翰林院学士陳文・尚宝司少卿兼翰林院修撰柯潜為考試官、賜宴於礼部。

『英宗実録』巻三四九、天順七年二月己巳。

以試院火、下知貢挙及監試等官礼部左侍郎鄒幹・郎中兪欽・主事張祥・監察御史唐彬・焦顕等于獄。尋宥幹復任。

『英宗実録』巻三五六、天順七年八月甲午。

礼部以会試請。上命太常寺少卿兼翰林院学士彭時・侍読学士銭溥為考官。賜宴于礼部。

『英宗実録』巻三五六、天順七年八月辛亥。

礼部引会試中式挙人呉釴等二百五十人、陛見。

（5）『憲宗実録』巻三、天順八年三月乙丑。

礼部尚書姚夔奏。先是、天順七年春二月会試貢院火、移試於秋八月。先帝有旨、明年三月朔殿試。茲適有大喪、奉旨、移試於三月望。合請読巻并執事官。上命少保吏部尚書兼華蓋殿大学士李賢・太子少保吏部尚書王翺・戸部尚書年富・張睿・太子少保兵部尚書馬昂・刑部尚書陸瑜・工部尚書白圭・都察院右都御史李賓・吏部左侍郎兼翰林院学士陳文・右侍郎翰林院学士彭時・通政使司通政使張文質・大理寺卿王槩・太常寺少卿兼翰林院侍読学士劉定之読巻。余執事如例。

（6）庶吉士の人名を具体的にあげるものとしては、各『実録』の当該記事、『国朝典彙』巻六五「翰林院付庶吉士」・『翰林記』巻一八「庶吉士題名」があるが、記述は必ずしも一致しない。天順八年科の庶吉士を整理・比較すれば表のようである。『憲宗実録』の項の劉淳は選抜時には名がないが、散館時の記事によって補ったものである。

天順８年科庶吉士名

憲宗実録	国朝典彙	翰林記
李東陽	李東陽	李東陽
倪岳	倪岳	倪岳
謝鐸	謝鐸	謝鐸
張敷華	張敷華	張敷華
陳音	陳音	陳音
焦芳	焦芳	焦芳
汪鎡	汪鎡	
郭壐	郭壐	郭壐
計礼	計礼	計礼
傅瀚	傅瀚	傅瀚
張泰	張泰	張泰
呉希賢	呉希賢	呉希賢
劉大夏	劉大夏	劉大夏
劉道	劉道	
王璒	王璒	
董齢	董齢	
杜懋	杜懋	
史芳	史芳	
劉淳		劉淳
		張逵

（7）『憲宗実録』巻三、天順八年三月己卯。

授第一甲進士彭教為翰林院修撰、呉鉞・羅璟為編修。選進士李東陽・倪岳・謝鐸・張敷華・陳音・焦芳・汪鎡・郭壐・計礼・傅瀚・張泰・呉希賢・劉大華・劉道・王璒・董齢・杜懋史為庶吉士。命太常寺少卿兼侍読学士劉定之・学士柯潜教習文章、少保吏部尚書華蓋殿大学士李賢等提督考校、務令成効、以需他日之用。命所司給紙筆飲饌第宅灯燭、如旧例。

其余進士分各衙門辯事。

（8）『憲宗実録』巻二〇、成化元年八月辛丑。
擢庶吉士李東陽・倪岳・謝鐸・焦芳・陳音為翰林院編修、呉希賢為検討、劉淳為中書舎人、張敷華等九人為各部主事。

（9）李賢の伝の主なものを以下にあげる。『明史』巻一七六、『国朝献徴録』巻一三・『殿閣詞林記』巻二・『西園聞見録』巻二七・『篁墩文集』巻四〇。

（10）『明史』「李賢伝」。
自三楊以来、得君無如賢者。然自郎署結知景帝、超擢侍郎、而所著書顧謂景帝為荒淫。

（11）後注（40）の付表参照。

（12）『国朝列卿記』巻四八「兵部尚書行実」。
劉大夏、天順甲申進士、改庶吉士。初内閣李文達（賢）・彭文憲（時）二公欲留官翰林、大夏与安福張敷華力辞不就。議者已知其有経世之志。

（13）『万暦野獲編』巻一〇「選庶吉士之始」。
今会試後、考選庶吉士。人謂、始於文皇帝永楽甲申科、取二十八人以応列宿、相伝已久、而竟不然。太祖洪武四年、開科取士、至六年癸丑、又当会試、詔命罷之、特選河南挙人張唯等四名・山東挙人王璉等五名、倶授翰林院編修、命賛善大夫宋濂・桂彦良等教習。此即選考庶常、権輿於此。

（14）『殿閣詞林記』巻一〇「文華」。
洪武六年、開文華堂于禁中、以為儲材地。詔択郷貢挙人年少俊異者、俾肄業其中。……詔賛善大夫宋濂・正字桂彦良等、分教之。……聴政之暇、輒幸堂中、取其文、親評優劣。命光禄日給饌、毎食皇太子・親王迭為主、（張）唯等侍食左右。冬夏賜衣及金弓矢・鞍馬、寵錫甚厚。濂輩雖司啓廸、顧諸生、皆上所親教、不敢以師道自居。

（15）庶吉士制の創始については諸説がある。ここにあげたように『万暦野獲編』は洪武六年、『明史』「選挙志」・『国朝典彙』「翰林院付庶吉士」・『翰林記』「庶吉士銓法」・『殿閣詞林記』「考選」は洪武一八年とする。これらはそれぞれ、人材の留保と教習が行われたこと、庶吉士の名称が確定したことを根拠とする。これに対し各科ごとの庶吉士を一覧する『翰林記』「庶吉士題名」は、永楽二年より記述を始める。山本隆義氏は『中国政治制度の研究』（東洋史研究会、一九六八年）第一二章「明代」（Ⅳ）「翰林院官僚の出自」においてこの問題に触れ、洪武六年を先駆的なものとし、その創始は「十八年を溯ることだけは事実」とする。これは、『明史』「職官二、翰林院」に「庶吉士、自洪武初有六科庶吉士」、『吾学編』「翰林院」に「庶吉士者、初称中書六科庶吉士、以受贓誅。事在十八年、則不始於乙丑（一八年）矣」、ならびに前掲『万暦野獲編』に「遴考庶常、似是此年（一八年）創始。然読大誥、又載承勅庶吉士廖孟胆、以受贓誅。事在十八年、則不始於乙丑（一八年）矣」とあるのを根拠とする。だが前二者は時期が明確でなく、必ずしも洪武一八年以前のことを指すとは限らず、またよしんばそうであるとしても、六科（そもそも給事中を六科の名で総称するのは、早くとも洪武二二年に各科に都給事中が設置されてより以後であるが）に試用的に採用されたものが、その形態の類似性から後代に庶吉士と呼ばれた可能性も否定できない。また廖孟胆は洪武一八年の進士であり、その贓罪によって誅せられたのは同年三月の庶吉士名称の確定より以後のことであると考えるべきであって、庶吉士制の創始が一八年を溯るという根拠とはならない。なお後論するように、庶吉士制は洪武六年の教習、一八年の名称確定を受けて、第二・第三甲出身者を対象に選抜を行い、他の観政進士と明確に区別するようになる、永楽二年に確立されたとするのが妥当と考える。

(16)『太祖実録』巻一七二、洪武一八年三月丙子。
以第一甲賜進士及第丁顕等為翰林院修撰、第二甲賜進士出身馬京等為編修、呉文為検討、李震為承勅郎、陳広為中書舎人、第三甲賜同進士出身危瓛為衛府紀善、李鳴岡為潭府奉祠正、楊靖為吏科、庶吉士黄耕為承勅郎、蹇瑢等為中書舎人、鄒仲実為国子監助教。瑢後賜名義。其諸進士、上以其未更事、欲優待之、俾之観政於諸司、給以所出身禄米。俟其諳練政体、然後擢任之。其在翰林院・承勅監等近侍衙門者、采書経庶常吉士之義、倶称為庶吉士。其在六部及諸司者仍称進士。

(17)『翰林記』巻三「進士銓注」。
（洪武）二一年、策進士、以第一人任亨泰為修撰、第二人唐震・第三人盧原質為編修、著為令。至今因之。

(18)『太宗実録』巻二九、永楽二年三月己酉。

吏部奏授進士曾棨等官。命第一甲曾棨為翰林院修撰、周述・周孟簡俱為編修。仍命於第二甲択文学優等楊相等五十人及善書者湯流等十人、倶為翰林院庶吉士、俾仍進学。擢第三甲方昶等二十人為行人司行人、余於諸司観政。

(19)『太宗実録』巻三八、永楽三年正月壬子。

先是、上命翰林院学士兼右春坊大学士解縉等於新進士中選質英敏者、俾就文淵閣進其学。至是、縉等選修撰曾棨・編修周述・周孟簡、庶吉士楊相・劉子欽・彭汝器・王英・王直・余鼎・張敞・王訓・柴広敬・王道・熊直・陳敬宗・沈升・洪順・章朴・余学夔・羅汝敬・盧翰・湯流・李時勉・段民・倪哲・袁天禄・吾紳・楊勉二十八人。

(20)『万暦野獲編』巻一〇「鼎甲同為庶常」。

如永楽甲申科、則一甲曾棨等三人、楊相等廿五人、為廿八宿、而以周忱為挨宿。

なお、『国朝列卿記』巻二〇「翰林学士・講読学士行実、王直伝」などのように、この二九名のみを永楽二年の庶吉士とするものもある。

(21)『旧京詞林志』巻三「庶吉士」。

丙戌（永楽四年）、以江殷等十四人及黄安等二十人為庶吉士、与甲申（同二年）庶吉士［在二十八人之外者］皆与纂修大典。（［　］内は文中の割注）

なお、あえて列挙しないが、庶吉士各人の伝にもこのことが明記される。

(22)『国朝典集』巻六五「翰林院付庶吉士」。

永楽二年五月、擢庶吉士杜欽。黄惟正・鄭慶・周玉・羅亨信・張侗為給事中。

(23)『殿閣詞林記』巻一〇「文淵」。

永楽三年正月壬子、成祖命学士解縉等於新進士中、選其英俊者、俾就文淵閣進学。……上諭勉之曰。……汝等簡抜於千百人中為進士、又簡抜進士中至之。固皆、今英俊。然当立志遠大、不可安小成。……朕不任爾以事。文淵閣古今載籍所萃、爾等各食其禄、日就閣中、恣爾玩索、務実得於己、庶国家将来皆得爾用。不可自怠以孤朕期待之意。

(24)『殿閣詞林記』巻一〇「文淵」。

遂命司礼監月給筆墨紙、光禄給膳、礼部月給膏燭并鈔、工部択近第宅居之、且命（解）縉領其事。数召至便殿、問以経史諸子故実、或至抵暮方退、五日一休沐、使内臣随之、備校尉・騶従、人莫不歆其栄艶。

なお、「備校尉・騶従」は原文では「校尉備騶従」とあるが、『明史』「選挙志」には「給校尉・騶従」とあり、誤りであることが明らかなので訂正した。

（25）『翰林記』巻三「進士銓注」。

蓋自永楽以来、進士得銓注者、惟第一甲、而二甲・三甲必改庶吉士、乃得銓注云。

（26）『殿閣詞林記』巻一〇「文淵」。

後、上（永楽帝）親征・巡狩、雖有庶吉士之選、如甲申（永楽二年）例則、而車駕不及親涖焉。

（27）『旧京詞林志』巻三「庶吉士」。

然丙戌（永楽四年）而後、其教養之典、皆未有如二十八人者。至宣徳中、始復焉。

（28）『万暦野獲編』巻一〇「鼎甲同為庶常」では「将立太子、上欲選賢才備宮寮」と、立太子がその契機となったという。

（29）『宣宗実録』巻六四、宣徳五年三月己巳。

命大学士楊士奇・楊栄・金幼孜曰。新進士多年少。其間、豈無有志於古人者。朕欲循皇祖時例、選択俊秀十数人、就翰林教育之、俾進学励行、工文章、以備他日之用。卿等可察其人、及選其文詞之優者、以聞。於是、士奇等、選薩琦・逯端・葉錫・陳璣・林補・王振・許南傑・江淵八人、以聞。上命行在吏部、倶改為庶吉士、送翰林進学。給酒饌房舎、月賜灯油鈔、悉如永楽之例。復命兵部各与皁隷。上又顧士奇等曰。後生進学必得前輩老成、開導之。卿等日侍左右無余間。其令学士王直為之師、嘗提督教訓、所作文字亦為開発改竄。卿等或一両月、或三月一考閲之、使有進益。如一二年怠惰無成、則黜之。

（30）『国朝典彙』巻六五「翰林院付庶吉士」。

徴庶吉士三十人、分隷近侍諸衙門、如洪武乙丑（一八年）之制。次日引入斎官御試、止用八人。

（31）文淵閣進学は宣徳九年八月癸酉に、宣徳五・八年科の庶吉士と新たに庶吉士となった蕭鎡等の合計二八名に、第一甲出身者ですでに翰林院修撰となっていた馬愉等九名を加えて行われ（『宣宗実録』巻一一二）、また東閣進学は景泰二年三月乙卯の庶吉士選抜と同時に行われた（『英宗実録』巻二〇二、及び『殿閣詞林記』巻一〇「東閣」）。これらが永楽二年の文淵閣進学を模倣したものであることは明らかであるが、あくまで形式的なものに過ぎず、庶吉士制の実態は内閣主導体制に変わるところはなかった。

（32）前注（15）、山本前掲書同項参照。

（33）『国朝典彙』巻六五「翰林院付庶吉士」。

上一日命左右至文淵閣、覘庶吉士講習否、令一一記動静。

（34）『殿閣詞林記』巻一〇「文淵」。

命（解）縉領其事、数召至便殿、問以経史諸子故実、或至抵暮方退。……上時捜奇書僻事、以験所学。

（35）前注（29）参照。

（36）『殿詞林記』巻一〇「公署」の記事である。

正統以来、在公署読書者、大都従事詞章。内閣按月考試、則詩文各一篇、第高下、具掲帖、開列名氏、発本院以為去留地。致使卑陋者多至奔競、有志者、甚或謝病而去、不能去者多称病不往。将三年近、則紛然計議、邀求解館、最可笑也。

（37）『殿閣詞林記』巻一〇「公署」。

内閣按月考試、俟有成効、送吏部、銓注本院并各衙門職事。

（38）このような教習軽視の風潮は、庶吉士のみならず国家の側にもみられた。

『英宗実録』巻一七八、正統一四年五月戊申。

吏部左侍郎兼翰林院学士曹鼐等奏、本院庶吉士欠官教訓、四夷館欠官提督。今推選得侍講劉鉉・修撰王振堪教庶吉士読書、修撰許彬・郎中潘勤堪提督四夷館官員子弟習学夷字。従之。

（39）『明史』巻七〇「選挙志二」。

自天順二年、李賢奏、定纂修専選進士。由是、非進士不入翰林、非翰林不入内閣。……而庶吉士始進之時、已群目為儲相。

なお、ここにいう纂修とは『大明一統志』の重修を指す。

(40) 参考までに、朝代別の内閣大学士の出身表をあげる。前掲『明史』では、翰林院と内閣の関係が確定したのは天順よりとするが、景泰・天順間は奪門の功や迎復の功による人事が行われたことを考慮すれば、この傾向はすでに正統からあったことが分かる。なお、山本氏は前掲書第一三章「明代の内閣」(Ⅵ)「閣臣の出自」で同様の表をあげるが、本表は当該朝代における就任者をとり、一旦退いたのちに再任する者を除き、前朝からの在任者は算入しない。

朝代別内閣員出身表

朝代	総数	第一甲	庶吉士	その他
洪熙	2	1	0	1
宣徳	2	0	0	2
正統	8	6	2	0
景泰	5	0	2	3
天順	8	4	2	2

(41) 『明史』巻七二「職官二、翰林院」。

史官、自洪武十四年置修撰三人、編修・検討各四人。其後由一甲進士除授及庶吉士留館授職、往往溢額、無定員。

(42) 『宣宗実録』巻二六、宣徳二年三月辛丑。

擢第一甲進士馬愉為行在翰林院修撰、杜寧・謝璉為編修。第二甲・第三甲進士江玉琳等九十六人、令帰進学。

『宣宗実録』巻二八、宣徳二年五月癸巳。

行在吏部言、自永楽十九年以来、記名放回官四千三百一十九員。其在郷亦有不安己分、起滅詞訟、干預官府、結構為非者。

（43）『英宗実録』巻一九八、景泰元年一一月辛丑朔。

吏部奏。礼科都給事中金達言、比者朝廷多事、辺報不常、内外官員畏避差遣、在任者或省親、或祭祖、交章援例而去、在郷者或養病、或丁憂、経年記故不起。又有応詔挙至輒行乞帰者。此皆懐姦避難之輩、豈有臨難死節之心。乞行査究、但赴部違限、悉謫辺遠叙用、庶姦計無所逐、而忠義有所勸。達所言良是、請如其言行之。詔吏部悉記之、挨其起復到京、察其情由、以聞。（「或丁憂」は原文では「丁優」となっているが、校勘記に従い改める）

（補注）大野晃嗣氏は「明代の廷試合格者と初任官ポスト―『同年歯録』とその統計的利用―」（『東洋史研究』五八巻一号、一九九九年）において、本稿の表4が『実録』のみを基礎史料とすることに批判を加え、『同年歯録』の有用性を指摘されている。

第二節　徐溥の庶吉士制改革案

はじめに

弘治六（一四九三）年、内閣大学士徐溥によって庶吉士制に関する改革案が提出された。この疏文は、その文集『徐文靖公謙斎文録』巻一「疏」に収められているのみならず、『孝宗実録』巻七四、同年四月甲辰に全文が、また『明史』巻七〇「選挙志二」の庶吉士の項、[1]『国朝典彙』巻六五「翰林院付庶吉士」にも一部省略を含みつつ掲載される。これらのことからして、この上疏が明朝庶吉士制において一定の評価を受けていたものとみることができよう。

前節「成化元年における散館請願について」[2]では、天順八年科の進士で、庶吉士となった計礼が起こした散館請願、すなわち実際の官職への就任要請行動をとりあげ、この事件のよってきたる原因を計礼その人に求めるだけでなく、明朝の庶吉士制を、その沿革をも含めて整理・検討することによって明らかにしようとした。そのなかで庶吉士制には、二つの側面があることを指摘した。すなわちここには、科挙の上位合格者である状元・榜眼・探花と呼ばれる第一甲三名（進士及第）とならんで、翰林院にとどまり将来の国家枢要官となる、まさに擬似的第一甲、ないしは「エリート中のエリート」と称されるに足る存在を生みだすという側面がある一方で、庶吉士となりながら最終的にはその径路からはずされ、他の進士と変わるところなく実務官僚に転出せざるをえない者を作り出し、そこにさまざまな問題を生むという、いわば負の側面とでも呼ぶべきものがあったのである。

成化元年における庶吉士計礼による散館請願の動きは、後者の、いうならば一般的に認識される庶吉士像とは相反する側面が凝縮して現れた事例であったこともあり、拙稿の論点もいきおい、庶吉士を一概にエリートとみなすことへの反証を込めたものとなった。だが先に指摘したように、庶吉士制には二面性があり、このような負の側面ばかりではなかったのである。歴代の翰林官就任者をみても、第一甲三名とほぼ拮抗する数の庶吉士出身者を認めることができるし、(3)またそのなかから内閣大学士を輩出し、(4)「庶吉士始めて進みし時、已に群目して儲相となす」(5)と評されるように、明朝官僚制度のなかで一定の役割を果たしたことを忘れてはならない。だからこそ、この国家にとって有用な庶吉士制を、いかに混乱なく有効に運用していくか、そのことがまた庶吉士制における重要な課題であったともいえるのである。

ここでとりあげる徐溥の改革案は、そのひとつに数えられるものである。本稿では、この改革案が提出されるに至った経緯を明らかにし、内容を検討するとともに、庶吉士制における位置づけを考えていきたい。

一　庶吉士制とその内在問題

庶吉士制の目的は、科挙の合格者（進士）のなかから第一甲三名を除く、第二甲（進士出身）・第三甲（同進士出身）を対象に人材を選抜し、他の進士とは別に特別教育を施し、将来の国家枢要官を育成することにあった。このような体制が確立されたのは、永楽二（一四〇四）年の段階であったとみることができるが、それ以前の洪武期にすでにその淵源を求めることができる。すなわち、明朝草創期にあたる洪武六（一三七三）年に、会試を急遽中止して郷試合格者（挙人）のなかから数人を選び、禁中に文華堂を開設して、当代有数の文人宋濂・桂彦良等の教習を受けさせており、また長らく中止されていた科挙が再開された洪武一八年には、進士を実務研修のために官庁に臨時に配属（観政）した際、翰林院・承勅監等の近侍衙門配属者を、特に『書経』「周書立政」の「庶常吉士」に典拠をとり、正式に庶吉士と名づけているのである。これらは人材を留保して教習を施す点やその名称から、庶吉士制の創始と考えられるものであるが、後代の庶吉士制からみる時には、その対象が第二・第三甲出身者であること、一定の教習ののちに皇帝の特命によって、翰林院の修撰ないしは編修に銓注される第一甲とならんで、翰林院編修・検討への就任者を出すことなどからして、その確立を永楽二年とするのが最も妥当と考える(6)。

ところで、洪武期とこの永楽二年までの庶吉士において注目すべきは、その選抜・教習に皇帝が直接に関与するという点である。これは初期の庶吉士が、皇帝との近侍性の強い存在であったことをうかがわせるものであるとともに、庶吉士を特別な存在と認識する、エリートとしての庶吉士像形成に大きく影響したといえよう。確かに庶吉士となることによって擬似的第一甲、すなわち第一甲進士とならんで翰林院の官を手にすることができ、ひいては翰林官出身が内閣大学士への就任の条件になることからすれば、それのみでも彼らはエリートと呼ぶに足る存在であったろう。だが、皇帝独裁体制を志向した明朝にあって、特にそれを強力に推進した洪武・永楽両帝によって保証されたこの皇帝との近侍性は、後代の状勢が変化しようとも、庶吉士像の原点として残り続けたとみることができるのである。(7) 加えてこの皇帝との近侍性は、単に理念的問題にとどまるものではなかった。皇帝が直接にその選抜・教習に関与するということは、庶吉士の周辺にひとつの不可侵の世界を形成することでもあったのである。絶対権力者と認識される皇帝の積極的主導によってなされる決定はなにものにも代えがたく、逆にそこでは選考・教習への評価に関する細かな規定は必要とされなかったともいえる。だが、一旦この皇帝との近侍性が薄弱となれば、そこに幾多の問題が起こるであろうことは容易に予測でき、それは意外に早く現実のものとなったのである。

靖難の変によって帝位を手中に納めた永楽帝は、即位初期には人材の登用に熱心で、それ故にこそ永楽二年の科挙挙行時には後代の模範ともされるほどに大規模な庶吉士選抜が行われ、教習や待遇面でも充実した体制が組まれた。ただ、これは長くは続かなかった。政権の安定にともない永楽帝は北京巡狩・モンゴル親征に熱心となり、いきおい当時の首都南京に滞在することが少なくなった。このことは庶吉士制にも影響を及ぼし、皇帝との近侍性は物理的にも後退することになり、またその運営も幅広く人材を選抜・留保するという初意には程遠く、ただ形式的なものになったのである。このような状態は永楽四年以降、宣徳二（一四二七）年の段階まで続き、それが是正の方向に向かうのは宣徳五年以後のことであった。

永楽帝を継いで即位した宣徳帝は、漢王の反乱を平定するなど政権の安定を待って、庶吉士制に対する根本的見直しと、さらなる充実を模索した。それは永楽二年体制の復活、そして宣徳五年と八年の科挙進士に対する二度にわたる選抜などに具体化され、以後も基本的に継承されるところとなったのである。だが、ここに問題を残すことになった。ひとつはこれに始まる内閣主導体制であり、さらにひとつに庶吉士の滞留問題である。

宣徳以後、正規の官僚体制の枠外に皇帝の顧問官として内閣大学士が置かれ、皇帝を輔佐する体制が確立したが、ここにみる庶吉士制運営における内閣主導体制もその一環として現れた事例であった。内閣制は、内閣が皇帝の意向に従って事を進める形式がとられるものの、実質的にはともすれば内閣主導の傾向を強くするものであり、庶吉士制にはそれが如実に現れたといえる。すなわち庶吉士の選抜や教習が内閣の主催となり、新たに考試制度が導入され、その運営から評価までのすべてが内閣に委ねられることになったのである。この内閣主導体制は単に庶吉士制全般において内閣の意向が先行することを意味するだけではない。そこではともすれば内閣が自己勢力の増殖を企画して恣意的運営を行い、その結果、庶吉士制は「内閣植党の地」とみなされることにもなったのである。

次に滞留問題である。幅広く人材を留保し将来に備えるというのは庶吉士制創始の大きな目的であったが、かといって庶吉士となって最も望ましい径路と考えられる翰林官への道は、決して広いものではなかった。国家の側からいえば有為な人材を選任してそれで事足りるが、庶吉士個人ないし庶吉士制の運営という側面からすれば、それですむものではない。科挙が挙行されるごとに、庶吉士がどれほどの割合で翰林官に就任しうるかについては規定がなく、またその選任の時期も一定していない。それは翰林院の事情や同期の進士の任官と連関して決定されていたと考えられるが、すべてが順調に処理されていたとはいえない(8)。そこには翰林官への就任が果たせずに不満を持つ者も出てくるし、それ以上に散館さえできずに庶吉士のままとどめ置かれる者さえ生み出したのである。このような滞留問題は早く永楽期からその例をみることができ、永楽二年科の庶吉士には八年間もの長期にわたって散館を果たせなかった者がおり、また四年科の庶吉士には十年間の滞留を余儀なくされ、その間に死亡する者さえあったという(9)。ただ滞留は、選抜される庶吉士数や当時の官界の状況に左右されるとはいえ、庶吉士制を充実させればさせるほどに数的に拡大する可能性を含んでいるのであり、その意味で庶吉士制の充実と順調な運営を図ろうとした宣徳五年以後においては、特にその解決が求められることになった[10]。その解決のひとつの方法は、庶吉士の選抜数を一定限度におさえることであったが、それは幅広く人材を留保するという趣旨にもとるとの批判をあび、人材育成への姿勢を問われかねないこともあり、内閣としては安易に実行できるものではない。また正統一三年以降にみられる教習期間を三年に限る動きも、庶吉士内部に生じた、新進士誕生までには散館を果たしたいという「三年求仕の風」を受けたもので、一面では滞留問題の解決につながりはしたものの、教習の意味を含めて庶吉士制そのものに大きな問題を残すもので、本質的な解決策とはなりえなかった。

庶吉士制の本来の目的は、将来の国家枢要官を育成するために人材を留保し再教育することにあった。それを支える大きな柱は庶吉士が皇帝との近侍性を持つこと、逆にいえば、皇帝が積極的に庶吉士の選抜・教習に関わることであった。このようななかにあっての教習は、内容的にも時間的にも拘束性の低いものでなければならなかった。時間を限り、目前の評価に追い立てられていては、本来の目的は到底果たしえないであろう。だが、現実は決してそのようには展開しえなかった。それでも庶吉士制は、一部では本来の意図を阻喪しながらも、現実との巧みな対応のもとで維持されてきたのである。それは庶吉士制が、第一甲三名に加えての翰林官候補養成機関としての役割を果たすという国家にとって有用な制度であったことを意味するであろう。だが庶吉士制の内包する問題もまた大きかったといわねばならない。前節でとりあげた成化元年における庶吉士計礼の散館請願は、なによりこれらの問題点が如実に現れた例であった。ただこの時は、計礼個人に処分が課されるにとどまり、庶吉士制そのものへの抜本的見直しはなされぬままに先送りされたのである。

二　涂旦の建言

徐溥の庶吉士制改革案が提出される七日前に、兵科給事中涂旦によって庶吉士選抜に関しての建言がなされた。涂旦その人については諸書に伝がないが、『進士題名碑録』によれば、江西豊城の出身、成化二三年丁未科の進士（第二甲第四九名）である。ちなみに、この成化二三年科では三〇名の庶吉士が選抜されているが、そのなかには含まれない。このことから彼は、他の一般的な進士と同じく観政進士として実務を研修したのち、兵科給事中の任に就いたと考えられる。さて、その上疏の記事は以下のようであった。

兵科給事中涂旦、言う。永楽甲申の間、学士解縉に命じて、進士曾棨等二十九人を選ばしめ、文淵閣に読書せしむ。自後、相い承けて、遂に故事となる。我が朝、人才の盛んなるは、多くこれに由る。乞うらくは、祖宗の旧制に循い、まさに今、礼部の取るところの進士、これを 掄選し、改めて庶吉士となして、翰林院に入りて読書せしむべし。掄選の法は、採択を精しくして以てその濫進を抑え、考試を厳しくして以てその心術を探り、年歳を限りて以てその進学を責めるに在り、と。(11)

涂旦は、庶吉士制は甲申の年、すなわち永楽二年に進士の曾棨等二十九人が選抜され、文淵閣で教習を受けたことに始まり、それ以後は伝統として継続されてきたこと、そして人材育成に貢献してきたことを前提として、庶吉士を選抜し、翰林院で教習させる必要性を説く。ただその選抜においては、人選に十分に意を用い、厳しく考査を行い、年令制限を設けるべきであり、そうすることによって選抜される庶吉士は、資質的にもまた年令的にも庶吉士に相応しい存在足りうるであろう、というのである。涂旦のこのような提案は、当時の庶吉士選抜がともすれば妥当性のあるものではなかったことをかいまみせる。すなわち、内閣による恣意的な、一部の歓心を買おうとするかのような選抜、そのためもあったであろうが、庶吉士となった者のなかには資質的にも年令的にも将来の国家枢要官となりえない者が多く含まれ、これがまた滞留の原因となっていた、それが現状であったのである。

さてここで検討すべきは、この時期になぜ涂旦が庶吉士選抜の必要性を説いたか、ということである。弘治六年は癸丑の年で、「辰・戌・丑・未」の科挙挙行年にあたり、前年八月の郷試を受けて二月には中央試験である会試が、三月には皇帝による親試（殿試）が行われ、状元の毛澄以下二九八名の進士が誕生している。ところで、庶吉士制が科挙の第二・第三甲進士を対象に選抜を行い、擬似的第一甲への道を開くものであるならば、その機会は均等に与えられねばならない。しかしながら実際には、必ずしもそうではなかったのである。試みに科挙と庶吉士選抜をみると、（表）のようになる。

ここで明らかになるのは、庶吉士選抜は正統元年を最後に科挙と確実には連動しなくなることである。このうち正統年間に関しては、宣徳期以来の庶吉士の滞留が主たる原因であるとみられ、天順元年については奪門復辟（英宗正統帝の復位）の直後であるという政治的理由があったと考えられる。これらに対して成化以後は、二年・五年と連続して選抜が行われたあとは、三科毎に一度の体制（三科一選）が定例化することになる。この間の庶吉士選抜が行われない年の『実録』の記事は、どれとても第一甲進士及第三名の翰林院修撰・編修への任官を記録したのちに、「その余（第二・第三甲）は各衙門に分撥（送）して弁事せしむ」[12]と、第二・第三甲進士をすべて観政に出した事実をいうだけで、庶吉士を選抜しない理由をあげない。だがそれが庶吉士の員数を調整し、その滞留を回避するためであったことは容易に推測できよう。ともあれ、成化期にはこのような三科一選が定例化していたわけであり、その流れに乗れば、成化二三年に庶吉士の選抜が行われている限りは、弘治三年と六年には選抜がないことが予想される。実際、弘治三年には庶吉士選抜は行われておらず、このことからすれば六年の選抜は行われない可能性の方が高かったのである。涂旦の上疏は、まさに弘治六年の科挙が終了したにもかかわらず、庶吉士の選抜が行われないことを確認したうえで提出されたものであり、それはまたこのような定例化した三科一選体制への異議申し立てでもあったといえよう。

この涂旦の上疏に対して、礼部は次のような意見を提出した。

礼部、覆奏して謂う。選択、教養の法は、累朝すでに成規あり。ただに内閣大臣に勅して、歴科の事例を参酌して、挙行するに在るのみ、と。[13]

＜科挙と庶吉士選抜＞

科　　挙	西　　暦	進士総数	庶吉士選抜
永楽２年甲申科	1404	470	実　施
永楽４年丙戌科	1406	219	実　施
永楽９年辛卯科	1411	84	実　施
永楽10年壬辰科	1412	106	実　施
永楽13年乙未科	1415	351	実　施
永楽16年戊戌科	1418	250	実　施
永楽19年辛丑科	1421	201	実　施
永楽22年甲辰科	1424	148	実　施
宣徳２年丁未科	1427	101	実　施
宣徳５年庚戌科	1430	100	実　施
宣徳８年癸丑科	1433	99	実　施
正統元年丙辰科	1436	100	実　施
正統４年己未科	1439	99	
正統７年壬戌科	1442	149	
正統10年乙丑科	1445	150	
正統13年戊辰科	1448	150	実　施
景泰２年辛未科	1451	201	実　施
景泰５年甲戌科	1454	349	実　施
天順元年丁丑科	1457	294	
天順４年庚辰科	1460	156	実　施
天順８年甲申科	1464	247	実　施
成化２年丙戌科	1466	353	実　施
成化５年己丑科	1469	247	実　施
成化８年壬辰科	1472	251	
成化11年乙未科	1475	300	
成化14年戊戌科	1478	350	実　施
成化17年辛丑科	1481	298	
成化20年甲辰科	1484	300	
成化23年丁未科	1487	351	実　施
弘治３年庚戌科	1490	298	
弘治６年癸丑科	1493	298	実　施
弘治９年丙辰科	1496	298	実　施
弘治12年己未科	1499	300	
弘治15年壬戌科	1502	297	実　施
弘治18年乙丑科	1505	303	実　施

すなわち、庶吉士の選抜ならびに教習の方法についてはすでに「成規」ともいうべきものがあり、礼部としてはそれに従うまでであって、規定・方法など制度そのものについては、内閣に命じて歴代の事例をもとに検討させるべきである、というのである。この礼部の意見は、先にみた内閣主導体制からしても至極当然のものであったといえ、弘治帝もそれを承認することとなった。ここに涂旦の庶吉士選抜に関する提案は、内閣の検討課題となったのである。時に徐溥は内閣の筆頭大学士、いわゆる首輔であった。

三　徐溥とその改革案

徐溥は、当時の南直隷、現在の江蘇省宜興の出身、景泰五（一四五四）年甲戌科の進士及第（第一甲第二名、榜眼）、規定により翰林院編修となったが、病気を理由に一時帰省、天順元（一四五七）年の正統帝の復辟を待って東宮（のちの成化帝）の官属となり、司経局校書を兼ねた。成化帝即位後、左春坊左庶子兼翰林侍講として経莚の講官となり、また『英宗実録』の纂修に参加したが、父親の喪に服すため三年間休職、復帰して詹事府少詹事兼翰林侍講学士、そして母親の喪に服して三年間休職ののち、侍講学士はそのままに太常卿から礼部左侍郎・吏部左侍郎を歴任し、弘治帝即位後の成化二三（一四八七）年九月には、礼部尚書・文淵閣大学士として内閣に入り、弘治五（一四九二）年八月からは劉吉辞任のあとを受けて内閣首輔となった。経歴をみれば、進士及第に始まり、翰林官ならびにその周辺官庁の官を歴任し、それをもとに六部の侍郎・尚書となり入閣するという、明朝の官僚としては最も順調な径路を歩んだ人物であったといえる。その政治姿勢は「国家の法度は皆、我が祖宗の神謀・廟算にして、その元元を恵む所以は甚だ備われり。患は守る能わざるに在るのみ。豈に宜しく更張せんや」(14)という彼の言葉にみるように、当時の儒教教養を持つ官僚に通じてある伝統保守主義であったが、彼の場合はそれを単に理念的なものとするのではなかった。弘治帝によって道家的色彩の強い『三清楽章』の編集を命じられた時には、儒教論理をもって敢然と反対し、また政治場に姿をみせない弘治帝に対して歴代の皇帝のあり方をもとに意見し、ついには成化帝時代に一度あった例以来、久方ぶりに文華堂で内閣大学士と面対して政務を処理させるなど[15]、実際の政治運営の場面でもその姿勢を堅持したのである。また人材の育成に意を用いたことでも名高く、特に吏部侍郎時代に銓政を担当した時には「一時の人、咸その公明に服す」[16]と称されたという。

さて徐溥が内閣の首輔となったのは先にみたように弘治五年であったが、その前任者劉吉にはとかくの風評があった。ともすれば智略を巡らし、こじつけやごまかしにたけ、自己利益の追求に熱心で、人々の非難の的であったという。劉吉自身のことを「劉緜花（綿花のように軽々しく、かつ打たれ強い）」と呼ぶ風潮のあることを知った時には、それが会試に不合格となった者から出たと疑い、報復として三度会試に不合格となった者は再受験を認めないことにしたほどである。ここにはなにより、狭量で公私の判別がつかず、権力を濫用する姿勢が如実に現れているといってもいいだろう[17]。このような劉吉のあとを受けた徐溥が、従来からの自己の政治姿勢をより鮮明に打ち出し、特に公正無私を標榜して内閣の信頼回復を図ったことは[18]、また当然のことであった。このような状況のなか、首輔として初めての科挙を迎え、かつそこで涂旦が庶吉士選抜についての意見を具申し、それが内閣の検討課題とされたのである。徐溥としてはこれをうやむやのうちに終わらせることなどできるはずもない。それどころか、この庶吉士選抜という国家にとっての重要な事業に抜本的な改革を加えることは、その政治姿勢を喧伝する絶好の機会と捉えられた。涂旦の議論を受けて、短時日のうちに徐溥を中心とした内閣による庶吉士制改革案が提出されたのは、まさにこのためであったとみるべきであろう。

以下、徐溥の「論選庶吉士疏」[19]と題する庶吉士制改革案をあげ、検討していくことにしよう。

比ろ、給事中涂旦の建議すらく、新進士を選びて、庶吉士に改め、翰林院に入りて読書せしめんと欲す、と。ただ庶吉士の選、永楽二年より以来、或いは間科に一選し、或いは連科して屢び選び、或いは数科、選ばず、或いは三科を合わせて同に選びて、初めより定限なし。科ごとに選用し、或いは内閣、自ら選び、或いは礼部、選送し、或いは吏部と会して同に選び、或いは年歳を限り、或いは地方に拘り、或いは誉望を採り、或いは廷試の巻中に就きて査取し、或いは別に出題して考試し、また定制なし。

まず、この改革案が涂旦の議を受けたものであることを明言したのち、永楽二年以来の庶吉士制の実施状況について述べ、そこには涂旦のいうように、単に「祖宗の旧制に循う」だけでは済まない状態、すなわち科挙との連動性にも、選抜基準や方式にもなんら一定性がなかったことを指摘する。そのうえで庶吉士制の本来の目的と従来の方式から生ずる問題点をあげる。

古より帝王、皆、文章は気運に関わるを以て、才を館閣に儲え、以てこれを教養す。本朝、これを儲養する所以は、及第進士よりの外、ただ庶吉士の一途あるのみ。凡そ華国の文と輔世の佐は、或いはここに頼るあり。然り而して、或いは選び、或いはしからざれば、則ち才ある者、いまだ必ずしも皆、選ばれずして、選ぶところの者、またいまだ必ずしも皆、才ならず。もし更に地方、年歳に拘われば、則ちこれ已成の才、或いは棄てて用いられず、而して教えるところの者、またいまだ必ずしも皆、成らず。

すなわち、庶吉士制は明朝が文化国家であり、将来もそれを支える国家枢要官を生むために必要不可欠である翰林官を供給する、第一甲進士三名とならぶ重要な存在であることを認識しなければならず、それをふまえれば従来のように、選抜を行う時があるかと思えば行わないこともあったり、特定地方出身者に対象を絞り、また年令制限を加えるようでは、その本来の目的は到底達成できないと、従来の庶吉士制の運営について批判的に反省する。

そして以下に具体的な改革案を提示する。

請うらくは、今より以後、立てて定制となし、一次、開科すれば、一次、選用す。新進士の各衙門に分撥せられて弁事するののちを待ちて、そのなかの志ありて古を学ぶ者をして、各のその平日に作すところの文字、論策・詩賦・序説の如きの類を録し、十五篇以上に限りて、一月の内に、礼部に赴き呈献せしむ。礼部、閲試し訖われば、編号し、翰林院に封送して考訂し、そのなかの詞藻・文理に取るべき者あらば、按号し行取せしむ。本部、仍お各人の試巻をもって、記号して糊名、封送し、例に照らして東閣前に出題、考試す。その試するところの巻と投ずるところの文、相い称えば、即ちに収めて以て選に預らしむ。もしその詞意、鈎棘にして詭僻なるならば、取列に在らず。中間、年二十五以下にして、果たして人の資質に過ぐるものあらば、宿構の文字なきと雖も、能くこの一月の間において新作五編以上あらば、また投試を許す。

改革案の第一点は、科挙を実施するごとに必ず庶吉士の選抜を行う「一次開科、一次選用（一科一選）」である。これは徐溥自身が先に指摘したように、従来のような一定性のない選抜では、有為の人材を確保しえない可能性があり、またそこに不公平感を生み不満を醸成することになることから、まずその是正を図ろうというのである。

次に選抜の方式であるが、まず従来とは異なり、進士合格者を直接に選抜対象とするのではなく、進士をひとまず各衙門に実務見習に出し（観政）、そのなかから庶吉士を志望する者を募ろうという。これは志願制の導入であり、画期的な提案であったといえる。そこには強制によらないことによって、庶吉士たることに意欲を持ち、資質的にも優れた者を確保しようとする意図があったと考えられるが、それと同時に、当時の庶吉士内部にそれほどの意欲を持てずに一種の弛緩状態に陥っていた者があり、庶吉士制の運営・維持にはその対策を必要としていたことをうかがい知ることができよう。ともあれ志願者は、観政後一カ月内に自身の著作一五篇以上を礼部に提出する。なお二五歳以下の者は書き溜めた著作が十分でないこともあろうから、特例として新作五篇を提出することを認めるという。礼部はこれらを検閲したのち、それぞれに番号を付して翰林院に送付する。翰林院ではその内容を検討して第一次の選抜を行い、合格者を番号と引き合わせて決定する。ここで合格者は東閣において試験を受けることになるが、その際に、先に提出した著作と、礼部から別に提出される名前を伏せた会試の答案を合わせて評価し、最終的に庶吉士を決定しようというのである。

この選考過程にみる特徴は、なによりその公正さの標榜にあったといえる。志願者名をことごとく伏せて番号化し、また内閣（観政後であることからすれば、吏部も一部参与したと考えられるが）による東閣の考試以前の段階で、礼部・翰林院を選考に関与させる、いうならば多段階複数選考制を採用したのはこのためであったが、これはまたとかくの批判がある内閣主導体制を是正する狙いを込めたものであったといえよう。

以上をふまえたうえで、最後に庶吉士の員数に言及する。

もし果たして筆路、頗る通じ、その学、進むべきは、また備選の数に在らしむ。科ごとに必ずしも多くは選ばず、選ぶところは二十人を過ぎず。選ごとに必ずしも多くはとどめず、とどめるところは三五輩に過ぎず。

すなわち、この選考過程においていかに多くの有資格者が出ようとも、庶吉士に選抜されるのは二〇名を越えず、またそのなかから翰林官に就任するのは五名を限度とするというのである。これが滞留対策であることはいうまでもないが、「一科一選」を実行するということは、庶吉士選抜の機会を増すことにもなるので、員数制限はこの改革案が順調に実施されるための必須の条件であったといわねばならない。

そして改革案の効用と自己の職責を説いて締めくくる。

かくの如くすれば、則ち選ぶところの者、多くこれ已成の才にして、論撰するところ便ち供事に堪え、将来、成就して、必ずや頼るに足る者あり。かくの如くすれば、則ち列に預りし者に徇私の弊なく、預らざる者、造言の謗を息む。臣等、皆この途より出、後賢を引進して、これを館閣に儲えて、以て国の厚恩に報いるは、すなわちその職なり。これがために具本して奏す。

そもそも庶吉士制がひとつの制度である限りは、そこに一定の運営方式がなければならない。にもかかわらず、徐溥も指摘するように庶吉士制にはそれがなかった。選抜を行うか否かをはじめとして、その選考方法、員数は一定性のないままに運営されてきたのである。これは庶吉士制が皇帝との近侍性をひとつの柱として成立したことによろうが、それならば状況が変化して内閣主導体制が確立した段階で、対応策が講じられてしかるべきであった。それがなされなかったことについては、庶吉士制がごく少数の対象者しか持たなかったこと、さらに国家の論理からいえば、翰林官を補塡することのみが目的であって、それ以外のことは特に顧慮する必要がなかったこと、また内閣としては、かえって恣意的運用の幅が広がり、官界における勢力拡大に利用できたことなどが、その原因と考えることができる。だが実際問題としては、これが庶吉士制への不信と不満のもととなっており、このままに放置すれば庶吉士制の根幹を揺るがしかねない状態となっていたのである。徐溥はこれに抜本的改革を加え、庶吉士制を定制化し、機会の均等、そして公正さを実現しようとした。その意味でいえば、徐溥の改革案は内容はもとより、初めて庶吉士制の根幹に関わる問題を正面きってとりあげた、その姿勢にこそ高い評価が与えられるべきであろう。

おわりに

兵科給事中涂旦の建言を受けて提出された徐溥の改革案は、庶吉士制史上において最初の具体的な提案であった。そこでは「一科一選」制、観政終了者による志願制、多段階複数選考制、そして厳格な員数制限が打ち出される。このような定制化の試みは、ひとつに、従来は一定していなかった庶吉士制運営への反省に基づくものであったが、それ以上に宣徳期以降に庶吉士制に内在していた問題、すなわち内閣主導体制とそこから生じる歪みの是正と、庶吉士の滞留への対策を目的とするものであったといえる。徐溥はこれによって初めて、庶吉士選抜において生じがちな不公平・不公正感を一掃でき、かつ国家にとって有用な庶吉士制の安定的運用が図れると考えたのである。

ところでこの改革案に対しては、

疏、入る。上、これを納め、命じて、今後、内閣、仍お吏礼二部と同に考選せしめんとす。[20]

とあるように、弘治帝によって裁可された。これを「弘治定制」として、あたかも以後の明朝を通じて実際に施行されたとみるむきもあるが[21]、事実はそうとはいえない。弘治六年科の科挙では同年六月に二〇名が[22]、九年科では三月に観政に出された進士[23]のなかから同じく二〇名が庶吉士に選抜されており[24]、これはまさに改革案に沿ったものであったといえるが、続く一二年科では庶吉士の選抜は行われず[25]、一五年科では観政が命じられて三日後に二〇名の庶吉士が[26]、一八年では同日に三〇名の庶吉士が決定されている[27]のである[28]。これによれば一二年科はいうまでもなく、選抜の行われた一五・一八年の両科とて、決して徐溥の改革案に沿ったものとはいえない。徐溥が内閣大学士を辞任したのは弘治一一年七月であった。とするならば、この改革案はかろうじて徐溥在任中にのみ実施された、といわざるをえないのである。

ただ、これをして徐溥の改革案を低く評価してはならない。改革案は現状を見据え、庶吉士制年来の課題に正面から対応しようとした結果のうえ導き出されたものであり、内容的にも十分実施に堪えるものであったということができる。それが徐溥辞任後に、あたかも覆されたかのように旧態依然の状態に後退したについての責任は、ひとえに後任の内閣に帰すべきであろう。庶吉士制の重要性に鑑み、その順調な運営を模索する動きは、嘉靖期に再び現れるが、その時に、この徐溥の改革案がとりあげられて改革の原点とされている。[29] ここにも徐溥の改革案が内容的に優れたものであり、後代の評価に十分堪えうるものであったことを確認することができるのである。

注

（1）『明史』は、

弘治四年、給事中涂旦以累科不選庶吉士、請循祖制行之。大学士徐溥言。

として、以下に徐溥の上疏を抄略して記録に残すが、これを「弘治四年」とするのは明らかな誤りである。

（2）本書付編第二章「明王朝庶吉士制の検討」第一節。

（3）本書付編第二章第一節、表2「翰林官出身ルート」参照。

（4）山本隆義『中国政治制度の研究』（東洋史研究会、一九六八年）第二二章「明代」「翰林院」、ならびに本書付編第二章の注（6）参照。

（5）『明史』巻七〇「選挙志二」。

成祖初年、内閣七人非翰林者居其半。翰林纂修亦諸色参用。自天順二年、李賢奏定纂修専選進士。由是、非進士不入翰林、非翰林不入内閣、南北礼部尚書・侍郎及吏部右侍郎非翰林不任。而庶吉士始進之時、已群目為儲相。

（6）本書付編第二章第一節参照。なお以下、特に注記しないが庶吉士制の沿革については、すべてこれによる。

（7）嘉靖期にはふたたび庶吉士制の改革が論議され、そこで一時的ではあるが皇帝親試が復活している。ここには庶吉士制の原点である皇帝との近侍性を復活させようとする意図があったものと考えられる。

（8）本書付編第二章第一節、表3「庶吉士散館状況」・表4「進士（庶吉士を含む）の初任官職とその時期」参照。

（9）『翰林記』「庶吉士銓法」。

五年丁亥、首擢王英・王直為編修。十年壬辰、擢羅汝敬・余鼎・彭汝器為編修、余学夔為検討、楊相・劉欽・章敞・陳敬宗・沈升・李時勉・段民・維啓・吾紳・楊勉等倶為刑部主事。蓋上意欲作養積久、因其成材次第擢用。然急於進者、或觖望焉。故相等皆除刑部。四年丙戌、庶吉士陳孟潔・曾春齡輩卒於京師。或以教習已近十年為言。上怒。於是、張叔顥等皆除府通判。

（10）山本隆義氏も前掲書において、滞留問題について論じ、正統以後の庶吉士制の弛緩はこれを原因とする、としている。

（11）『明孝宗実録』巻七四、弘治六年四月丁酉。

兵科給事中涂旦言。永楽甲申間、命学士解縉、選進士曾棨等二十九人、俾読書文淵閣。自後相承、遂為故事。我朝人才之盛、多由於此。乞循祖宗旧制、合今礼部所取進士、掄選之、改為庶吉士、入翰林院読書。掄選之法、在精採択以抑其濫進、厳考試以探其心術、限年歳以責其進学。礼部覆奏謂、選択教養之法、累朝已有成規。惟在勅内閣大臣参酌歴科事例、挙行耳。従之。（「自後相承」は原文では「相陳」となっているが、校勘記に従い改める）

（12）『明憲宗実録』巻一〇二、成化八年三月庚申。

授第一甲進士呉寛為翰林院修撰、劉震・李仁傑為編修、分送第二甲・第三甲進士邵賢等於各衙門弁事。

『同』巻一三九、成化一一年三月戊午。

授第一甲進士謝遷為翰林院修撰、劉戩・王鏊為編修、其余分撥各衙門弁事。

『同』巻二一三、成化一七年三月戊戌。

授第一甲進士王革為翰林院修撰、黄珣・張天瑞為編修、其余分送各衙門弁事。

『同』巻二五〇、成化二〇年三月丙申。

授第一甲進士李旻為翰林院修撰、白鉞・王勑為編修、其余分撥諸司弁事。

（13）前注（11）参照。

（14）『国朝献徴録』巻一四「光禄大夫柱国少師兼太子太師吏部尚書華蓋殿大学士贈特進左柱国太師謚文靖徐公溥行状」。

公諱溥、字時用、姓徐氏、別号謙斎。常之宜興人。……甲戌、進士第二、授翰林院編修、以旧疾作謁告帰。天順丁丑、英廟復辟、選東宮官僚属、公兼司経局校書。甲申、憲宗登極、陞左春坊左庶子兼翰林侍読、充経筵講官、預修英廟実録。丁亥、清武職貼黄。辛卯、丁外艱、特遣官賜祭。服闋、陞詹事府少詹事兼侍読学士。乙未、典礼部会試。丁酉、丁内艱、賜白金楮幣及祭。服闋、陞太常卿兼翰林学士。辛丑、再典会試、陞礼部左侍郎。……丙午、改吏部、甄別人物賢否、以佐銓政。一時人咸服其公明。……公徳性凝重、度量宏遠。自少負公輔之望。在内閣十余年、以仁厚養国体、以名節励士風。匡救将順恒以正君徳為先。其所謀議、必欲慎守成法。或勧其有所建白、公曰、国家法度皆我祖宗神謀廟算、其所以恵元元甚備。患在不能守耳。豈宜更張。

（15）『明史』巻一八一「徐溥伝」。

是年（弘治五年）十二月、詔撰三清楽章。溥等言、天至尊無対。漢祀五帝、儒者猶非之。況三清乃道家妄説耳。……臣等誦読儒書、邪説俚曲素所不習、不敢以非道事陛下。国家設文淵閣、命学士居之、誠欲其謨謀政事、講論経史、培養本原、匡弼闕失、非欲其阿諛順旨、惟言莫違也。今経筵早休、日講久曠、異端乗間而入。此皆臣等無状、不足以啓聖心、保初政。……願陛下曲賜聴従、俾臣等竭駑鈍、少有裨益、非但楽章一事而已。奏入。帝嘉納之。……帝自八年後、視朝漸晏、溥等屢以為言。中官李広以焼練斎醮寵。十年二月、溥等上疏極論曰、旧制内殿日再進奏、事重者不時上聞、又常面召儒臣、咨訪政事。今奏事日止一次、朝参之外、不得一望天顔。章奏批答不時断決、或稽留数月、或竟不施行。事多壅滞、有妨政体。経筵進講毎歳不過数日、正士疎遠、邪説得行。……陛下高居九重、言官皆畏罪緘黙。臣等若復不言、誰肯為陛下言者。帝感其言。三月甲子、御文華殿、召見溥及劉健・李東陽・謝遷、授以諸司題奏曰、与先生輩議。溥等擬旨上、帝応手改定。事端多者、健請出外詳閲。帝曰、盍就此面議。既畢、賜茶而退。自成化間、憲宗召対彭時・商輅後、至此始再見、挙朝詡為盛事。然終溥在位、亦止此一次而已。

（16）前注（14）参照。

（17）『明史』巻一六八「劉吉伝」。

　吉多智数、善付会、自縁飾、鋭於営私時為言路所攻。居内閣十八年、人目之為劉緜花、以其耐弾也。吉疑其言出下第挙子、因請挙人三試不第者、不得復会試。

（18）『明史』巻一八一「徐溥伝」。

　弘治五年、劉吉罷、溥為首輔、屢加少傅・太子太傅。溥承劉吉恣睢之後、鎮以安静、務守成法。

（19）『徐文靖公謙斎文録』巻一。

　比給事中涂旦建議、欲選新進士、改庶吉士、入翰林院読書。惟庶吉士之選、自永楽二年以来、或間科一選、或連科屢選、或数科不選、或合三科同選、初無定限。每科選用、或内閣自選、或礼部選送、或会吏部同選、或限年歳、或拘地方、或採誉望、或就廷試巻中査取、或別出題考試、亦無定制。自古帝王、皆以文章関于気運、而儲才於館閣、以教養之。本朝所以儲養之者、自及第進士之外、止有庶吉士一途。凡華国之文与輔世之佐、或有頼于斯。然而或選或否、則有才者未必皆選、而所選者又未必皆才。若更拘于地方年歳、則是已成之才、或棄而不用、而所教者又未必皆成。請自今以後、立為定制、一次開科、一次選用。待新進士分撥各衙門弁事之後、俾其中有志学古者、各録其平日所作文字如論策詩賦序説之類、限十五篇以上、于一月之内、赴礼部呈献。礼部閲試訖、編号封送翰林院考訂、其中詞藻文理有可取者、按号行取。本部仍将各人試巻、記号糊名封送、照例于東閣前出題考試。其所試之巻与所投之文相称、即収以預選。若其詞意鈎棘而詭僻者、不在取列。中間有年二十五以下、果有過人資質、雖無宿搆文字、能于此一月之間、有新作五編以上、亦許投試。若果筆路頗通、其学可進、亦在備選之数。每科不必多選、所選不過二十人。每選不必多留、所留不過三五輩。如此、則所選者、多是已成之才、有所論撰便堪供事、将来成就、必有足頼者。如是、則預列者無徇私之弊、不預者息造言之謗。臣等皆出自此途、引進後賢、儲之館閣、以報国厚恩、乃其職也。為此具本奏。

（一部の字句について、『皇明経世文編』『明孝宗実録』によって訂正したものがある）

（20）『孝宗実録』巻七四、弘治六年四月甲辰は、徐溥の疏を掲載したのちに次のように記録する。
疏入。上納之、命今後内閣仍同吏礼二部考選。

（21）山本隆義『前掲書』。

（22）『明孝宗実録』巻七七、弘治六年六月癸酉。
選進士顧清・趙士賢・蕭柯・沈燾・曹瓊・呉一鵬・楊昇・曹鏷・汪俊・周玉・黄潤・胡燿・王縝・仁良弼・呉蕣・許天錫・薛格・陳陽・王崇文二十人為翰林院庶吉士。

（23）『明孝宗実録』巻一一〇、弘治九年三月甲辰。
授第一甲進士朱希周為翰林院修撰、王瓚・陳瀾為編修、第二甲進士李永敷等・第三甲汪偉等分撥各衙門弁事。

（24）『明孝宗実録』巻一一一、弘治九年閏三月己酉。
選進士顧潜・陳鳳・梧濮韶・陳試・胡献・張紹齢・華杲・陳霽・楊褫・葉徳・賈詠・汪偉・王崇献・王九思・張弘至・徐忱・陳琳・戴銑・陶楷・劉瑞二十人為翰林院庶吉士、読書。

（25）『明孝宗実録』巻一四八、弘治一二年三月乙酉。
授第一甲進士倫文叙為翰林院修撰、豊煕・劉龍為編修、第二甲孫緒等九十五員・三甲劉潮等二百二員分撥各衙門弁事。

（26）『明孝宗実録』巻一八五、弘治一五年三月丙申。
授第一甲進士康海為翰林院修撰、孫清・李廷相為編修、第二甲胡煜等九十五人・第三甲卞思敏等一百二人分撥各衙門弁事。

（27）『明孝宗実録』巻一八五、弘治一五年三月戊戌。
改進士胡煜・魯鐸・薛全・温仁和・李時・滕霄・吉時・趙永・李貫・畢済川・何瑭・張禬・李元吉・周禎・王廷相・顧燁・潘希魯・盛端明・朱襄・王萱為翰林院庶吉士、并修撰康海・編修孫清・李廷相倶本院読書。

（28）『明孝宗実録』巻二二二、弘治一八年三月辛亥。
改進士崔銑・厳嵩・湛若水・倪宗正・陸深・翟鑾・邵天和・徐縉・張九叙・蔡潮・林文迪・安邦・段炅・蔡天祐・胡鐸・

高滂・馬卿・劉寓生・安磐・穆孔暉・李艾・王韋・趙中道・黄如金・閔楷・傅元・孫紹先・易舒誥・方献科・張邦奇為翰林院庶吉士、読書。

(29)『国朝典彙』巻六五、「吏部三二、翰林院付庶吉士風」

嘉靖五年、礼部尚書席書言。国朝選庶吉士、読中秘書、始自永楽初。後掄取無定科、考校亦無定制。弘治間、大学士徐溥・丘濬始議、毎科一選、不限地方歳年、以為定式。迨選取第、勿逾二十人、可也。上従其言。

あとがき

二年前の夏、長春で開催された第七回明史国際討論会で久しぶりに山根幸夫先生とゆっくりお話する機会を得、その折に勧められたのが、本書をまとめるきっかけであった。いまだ事ならずの心境におり、果たさねばならないことばかりが気になる状態で、躊躇するところなくはなかったが、自分の仕事に一段落をつけるためにもと決断した次第である。とはいえ、校務に追われて仕事が滞るなかで、曲がりなりにも本書が形を整えたのは、山根先生の叱咤激励あってのことである。

関西学院大学文学部に入学し、三年次に史学科東洋史学専修に進んでから、早くも三〇年の歳月が流れた。学部時代は村上嘉實・小玉新次郎先生の指導を受け、文学研究科日本史学専攻内に新たに開設された東洋史学専修の第一期生として入学してから、明代史と向き合うことになったが、当時、岩見宏先生が非常勤講師として出講下さっていたことは私にとって幸運であった。先生には『明実録』の読み方から始まり、修士論文の作成に至るまでさまざまな形でお世話になった。その後、後期過程に進学すると時期を同じくして、定年退職された村上先生の後任として北村敬直先生が赴任され、先生の指導を受けるとともに、ご紹介により京都大学人文科学研究所で小野和子先生が私的に開催された輪読会に参加するようになったことは、私のもうひとつの幸運であったと思う。小野先生をはじめとして福本雅一・森紀子・夫馬進・檀上寛各氏の醸し出す雰囲気に当初は呑まれ、自分の実力不足ばかりが気になって、ついて行けないのではないかと不安になったことを、今なつかしく思い出す。この会はのちに研究所の正規の研究会に位置づけられ、多くの参加者を得て明清時代研究に大きな足跡を残したが、この場で受けた刺激と恩恵が私の支えになっているといって過言ではない。

さまざまな出会いが今の自分を支えてくれているとつくづく思うが、本書が少しでもそれに報いるものになればと願っている。なかでも、関西学院大学文学部史学科で東洋史学専修を創設、確固たる存在に育てあげ、私個人に関しては専任教員の道を用意下さった小玉新次郎先生、南京大学留学時に公私ともどもお世話下さった潘群先生ご夫妻、そして学恩を受けた諸先生ならびに同学の方々に、この場を借りて感謝の言葉をささげたい。また本書の出版を快諾下さった汲古書院の前社長坂本健彦氏、そのあとを受けて励ましお世話下さった現社長石坂叡志氏、お申し出に甘えて校正の労をとっていただいた檀上寛氏と太田出氏、中文概要の翻訳を引き受けて下さった于康氏、高校の教壇に立ち多忙ななかで索引作成に尽力下さった細野渉・松田浩両氏にもお礼を申し述べたい。

なお、本書の出版に当たっては、母校であり勤務校でもある関西学院大学から研究叢書第九二編として出版補助金が支給された。関係各位に感謝申しあげる次第である。

一九九九年一一月

阪　倉　篤　秀

汲古叢書

1	秦漢財政収入の研究	山田勝芳著	16505円
2	宋代税政史研究	島居一康著	12621円
3	中国近代製糸業史の研究	曾田三郎著	12621円
4	明清華北定期市の研究	山根幸夫著	7282円
5	明清史論集	中山八郎著	12621円
6	明朝専制支配の史的構造	壇上　寛著	13592円
7	唐代両税法研究	船越泰次著	12621円
8	中国小説史研究－水滸伝を中心として－	中鉢雅量著	8252円
9	唐宋変革期農業社会史研究	大澤正昭著	8500円
10	中国古代の家と集落	堀　敏一著	14000円
11	元代江南政治社会史研究	植松　正著	13000円
12	明代建文朝史の研究	川越泰博著	13000円
13	司馬遷の研究	佐藤武敏著	12000円
14	唐の北方問題と国際秩序	石見清裕著	14000円
15	宋代兵制史の研究	小岩井弘光著	10000円
16	魏晋南北朝時代の民族問題	川本芳昭著	14000円
17	秦漢税役体系の研究	重近啓樹著	8000円
18	清代農業商業化の研究	田尻　利著	9000円
19	明代異国情報の研究	川越泰博著	5000円
20	明清江南市鎮社会史研究	川勝　守著	15000円
21	漢魏晋史の研究	多田狷介著	9000円
22	春秋戦国秦漢時代出土文字資料の研究	江村治樹著	22000円
23	明王朝中央統治機構の研究	阪倉篤秀著	7000円
24	漢帝国の成立と劉邦集団	李　開元著	9000円
25	宋元仏教文化史研究	竺沙雅章著	近　刊

著者紹介

阪　倉　篤　秀（さかくら　あつひで）

1949年生まれ。京都市出身。

関西学院大学文学研究科博士課程単位取得退学。

現在　関西学院大学文学部教授。

汲古叢書23

明王朝中央統治機構の研究

二〇〇〇年二月　発行

著　者　阪　倉　篤　秀
発行者　石　坂　叡　志
印　刷　富　士　リ　プ　ロ

発行所　汲　古　書　院
〒102-0072 東京都千代田区飯田橋二-五-四
電話　〇三（三二六五）九七六四
FAX　〇三（三二二二）一八四五

ISBN4-7629-2522-5 C3322

中文概要

本書以明朝吏部及吏部尚書爲研究課題，由作者的關於明朝政治制度、特別是有關中央統治機構的一係列研究論考構成。全書分前編、本編、附編三大部分，其中本編爲全書的核心。

前編以“明朝統治體制的確立”爲題，論述了明朝文官統治體制確立的機制，論證了明朝統治體制確立的過程，特別是迅速向文官統治體制過渡的狀況、王朝的建立及王朝建立後其中樞機關中書省同樣形成文官優位體制的過程，并言及洪武十三年中書省廢止的問題。前編第一章的“翼元帥府向行中書省過渡”考察了翼元帥府統治體制向行中書省統治體制過渡的過程，論證了元末朱元璋之所以能鶴立群雄之首，建立新王朝明朝，是因爲其在無奈而爲之的以軍事優先的時期就已經開始孕育向文官統治過渡的思想，并順應疆域不斷擴展的現狀及與其他群雄的勢力關係，進行了適合時宜的體制轉換改革，在充分發揮武官作用的同時，悄聲無息步步爲營地建立起由文官爲主導的行政統治體制。前編第二章的“中書省的設置與變遷”論述了朱元璋於自稱吳王的至正二十四年（一三六四年）設置王朝掌管的中樞機關中書省、中書省的變遷和於洪武十三年將其廢止的整箇過程，論證了在此變遷過程中之所以於洪武九年果斷地實施了包括廢止高級官職的中書省平章政事和參知政事在內的官制改革，是因爲洪武四年中書省向六部移管政務完畢（此政務移管起因於中書省大政總攬），同時國內外治安安定，實務官僚人材充足，實行官制改革時機已趨成熟；明朝以此爲界，改革踏襲的元朝制度，邁向建立獨自的國家機構。在此章里，筆者還指出洪武十三年等待已久的將專權化傾向日益顯著的中書省從國政處理機構中排除出去，使皇帝與六部直接發生聯係的體制已大致完備，廢止中書省正是在這種情況下實施的。廢止中書省一舉使得洪武九年開始的建立獨自的統治體制的大業已就，此時明朝已完成由建國期向守成期的過渡，確定了皇帝獨裁統治的體制。

本編以“官僚統治國家中的吏部與吏部尙書”爲題，由五章構成，時代跨度爲洪武朝至萬歷朝。本編以統括官僚人事的吏部與其長官——被稱之爲“百官之長”的吏部尙書爲研究主題，從洪武初期的中書省統治體制下的吏部所處的地位落筆，論述了其在中書省廢止後的皇帝直轄體制中的狀況以及與後來的內閣的關係。本編第一章的“洪武朝初期的吏部與吏部尙書”論述了洪武十三年之前的吏部狀況，并整理制成了《明史》“九卿年表”中所缺落的該時期的“吏部尙書年表”。在王朝建立、官僚統治形成的過程中，吏部的存在意義甚大，本章探討了中書省職務移管的狀況與由此而伴隨的吏部所處地位的問題，指出洪武四年詹同就任吏部尙書，吏部權限便由此而得到確立，但也正因爲此故使得皇帝對吏部的戒心日益增大，致使吏部尙書頻繁更迭。第二章的“洪武十八年吏部尙書余熂被誅事件”以因小罪被誅的余熂爲例，闡述了洪武帝對吏部尙書所持有的强烈的戒心，指出吏部尙書因掌管人事大權其地位日顯重要，也正因此故吏部尙書的存在十分可能對當權者構成一種威脅。第三章的“吏部尙書蹇義與其所處的時代——永樂朝至正統朝——”論述了在這種歷史背景下蹇義之所以能異常地長期高居吏部尙書之位，其原因在於永樂年的兩京體制及其與近侍的關係，論證了蹇義的存在實際上是從側面對建立內閣制度作出了貢獻，并指出蹇義退任之後的宣統年時期，蹇義的後繼者郭璡與內閣的關係已經發生逆轉。以往在論及內閣制成立問題時，圍繞皇帝與近侍翰林官之間的關係鋪陳論說已爲學界的基本傾向，對此，筆者却力欲從與官制上爲行政權力最高位的六部尙書，特別是與執主導權的吏部尙書之間的關係上來論證這一問題，并提示這一研究角度是研究內閣制的一箇新視角。第四章的“論成化年間的吏部權限的縮小——吏部與內閣——”例擧成化年時期的具體事例，論證了隨着時代的進展影響力不斷擴大的內閣是如何介入吏部人事權的。內閣介入吏部人事權，其方法是以皇帝權力爲强大的後盾，利用包括皇帝自己行使人事權時的特簡、內批等上裁來否決吏部提出的人事提案，而且卽使是一些屬於吏部主管的特別官職也通過堂上官合議的形式來决定并發揮其影響力，說到底，是將吏部置於內閣的指揮之下并使其傀儡化。作者指出成化年時期的這種動向恰好是內閣與吏部圍繞人事權對立抗爭的一箇具有說服力的好事例，它是以正當化爲大旗力欲介入人事權的內閣的理論與全力確保權限的吏部的正統

思想的冲突，但正因此故，在吏部高級官員的人事安排中常常反映出內閣的意向，這使得吏部與內閣的關係出現了一箇劃時期的變化。第五章的“掣籤法與吏部尙書孫丕揚”以萬歷年時期吏部尙書孫丕揚所采用的掣籤法爲主軸，論述了在內閣的這種攻勢下吏部所采取的抵抗方法。所謂掣籤法是指在大選和急選的外官人事安排中利用抽籤來選定赴任地的方法。盡管這種方法不得不使吏部放棄一部分權力，然而吏部尙書孫丕揚之所以提議此法，其目的是爲了避開吏部與意欲極力維持張居正時代的遺產——內閣優位體制的內閣的對抗性矛盾尖銳化，避免由於吏部尙書的辭職、以文選司爲中心的吏部官僚不斷受處分而使得政府機能可能會陷入痲痺狀態的情况發生。這里反映出的是吏部被內閣鎭首，與第四章一起我們可以具體地看到內閣權限强化的過程。

附編以相關的論考構成。附編的第一章“明代通政使司的設置與變遷”以九卿之一的通政使司爲中心，通過對通政使就任者的探討，論證了其設置的經緯及於其後代中的實質性地位。通政使司作爲向皇帝上奏以及管理皇帝文書的一箇部門，雖然幷不靠近政治實權，但可以帮助我們考察皇帝政治。第二章的“關於明朝庶吉士制的考察”以庶吉士制爲主綫，庶吉士制是科擧進士發展爲官僚過程中人材培養的一種制度，論述了必須有效地確保文官官僚這一國家理論與庶吉士實際所處的官僚地位所伴隨的利益主張的冲突，以及關於這箇制度改革的嘗試。從內容來看，它是從側面帮助以皇帝爲首的文官官僚體制，故附於此編。

第二次世界大戰後，明代史的研究走向隆盛，特別是在土地制度、鄕紳論等社會經濟史研究方面取得了內容豐富且扎實的成果，這已爲衆所周知。但是，與此相比，政治史以及政治制度史方面的研究却投入的精力尙少，很難否定有被忽視的傾向。近年來，以政治史爲研究對象的學者有所增加，其研究成果不斷被總結出來，這也是理所當然的。本書是筆者以吏部爲中心研究政治制度史的一箇不太成熟的成果積纍。不過這里需要指出的是，制度史的研究倂不是僅僅理淸制度的變遷和沿革，在制度這箇框架里生活着有思考倂附諸行動的官僚，而且制度本身也呈現出各種各樣的狀態，筆者在研究中每每不敢忘此。但願此書能爲明代的政治史研究作出一些微薄的貢獻。

索　　　引

事　項　索　引

て

と

な

に

ね

は

ひ

ふ

へ

ほ

ま

人　名　索　引